HORROR & THRILLER
BAND 132

RICHARD LAYMON

Unerbittliche Geschichten

Aus dem Amerikanischen von Doris Attwood

FESTA

Originalausgabe

1. Auflage Juli 2018

Titelbild: Arndt Drechsler

ISBN 978-3-86552-677-9
eBook 978-3-86552-678-6

Inhalt

Einladung zum Mord

Eine Geschichte. Du brauchst eine Geschichte. Die Zeit läuft dir davon.

Die Woche auf Hawaii wird sicher kein entspannter Urlaub, wenn diese Deadline immer noch über dir schwebt.

Du hast nur noch heute Abend und morgen, Mensch. Sonst wirst du die ganze Zeit nur finster in deine Mai Tais starren und dir deinen verdammten Kopf zerbrechen.

Shane startete das Textverarbeitungsprogramm, tippte das Datum und machte sich an die Arbeit.

»Ed will eine Geschichte für seine *Einladung zum Mord*-Sammlung. Jede Geschichte in dem Buch soll von einer 22 Jahre alten jungen Frau handeln, die in ihrer Wohnung tot aufgefunden wird. Das ist das verbindende Thema des Erzählbands.«

Das sollte doch ein Kinderspiel sein. Da gibt's mindestens eine Million Ansatzpunkte.

Aber ich brauche einen speziellen Clou. Eine clevere Wendung.

Es darf keine gewöhnliche Detektivgeschichte sein. Nicht von mir. Davon bekommt er von den Krimiautoren sicher schon jede Menge. Von mir wird er eine Horrorstory oder einen Thriller erwarten. Einen richtigen Hammer. In diesem Buch werden sich ein paar viel dickere Fische tummeln als ich. Da will ich nicht wie eine Niete aussehen.

Ich muss mir irgendeinen heißen Scheiß einfallen lassen.

Heiß. Gott, ist das heiß hier drin.

Für gewöhnlich kühlte West-L. A. nachts ohnehin nur ein wenig ab. Aber momentan befanden sie sich außerdem in einer dieser Phasen, die jeden Sommer wiederkehrte und etwa zwei Wochen andauerte: Tagsüber stiegen die Temperaturen auf über 35 Grad, während sich die kühlende Meeresbrise verflüchtigte und die Hitze auch über Nacht nicht verschwand. Selbst bei geöffneten Fenstern blieb die Luft in der Wohnung erdrückend schwül. Shanes T-Shirt und Shorts waren bereits feucht und klebten vor Schweiß.

Eine lange, kalte Dusche würde sich großartig anfühlen.

Zuerst lässt du dir einen Plot einfallen. Die Dusche ist dann deine Belohnung.

Na schön. Das sollte nicht allzu schwierig werden.

Shane starrte aus dem Fenster und versuchte, sich zu konzentrieren. Ein Kniff. Eine Wendung. Okay.

»Idee! Ein Typ guckt sich diese Kleine aus. Sie ist 22, klar. Und eine echte Schönheit. Er steht total auf sie, will sie unbedingt. Eines Nachts bricht er in ihre Wohnung ein, mit der Absicht, sie zu vergewaltigen. Aber er findet sie ausgestreckt auf dem Boden liegend, tot. Ermordet. Cool. Aber was dann? Ist der Mörder noch in der Wohnung?«

Shane starrte auf den Computermonitor und las die bernsteinfarbenen Zeilen immer wieder.

Wie endet das Ganze? Was ist die große Wendung?

Shane fiel nichts ein.

Vergiss es.

»Aber mir gefällt die Idee von einem Kerl, der von einer Frau besessen ist. Vielleicht ist er allein in seiner erdrückend heißen Wohnung. Er klettert auf die Feuerleiter, um ein bisschen frische Luft zu schnappen.«

Ich wünschte, *ich* hätte eine Feuerleiter. Oder einen Balkon, verflucht noch mal.

»Direkt gegenüber von seinem Haus steht ein altes, verlassenes Wohngebäude. Zum Abriss freigegeben vielleicht. Aber während er dort draußen hockt und versucht, sich abzukühlen, taucht eine wunderschöne junge Frau in einem Fenster des unheimlichen alten Kastens auf. Sie ist die schönste Frau, die er jemals gesehen hat.«

Sehr schön! Jetzt läuft's doch!

Plötzlich zerschmetterte lärmende, dröhnende Musik Shanes Gedanken.

Scheiße!

Kam das von draußen? Ja, aber es scheint auch direkt durch die Wände zu wummern.

Shane stand auf, lehnte sich über den Computermonitor und legte eine Hand auf die Wand. Sie *vibrierte* wie ein Trommelfell.

Gottverdammte moderne Billigwohnhäuser!

Beruhig dich, beruhig dich. Ignorier es einfach.

Was, wenn das die ganze Nacht so weitergeht?

Das wird es nicht.

Vergiss es einfach.

Der Typ auf der Feuerleiter versucht sich abzukühlen. Das Mädel taucht auf der anderen Seite der Gasse auf. »Die Beleuchtung ist miserabel«, tippte Shane. »Kein

Strom. Klar, das Gebäude soll ja abgerissen werden. Er sieht sie im Feuerschein. Kerzen. Kann sie nicht besonders gut erkennen. Eigentlich ist das Einzige, was er richtig sehen kann, ihr hübsches Gesicht. Ihr glänzendes blondes Haar. Sie unterhalten sich. Sie hat eine sinnliche Stimme. Lädt ihn ein, zu ihr rüberzukommen. Er zögert. Hat ein ungutes Gefühl. Wer ist sie? Was tut sie dort? Er will sie UNBEDINGT, aber er zögert, zu ihr zu gehen. Es ist eine miese Wohngegend. Überall Irre und Freaks. Erst am Abend ist er am Eingang der Gasse zwischen den zwei Gebäuden einer Obdachlosen mit lauter Tüten begegnet. Einer echten Hexe.

Nach langem Zögern lehnt er die Einladung schließlich ab. Er will gerade wieder in seine Wohnung zurück, um weitere Versuchungen zu vermeiden, als die Frau ein paar Kerzen aufs Fensterbrett stellt. Er kann sie von der Taille aufwärts sehen. Sie ist nackt. Sie streichelt über ihre Brüste und bittet ihn erneut, zu ihr zu kommen.

Also geht er doch. In der Gasse liegt überall ekliges Zeug, richtig gruselig. Nach einer Weile findet er schließlich eine kaputte Tür und betritt das Haus. Er schleicht durch den dunklen Korridor und eine unheimliche Treppe hinauf.

Gib ihm eine Taschenlampe.

Er folgt dem Flur im zweiten Stock, bis er die Tür der Wohnung gegenüber von seiner erreicht. Sie steht einen Spalt offen. Der Schein von Kerzenlicht im Inneren. Er tritt ein.

Und findet eine Leiche, ausgestreckt in einer Ecke des Raumes. Er richtet die Taschenlampe darauf. Die Leiche ist eine Frau – 22, natürlich. Ihre Kleider liegen über den

Boden verstreut. Sie hat kein Gesicht, keine Haare. Von den Schultern bis zur Taille ist sie nur ein Haufen Blut.

Aus den Schatten tritt eine weitere Frau. Nackt. Sie trägt eine Maske mit dem Gesicht der Toten. Faltige Arme und Beine. Aber ein frischer, junger Oberkörper, der mit einer Art Geschirr aus Bindfaden festgeschnürt ist. Sie humpelt auf den Typen zu und liebkost dabei ihre prallen, perfekten Brüste, die sie der Leiche geklaut hat.

Sie lacht, gackert, sagt ihm, was für ein Prachtkerl er ist. Aufgrund seiner Reaktion vorhin in der Gasse, sagt sie, wusste sie sofort, dass sie sich keine Hoffnungen machen konnte, ihn je zu bekommen. Weil er zu wählerisch ist, um sich für eine wie sie zu interessieren. Also hat sie sich das gute Aussehen von einem Mädchen geborgt, das in der Gasse an ihr vorbeigegangen ist.

Er steht nur völlig perplex da, während sie immer näher kommt. ›Bin ich jetzt nicht auch hübsch? Bin ich jetzt nicht auch eine Schönheit?‹«

Shane glotzte grinsend auf den Monitor.

Hervorragend! Diese Geschichte ist ein echter Shane Malone: gruselig, pervers, sexy, mit einem Hauch von schwarzem Humor. Und ein paar netten thematischen Anspielungen auf Einsamkeit, Verzweiflung und den zweifelhaften Wert körperlicher Attraktivität. Das wird Ed aus den Socken hauen.

Aber was, wenn es zu viel des Guten war? Ed hatte Shane gewarnt, dass er keine allzu extremen Geschichten wollte.

Und das hier war verdammt noch mal ziemlich extrem. Die alte Tussi trug die Titten eines toten Mädchens!

Eine Weste aus Titten.

Scheiße! Harris hat das schon in *Das Schweigen der Lämmer* gebracht. Ein gottverdammter Bestseller! Alle werden denken, ich hätte das von ihm geklaut. Dabei hatte er die Idee von Gein, ohne Zweifel. Gein hat das schließlich wirklich gemacht. Aber sie werden trotzdem denken, ich hätte Harris' Einfall kopiert.

Shane sank auf dem Stuhl zurück und starrte auf den Computermonitor.

Starrte und starrte.

Die Idee ist im Arsch. Ich muss mir was anderes ausdenken.

Die Musik dröhnte immer noch.

Allerdings hatte sie gar nicht wirklich gestört. Shane hatte sie kaum noch wahrgenommen, nachdem der Plot der Geschichte erst einmal in Gang gekommen war. Aber jetzt …

Was für ein Vollidiot lässt die Musik bitte so laut laufen?

Und *wer* zur Hölle lässt sie überhaupt laufen? Der Lärm kam eindeutig aus 210. Die Wohnung hatte im vergangenen Monat noch leer gestanden.

Irgendjemand muss eingezogen sein, während ich bei der Arbeit war.

Irgendein verfluchter Irrer.

Blende sie einfach aus. Ignoriere sie.

Ein 22-jähriges Mädchen wird tot in seiner Wohnung gefunden. Ich brauche eine unerwartete Wendung.

Wie wär's mit einer Geschichte aus der Perspektive einer jungen Frau?

Verflucht, dieser Krach!

»Anfangsszene: Das Mädel streift allein durch die Straßen der Stadt. Nervös, weil sie so spät noch unterwegs ist.

Vielleicht glaubt sie, dass ihr jemand folgt. Sie hat Angst, beschleunigt ihren Schritt. Schließlich erreicht sie ihr Wohnhaus. Schließt die Haustür auf, geht rein. Endlich ist sie in Sicherheit. Erleichtert steigt sie die Stufen in den zweiten Stock hinauf. Die Tür zu ihrer Wohnung steht einen Spalt offen. Sie schaut hinein. Ihre Mitbewohnerin, ein 22-jähriges Mädchen – natürlich –, liegt tot auf dem Boden. Und der Mörder hockt über der Leiche, grinst das Hauptmädel über seine Schulter hinweg an, springt auf und stürzt auf sie zu.«

Er stürzt auf sie zu. Und was dann?

»Sie wirbelt herum, weicht aus und rennt los …«

Shane funkelte wütend die Wand an. Diese Musik!

Bin ich der Einzige in diesem ganzen verdammten Gebäude, den das in den Wahnsinn treibt?

Es ist Samstagnacht. Vielleicht sind ja alle ausgegangen – ins Kino, Freunde besuchen oder auf Partys.

Feierte der Freak in der Wohnung nebenan vielleicht auch eine Party? Es klang nicht danach. Keine Stimmen, kein Gelächter, keine Schritte hin und her gehender Personen. Nur diese dröhnende Musik.

Shane stand auf, lehnte sich über den Computermonitor und hämmerte gegen die Wand. »Hey! Könntest du da drüben vielleicht ein bisschen leiser sein? Ich versuche hier zu arbeiten.«

Die Musik wurde leiser.

»Danke.«

»Fick dich!«, brüllte eine weibliche Stimme auf der anderen Seite der Wand. Im nächsten Moment donnerte die Musik wieder, noch lauter als zuvor.

Shanes Herz klopfte wie wild.

Beruhige dich, beruhige dich.

Ich sollte da rübergehen und dieser Schlampe die Fresse polieren!

Nein, ich sollte mich wieder beruhigen.

Wie wär's, wenn ich mich beim Vermieter beschwere? Sicher. Bei diesem Trottel. Dudley. Volltrottel, um genauer zu sein. Der würde mir nur wieder Stress machen. Falls er überhaupt zu Hause ist. Samstagnacht. Wahrscheinlich ist er irgendwo unterwegs und geht seinem Hobby nach – »Tussen klarmachen«, wie er es gerne nannte.

Und wenn ich die Bullen rufe?

Oh, das wäre wirklich wahnsinnig clever. Falls sie tatsächlich hier auftauchen und dieser Schlampe eine Verwarnung verpassen, hab ich eine Feindin fürs Leben. Wer weiß, was für einen Scheiß sie danach erst abzieht?

Und wenn ich doch erst mal dusche?

Du lässt dir zuerst eine Geschichte einfallen. Das war die Abmachung.

Okay. Die Kleine findet ihre Mitbewohnerin tot in der Wohnung. Der Mörder stürzt sich auf sie und sie wirbelt herum, weicht aus und rennt los, »durch die Tür. Rennt den Korridor runter, schreit um Hilfe. Niemand kommt, um ihr zu helfen. Der Mörder rast mit einem Messer in der Hand hinter ihr her.«

Und was passiert als Nächstes?

Diese Schlampe! Sagt mir ernsthaft, dass ich mich ficken soll!

Soll ich noch mal gegen die Wand hauen? Das würde auch wahnsinnig viel bringen. Sie würde die Musik wahrscheinlich nur noch lauter aufdrehen – falls das überhaupt möglich ist.

»Der Kerl ist ihr dicht auf den Fersen. Sie donnert

gegen eine Wohnungstür. Die Tür schwingt auf. Die Kleine stürmt hindurch. Stolpert über eine Leiche. Sieht noch eine Leiche, sie sitzt an die Wand gelehnt.

Nette Idee. Mal angenommen, der …«

Schweiß brannte in Shanes Augen. Es war nichts in Reichweite, um ihn abzuwischen.

Mein Shirt.

Shane zog das T-Shirt aus. Obwohl es feucht war, saugte es den Schweiß problemlos auf. Eine Brise drang vom Fenster herein. Ganz leicht. Aber es fühlte sich gut an. Shane warf das T-Shirt auf den Boden, seufzte und blickte wieder auf den Monitor.

»… Ein Mörder hat alle im Gebäude umgebracht. Aber warum sollte er so etwas tun? Nur weil er verrückt ist? Mal angenommen, er ist der Besitzer und es gibt eine Mietpreisbindung. Er will deshalb sämtliche Mieter loswerden, damit er alles in Eigentumswohnungen verwandeln kann?«

Bescheuert.

»Vergiss die Idee wieder, dass er alle anderen im Haus umgebracht hat. Er hat es nur auf die beiden Mädchen abgesehen, sonst auf niemanden. Er wohnt im Apartment neben ihnen. Er hat beschlossen, sie abzumurksen, weil er es einfach nicht mehr ertragen konnte, dass sie ihre beschissene Stereoanlage andauernd so verflucht laut aufdrehen!«

O Mann, ich komm ja wirklich wahnsinnig gut voran.

Zu laut! Zu heiß!

Die sanfte Brise war zwar besser als nichts, reichte jedoch kaum aus, um zu verhindern, dass Shane der Schweiß übers Gesicht, den Rücken und die Brust rann.

Gut möglich, dass das hier die elendigste Nacht in

Shanes ganzem Leben war. Vielen Dank, Ed. Und vielen Dank *dir,* Schlampe!

Shane trat gegen die Wand, beugte sich dann zur Seite, hob das T-Shirt wieder auf und bremste ein paar rinnende Schweißtropfen aus.

Mir wird *nie* eine vernünftige Idee kommen. Nicht bei diesem verfluchten Lärm. Nicht solange mir diese Hitze den Schweiß schneller aus den Poren treibt, als ich ihn abwischen kann.

Dann geh doch duschen.

Ja!

Schon auf dem Weg ins Badezimmer fühlte Shane sich bereit. Die geschlossene Tür dämpfte den nervtötenden Beat der Musik. Das Prasseln des Wassers in der Badewanne würde den Lärm völlig übertönen.

Vielleicht bleibe ich einfach hier drin. Und gehe nie wieder raus.

Du hast den Computer angelassen, Blödmann. Toll gemacht. Hoffentlich explodiert er nicht oder so. Das wäre doch ein passendes Finale für diese unerquickliche Nacht.

Hey, dann hätte ich wenigstens eine gute Ausrede für Ed. Tut mir leid, aber ich fürchte, ich kann diese Geschichte nicht für dich schreiben. Mein Computer ist in die Luft geflogen.

Shane schälte sich aus den Shorts und betrachtete mit finsterer Miene das ausgemergelte Spiegelbild vor sich: kurzes Haar, das nass am Schädel klebte; Schweißtropfen unter den Augen und über der Oberlippe; gebräunte, glänzende Haut, so als wäre sie mit Öl eingerieben; und nicht gebräunte, durch die Badeklamotten vor der Sonne verborgene Haut, käseweiß und klamm.

Ich sollte in dieser Bude 'ne Klimaanlage einbauen. Vielleicht kauf ich mir so ein System, das man am Fenster installiert.

Sicher. Und wovon?

Von den 5000 Dollar Vorschuss, die ich für *Das schwarze Zimmer* gekriegt habe?

Die waren für Hawaii gedacht.

In zwei Tagen fliege ich über den Pazifik. Weg von alldem hier. Hawaii. Strände. Sanfte Brisen. Mai Tais. Vielleicht eine nette Bekanntschaft …

Mein Body ist doch gar nicht so übel. Fit und straff. Die Bräune sieht auch ziemlich gut aus und das Weiße sieht ja niemand. Es sei denn, ich zieh mir was an Land.

Shane grinste das Gesicht im Spiegel an, ging zur Badewanne, stieg hinein, schob den Vorhang vor und stellte das Wasser an. Es strömte aus dem Duschkopf. Herrlich kühl. Shane drückte oben auf den kleinen Knopf, und ein prasselnder Regen ergoss sich.

Wundervoll!

Vielleicht kann ich mir ja mit dem Geld von Ed eine Klimaanlage kaufen.

Aber zuerst muss ich die Geschichte mal schreiben.

Zuerst brauche ich eine vernünftige *Idee.*

Wie wär's, wenn die 22-Jährige in der Dusche dran glauben muss? Irgendeine clevere Variante der *Psycho*-Story.

Vielleicht stellt sich das Mädchen in der Dusche am Ende als Mann heraus. Klar. Nur dass wir dann eine *männliche* Leiche haben. Aber sie muss weiblich sein.

Außerdem ist das dämlich. Alle würden behaupten, ich hätte bei Bloch abgekupfert. Dann könnte ich einfach sagen, dass es kein billiger Abklatsch ist, sondern eine *Hommage*. So nennen es sonst schließlich auch alle, wenn sie bei anderen klauen.

Shane setzte sich auf das kühle, glatte Email der Badewanne.

Denk nach, denk nach, denk nach.

Die Augen geschlossen, die Beine überkreuzt, während das herrlich kühle Nass prasselte, strömte, streichelte.

Ich könnte glatt hier einschlafen.

Kannst du nicht.

Denk nach! Eine 22-Jährige wird tot in ihrer Wohnung aufgefunden.

Was, wenn sie eine Schlampe war und es verdient hatte zu sterben? Eine echte Plage. Die ständig an ihrem Mann rumgemeckert hat. Und ihr Mann ist ein Krüppel im Rollstuhl. Ihrer Gnade völlig ausgeliefert. Eines schönen Abends kommt sie aus dem Badezimmer, nachdem sie geduscht hat, und er macht sie kalt.

Wie macht er sie kalt?

Mit Dartpfeilen. Das ist sein einziger Spaß im Leben: Darts zu werfen. Und sie macht ihm deswegen andauernd die Hölle heiß, weil er manchmal das Ziel verfehlt und kleine Löcher in der Wand verteilt.

Vielleicht hat die Schlampe seine Dartscheibe versteckt. Und das hat das Fass zum Überlaufen gebracht. Sie kommt aus dem Badezimmer, tritt vielleicht auf eine Plastikplane, die er über dem Teppich ausgebreitet hat, um ihn vor dem Blut zu schützen, und zack! Er versenkt ein paar Pfeile mitten in ihrem Gesicht.

Nicht übel.

Lächelnd streckte sich Shane auf dem Boden der Badewanne aus.

Jetzt kommen wir der Sache langsam näher.

Kann man jemanden mit einem Dartpfeil umbringen? Wahrscheinlich. Ein gezielter, harter Wurf direkt in die Stirn. Durchdringt den Schädelknochen. Bohrt sich ins Gehirn. Vielleicht landet einer von ihnen ja auch in ihrem Auge.

Mitten ins Schwarze!

Sie könnte dunkelhäutig sein. Und schon hast du ein nettes Wortspiel: ins Schwarze, in die Schwarze.

Nein. Das geht zu weit. Das geht ins Lächerliche.

Aber hübsch widerlich – ein Dartpfeil, der in ihrem Augapfel steckt.

Wie dem auch sei, sie ist tot. Eine 22-Jährige, tot in ihrer Wohnung.

Und der Täter ist ein Krüppel im Rollstuhl. Deshalb braucht er Hilfe, um die Leiche wegzuschaffen. Er ruft seinen besten Freund an und lädt ihn auf eine Partie Darts zu sich ein. Der Freund zögert. Er will sich nicht mit der Zicke von Ehefrau rumschlagen müssen. Der Typ sagt: »Keine Sorge, sie wird uns nicht stören.«

Nie wieder.

Das ist richtig gut.

Also, der Freund kommt vorbei und findet die Schlampe tot auf dem Boden. Er ist schockiert, aber nicht sonderlich mitgenommen. Es braucht zwar ein bisschen Überzeugungsarbeit, aber schließlich willigt er ein, dem Mann beim Entsorgen der Leiche zu helfen. Er hat Angst, dass ihn jemand sehen könnte, wenn er versucht, sie aus dem Gebäude zu tragen, aber über der Gasse ist ein Balkon. Er und der Krüppel seilen die Leiche ab.

Wie wär's, wenn sie sie einfach runterwerfen? Das wäre viel spaßiger.

So oder so, die Leiche landet am Ende in der Gasse. Der Freund geht runter, will sie mit dem Auto wegschaffen. Aber die Leiche ist nicht mehr da. Er kann sie nirgends finden. Er geht wieder rauf in die Wohnung.

Die beiden Typen debattieren noch, was sie jetzt tun sollen, als sie plötzlich Stimmen hören. Schreie. Sie gehen zum Balkon und schauen nach unten. Ein halbes Dutzend unheimlicher, zerlumpter Penner hat sich in der Gasse versammelt. Sie glotzen alle zu den beiden rauf. »Gebt uns noch eine! Wir wollen noch eine!«

Was haben sie mit ihr gemacht? Sie gegessen? Und sie haben immer noch Hunger. Wenn die beiden Typen ihnen keinen Nachschlag runterwerfen, kommen sie womöglich hoch und bedienen sich selbst.

Und was dann?

Shane setzte sich zitternd wieder auf.

Zu lange unter der kalten Dusche? Oder zittere ich vor Aufregung über die Geschichte?

Scheiße, so gut ist sie auch wieder nicht. Aber auch nicht so schlecht.

Aber ist sie gut genug?

Shane stellte das Wasser ab und stöhnte: Das gedämpfte Dröhnen der Musik war wieder zu hören. Shane stieg trotzdem aus der Wanne und zog ein Handtuch von der Stange.

Denk einfach nicht an den verdammten Lärm oder diese verfickte schwanzlutschende Schlampe nebenan. Denk an die Geschichte.

Ist sie wirklich zu Ende, wenn wir rausfinden, dass die Penner noch mehr wollen? Vielleicht könnte der Kerl im Rollstuhl ja seinen Kumpel vom Balkon schubsen. Aber was dann? Das wäre auf jeden Fall das Ende, wenn ich die Geschichte aus der Perspektive des Freundes erzähle. Aber wie soll ich dann den netten Einfall einbauen, dass der Krüppel seine Frau mit Dartpfeilen umbringt?

Nach dem Abtrocknen hängte Shane das Handtuch wieder über die Stange und öffnete die Badezimmertür. Die Musik hämmerte.

»Scheiße!«

Wenigstens fühlt sich die Wohnung nicht mehr wie ein Hochofen an. Wahrscheinlich ist sie noch genauso heiß wie vorher, nur *ich* bin jetzt abgekühlt. Aber nicht für lange, vor allem, wenn ich mich von dieser Musik nerven lasse.

Shane schlüpfte in ein Paar frische Laufshorts und ein kurzärmeliges Hemd, ließ die Knöpfe jedoch offen, um Luft an sich heranzulassen, und setzte sich dann wieder an den Computer.

Bleiben wir bei der Idee mit dem Typen im Rollstuhl? Kannibalismus? Penner? In letzter Zeit hab ich das alles ziemlich oft gebracht. Und das Ende ist auch nicht besonders Furcht einflößend.

Die Geschichte ist ganz in Ordnung, bis die Penner in der Gasse auftauchen. Aber wenn ich die wieder verwerfe, wohin ist dann die Leiche verschwunden?

Weggelaufen? Sie ist tot, um Himmels willen. Wenn du eine Zombie-Story daraus machst, torkelt die Alte nur irgendwann wieder zurück und dürstet nach Rache.

Schwachsinn.

Verdammt! Die Story kam mir gar nicht so übel vor, als ich noch unter der Dusche stand – und die Musik dieser Schlampe nicht hören konnte. Solange mir dieser Krach das Hirn zermalmt, kommt mir wahrscheinlich *gar nichts* richtig gut vor.

Ich sollte da rübergehen und ihr die Fresse einschlagen. Oder noch besser: ihre Stereoanlage zertrümmern.

Nein, sei einfach ganz höflich. Erkläre ihr die Situation. Bitte sie freundlich, die Lautstärke runterzudrehen.

Allein bei dem Gedanken daran begann Shanes Herz wie wild zu pochen.

Feigling.

Du musst das machen. Sonst hockst du nur hier, kochst immer mehr vor Wut und kriegst nie irgendwas gebacken.

Tu es!

Mit hämmerndem Herzen und trockenem Mund stand Shane vom Stuhl auf und ging zur Tür, blieb dann jedoch kurz stehen und knöpfte das Hemd zu.

Scheiße. Ich will das nicht machen.

Öffnete die Tür.

Vielleicht ist sie ja ganz nett, wer weiß? Nett, sicher. Sie hat mir gesagt, dass ich mich ficken soll.

Trat in den Korridor hinaus, ließ die Tür offen stehen und ging auf wackligen Beinen zur Nachbartür. Klopfte an.

Die Schlampe kann mich bei dem ganzen Lärm wahrscheinlich sowieso nicht hören.

Klopfte noch einmal.

Die Musik wurde leiser. »Ja? Wer ist da?«

»Ich bin's, von nebenan.«

»Was willst du?«

»Ich möchte mich nur kurz mit Ihnen unterhalten.«

»Ja?«

Shane hörte ein metallisches Klicken.

»Wenn du hier rübergekommen bist, um mich zu nerven, weil ...« Die Tür schwang auf. Der finstere Blick der Frau wurde etwas milder. Ebenso wie der Klang ihrer Stimme, als sie sagte: »Na, hallo. Du wohnst also nebenan, ja?« Sie prostete Shane mit ihrem Cocktailglas zu und fügte hinzu: »Freut mich, dich kennenzulernen.«

Shane brachte ein nervöses Lächeln zustande.

Gott, die Kleine war praktisch nackt. Alles, was sie anhatte, war ein schwarzes Negligé mit Spaghettiträgern. Dank des tiefen Ausschnitts waren die oberen Wölbungen ihrer Brüste zu erkennen. Das Kleidchen war kaum lang genug, um ihre Oberschenkel zu erreichen. Außerdem konnte Shane ohne Probleme durch den hauchdünnen Stoff sehen.

Jedes Mädchen, das in einem derartigen Aufzug seine Wohnungstür öffnete, musste entweder durchgeknallt oder ziemlich versaut sein. Vielleicht auch beides. Ihre Augen wirkten ein wenig gerötet. Vom Alkohol? Oder hatte sie geweint?

»Ich bin Francine«, stellte sie sich vor und streckte die Hand aus.

Widerwillig schüttelte Shane sie. »Ich bin Shane.«

»Freut mich. Warum kommst du nicht kurz rein?«

»Oh, ich möchte nicht stören.«

»Bitte!« Ein Lächeln zuckte um ihre prallen Lippen. »Komm kurz rein und trink was mit mir, okay? Hey, ich hab heute Geburtstag. Niemand sollte an seinem Geburtstag alleine sein, oder?«

Plötzlich empfand Shane ein wenig Mitleid mit der Frau. »Ich schätze, ich kann ein paar Minuten erübrigen. Aber für mich keinen Alkohol. Ich versuche zu arbeiten.«

»Sicher, klar. Wie wär's mit einer Pepsi?«

»Das wäre nett, danke.«

Francine machte die Tür zu, gestikulierte mit ihrem Glas in Richtung eines Sofas und verschwand in die Küche.

Shane setzte sich ans eine Ende des Sofas.

Das ist nicht besonders klug. Francine ist ganz offensichtlich ein bisschen durchgeknallt. Aber nicht wirklich eine Schlampe. Trotzdem: Nach unserer Unterhaltung ist sie vielleicht kooperativer und bereit, die Musik leiser zu drehen.

Die Stereoanlage und die beiden Lautsprecher standen auf dem Boden, direkt vor der Wand, an der Shane beim Arbeiten am Computer saß.

Wenn die Wand nicht da wäre, hätte ich sie mit einem Fußtritt umwerfen können.

Kein Wunder, dass der Krach so schlimm war.

Der Plattenteller war leer. Vor der Stereoanlage stapelten sich mehrere Kassettenhüllen.

»Und, wie gefällt dir diese Hitze?«, rief Francine.

»Überhaupt nicht.«

»In meiner letzten Wohnung hatte ich eine Klimaanlage.«

»So nah am Meer braucht man normalerweise keine. Höchstens für zwei Wochen im Sommer …«

»Ich möchte am liebsten schreien.«

Sie kam zurück, ein volles Glas in jeder Hand. Einer der Träger war von ihrer Schulter gerutscht. Als sie sich nach unten beugte, um Shane die Cola zu reichen, klaffte der Ausschnitt des Negligés noch weiter auf und entblößte ihre komplette Brust.

Mit Absicht?

Worauf hab ich mich da nur eingelassen?

Sie ließ sich neben Shane nieder, drehte sich zur Seite,

legte einen Arm auf die Rückenlehne des Sofas, winkelte ein Bein an und hakte den Fuß hinter dem anderen Knie ein.

Shane blickte nach unten. Das Negligé war gerade lang genug, um Francines Schritt zu verhüllen.

Mannomann.

»Na dann«, sagte Francine und leerte ihren Drink in einem Zug.

»Alles Gute zum Geburtstag.«

»Gut? Bis eben war er richtig scheiße.«

»Das kommt bei Geburtstagen schon mal vor.«

»Mal sehen, wie *du* dich fühlst, wenn die große Zweizwei auf deinem Kuchen steht.«

»Schon passiert«, erwiderte Shane.

Die Kleine ist *22!* Das Leben steckt doch voller Zufälle und Ironie!

»Du siehst keinen Tag älter aus als 19«, fand Francine.

»Du auch nicht«, log Shane. Die Gute sah eher wie knapp 30 aus.

»Das sagst du doch nur so.«

»Nein, es ist wahr.«

Francines Mundwinkel wanderte nach oben. »Findest du mich attraktiv?«

Ihr dunkles Haar war zerzaust, das Gesicht ein wenig aufgedunsen und gerötet. Obwohl sie älter aussah, als sie tatsächlich war, war sie wunderschön. Das ließ sich nicht leugnen. Von ihrem Körper ganz zu schweigen.

»Klar«, antwortete Shane. »Natürlich bist du attraktiv.«

Auch der andere Mundwinkel wanderte zitternd nach oben. »Du bist auch nicht so übel. Ich bin so froh, dass du rübergekommen bist. Ich hab mich so down gefühlt, das kannst du dir nicht vorstellen.«

»Mein Abend war auch nicht gerade der Hit.«

»Ich schätze, das ist wohl teilweise meine Schuld, was?«

»Na ja, ist schon okay.«

Sie trank noch einen Schluck und stellte das Glas dann auf den Tisch. »Tut mir leid, dass ich dich angebrüllt hab.« Sie lehnte sich näher. Mit zarten Fingern begann sie, Shanes Nacken zu streicheln. »Kannst du mir noch mal verzeihen?«

»Klar. Kein Problem. Aber ich sollte jetzt besser …«

Mit ihrer anderen Hand, feucht und kühl von dem Glas, drückte sie Shanes Oberschenkel. »Fühlt sich das nicht gut an? Schön kalt?«

»Hör mal, Francine …«

»Du hast so hübsche blaue Augen.«

»Ich hab heute Abend wirklich viel zu tun. Ich muss wieder zurück an die Arbeit.«

»Sicher? Musst du wirklich?« Die Hand kroch höher. Fingerspitzen glitten in das Hosenbein von Shanes Shorts.

»Hey!«

Die Hand zog sich zurück. Francine blickte Shane fest in die Augen und sagte: »Du willst mich. Ich weiß, dass du mich willst.«

»Tue ich nicht. Ehrlich. Aber trotzdem danke.«

Die Augen der Frau waren voller Schmerz. Einsamkeit. Verzweiflung.

»Es tut mir leid, Francine, aber …«

Mit einem Geräusch, das halb wie ein Knurren, halb wie ein Wimmern klang, warf sie sich auf Shane. Das Glas mit der Pepsi flog durch die Luft.

»Nein! Geh runter!«

Lippen. Nasse, sabbernde Lippen. Der saure Gestank von Gin. Fieberhaft an Knöpfen fummelnde Hände, die Shanes Hemd aufrissen. Grapschend, streichelnd, krallend.

Ich fasse das nicht. Gott, ich fasse das einfach nicht!

Dann zogen sich Mund und Hände plötzlich wieder zurück. Shane hing auf dem Sofa, die Hände unter Francines Körper gefangen, und schnappte nach Luft, während die Wahnsinnige den Rücken durchstreckte und ihr Negligé abstreifte.

»Nicht. Bitte.«

»Das liebst du doch.« Sie beugte sich nach unten und presste eine Brust auf Shanes Mund.

Und kippte nach hinten, als Shane sich aufbäumte und zur Seite drehte.

Sie streifte mit dem Rücken die Kante des Couchtisches. Ihr Kopf knallte dagegen. Der Tisch rutschte weg und ihr Glas fiel um. Schließlich glitt sie ganz vom Sofa und landete auf dem Boden.

Sie lag ausgestreckt, mit dem Gesicht nach unten, zwischen dem Tisch und dem Sofa.

Shane krabbelte zum Ende der Couch. Stand auf. Starrte auf Francine hinunter. Spürte eine heiße Welle aus Scham und Ekel. Wirbelte herum, krümmte sich zusammen und übergab sich.

Ich hätte sie nicht wegstoßen sollen. O Gott, ich hätte sie nicht wegstoßen sollen.

Warum hab ich sie nicht einfach machen lassen, was sie wollte?

Shane wich einen Schritt von der Sauerei auf dem Teppich zurück und glotzte auf Francine hinab.

Was, wenn sie tot ist? Wenn ich sie umgebracht hab?

Wer sagt denn, dass sie tot ist? Wahrscheinlich ist sie nur bewusstlos. Das kommt doch nur in billigen Filmen vor, dass Leute bei einem Streit geschubst werden, stürzen und von einer kleinen Beule am Kopf sterben. Wahrscheinlich wacht sie in ein paar Minuten wieder auf.

Aber wenn sie es tut, will ich nicht hier sein.

Shane starrte auf ihren leblosen Körper, kniete sich neben den Couchtisch und hob das Pepsi-Glas auf.

Sonst noch irgendwas mit Fingerabdrücken?

Eigentlich nur das Glas.

Nimm das nicht mit! Mein Gott! Das ist doch, als würdest du akzeptieren, dass sie tot ist, und deine Schuld eingestehen.

Aber Shane behielt das Glas in der Hand. Eilte zur Tür. Wickelte die Hand in einen Hemdzipfel und drehte am Türknauf. Warf einen Blick in den Korridor.

Leer. Ruhig.

Trat hinaus, ließ die Tür zufallen und setzte sich hastig in Bewegung.

Sie kann nicht tot sein. Aber wenn sie es ist, können sie es auf keinen Fall mir anhängen. Keine greifbaren Beweise. Das Erbrochene! Sie werden wissen, dass noch jemand da war. Aber sie werden nicht wissen, wer. Am Ende werden sie zu dem Schluss kommen, dass es ein Unfall war. Sie war betrunken, ist gestürzt und hat sich den Kopf gestoßen. Bei der Autopsie werden sie ihren Blutalkohol überprüfen, feststellen, dass sie total besoffen war, und …

Es wird keine Autopsie geben! Es geht ihr gut.

Was, wenn ich mich ausgesperrt habe?

Aber die Tür stand immer noch offen. Shane huschte hinein, verriegelte sie und lehnte sich heftig keuchend dagegen.

In Sicherheit.

Gott, *warum* musste ich auch da rübergehen?

Es geht ihr gut. Nur ein kleiner Schlag gegen den Kopf.

Shane stieß sich von der Tür ab, taumelte zum Schreibtisch hinüber und ließ sich auf den Stuhl fallen. Die Musik drang leise durch die Wand.

Dreh sie auf, Francine. Komm schon, lass es richtig krachen.

Auf dem Computerbildschirm flimmerte Shanes letzter Satz. »Er hat beschlossen, sie abzumurksen, weil er es einfach nicht mehr ertragen konnte, dass sie ihre beschissene Stereoanlage andauernd so verflucht laut aufdreht!«

Nein, nein, nein, nein, nein!

»Shane?«

Kaum mehr als ein Flüstern durch die Wand.

»Francine?« Shane stand vom Stuhl auf. Mit hämmerndem Herzen. Spürte ein warmes Gefühl der Erleichterung. »Francine, geht's dir gut?«

»Fick dich.«

»Tut mir leid, dass ich dir wehgetan hab, aber …«

Ein Knall dröhnte in Shanes Ohren. Weißer Staub und Splitter explodierten keinen halben Meter rechts aus der Wand.

Shane hörte etwas an sich vorbeirauschen.

In der Wand befand sich ein Loch von der Größe eines Zehncentstücks.

Sie hat auf mich geschossen!

»Francine!«

Die nächste Kugel schlug in Shanes Brust ein.

22-jährige Frau tot in ihrer Wohnung gefunden.

O Scheiße.

Shane fiel auf den Stuhl, sah, wie das Blut über den Computermonitor und die Tastatur spritzte – und dann starrte sie auf das sprudelnde Loch zwischen ihren Brüsten hinunter.

Barneys Bigfoot-Museum

Den ganzen Tag kamen Leute vorbei. Nicht nur auf ein Bier oder um einen Happen zu essen, sich mit Köderfischen oder Insektenspray einzudecken oder meinem Bigfoot-Museum einen Besuch abzustatten. Das war nicht der Grund. Ich sage euch, was der Grund war.

Es lag an diesem grauen, einsamen Wetter da draußen, bei dem man sich nach einem hell erleuchteten Diner sehnt, nach einer Schüssel Chili und einem vertrauten Song aus der Musikbox. Und das bekommt man bei mir alles. Mein Laden ist der erste nach gut 80 Kilometern Wald, so dicht und düster, dass man glauben könnte, man würde nie wieder ein anderes menschliches Wesen sehen. Ich habe ihn Barneys Bigfoot Museum 'n' Diner genannt.

Meine Frau arbeitete an dem Nachmittag an der Theke, als dieser Typ reinkam. Er stieg aus einem Dodge-Pick-up mit einem Pathfinder-Wohnwagen hinten dran und ging die Verandastufen rauf. An der Tür blieb er stehen und schaute sich um, als hätte er Angst, dass sich jemand von hinten an ihn ranschleichen könnte. Dann kam er rein.

Er sah schmal und zäh aus und ziemlich übel zugerichtet. Ein Ärmel seines Flanellhemds war zerrissen. Sein Gesicht und die Hände von Kratzern überzogen.

Er wandte sich von der Theke ab und humpelte auf den Eingang des Museums zu.

Er hat mich neugierig gemacht, deshalb bin ich ihm durch die Tür gefolgt. Er muss mich gehört haben. Mit einem leisen Quietschen wirbelte er herum und fasste unter sein Hemd. Ich konnte schwarzen Stahl aufblitzen sehen – den Kolben einer Automatik –, bevor er die Hand wieder hervorzog und sich der Hemdzipfel wieder darüberlegte.

»Verdammt«, fluchte er.

»Ist alles in Ordnung?«

Er antwortete nicht. Er wandte sich nur ab und blickte zu der Winchester hinauf. Sie hing an der Wand über einer Vitrine, der Lauf Richtung Decke gebogen.

»Das war Bigfoot?«, fragte er.

»So hat man es mir erzählt.«

»Wo haben Sie die her?«

»Hab sie irgendeinem Typen abgekauft.«

Er senkte den Blick zu der Vitrine und betrachtete eine Weile die riesigen Fußabdrücke aus Gips, die sich darin befanden.

»Haben Sie die hier auch gekauft?«

»Ein paar. Zwei davon hab ich selbst gemacht, von Fußspuren, die ich in der Nähe von Clamouth entdeckt hab.«

»Authentisch?«

»Soweit ich weiß.«

Er humpelte zur nächsten Vitrine und begutachtete das halbe Dutzend Fotos durch die Glasscheibe.

»Schon mal einen gesehen?«, wollte er wissen.

»Einen Bigfoot?«

»Ja.«

»Nein. Noch nie. Aber ich gebe die Hoffnung nicht auf. Hier in der Gegend gab's schon häufiger Sichtungen. Immerhin hab ich damals die Fußspuren gesehen. Ich mache mich immer auf die Suche, wenn ich mal Zeit habe.«

Er ging zur Ecke des Raumes und schaute sich die Gipsbüste an.

»Die ist in Lebensgröße«, erklärte ich ihm. »Ein Bildhauer drüben in Kalama behauptet, er hätte einen gesehen, vor Ewigkeiten. 1978.«

»Haben Sie viel dafür hingeblättert?«

»Billig war sie nicht.«

»Man hat Sie übern Tisch gezogen. Daran stimmt gar nichts.«

»Ach?« Ich war damals zwar misstrauisch gewesen, hatte dem Künstler aber letzten Endes den exorbitanten Preis bezahlt, den er verlangt hatte. Egal ob er das Monstrum nun tatsächlich gesehen hatte oder nicht, die affenartigen Gesichtszüge passten zu den Schilderungen anderer Augenzeugenberichte und zu verschiedenen verschwommenen Fotos. »Und *warum* denken Sie, dass daran nichts stimmt?«

Der Mann drehte sich zu mir um. Er rieb sich eine mit Schorf verkrustete Schürfwunde über dem Auge, so als würde ihn die Stelle jucken.

»Mein Gott«, stieß ich atemlos aus. »Sie haben einen gesehen, hab ich recht?«

Ein finsteres Lächeln breitete sich auf seinem Gesicht aus. »Nicht nur das.«

»Erzählen Sie es mir – erzählen Sie mir *alles!* Ich meine, also, was ich eigentlich vorhabe … Ich schreibe ein Buch. Es wird *das* Buch über den Sasquatch. Ich arbeite schon seit fünf Jahren daran, sammle Artefakte und Geschichten … Mein Museum zieht alle an, die …«

Er hob eine Hand, um mich zu unterbrechen, und lächelte amüsiert über mein hektisches Gefasel. »Ich erzähle es Ihnen ja.«

»Großartig! Das ist fantastisch! Warten Sie kurz, ich hole nur mein Tonbandgerät. Es ist doch in Ordnung, wenn ich alles aufzeichne?«

»Tun Sie sich keinen Zwang an.« Er blickte aus dem Fenster auf den düsteren Himmel. »Aber machen Sie schnell.«

»Okay.«

Ich eilte in mein Büro und schleppte das schwere Magnettonbandgerät zurück in den Museumsraum. Der Mann war noch immer allein. Ich schloss die Tür, um mögliche weitere Besucher abzuhalten, und stellte das Gerät ein. Dann legte ich eine neue Bandspule auf.

»Eine Sache noch, bevor wir anfangen«, sagte er.

Ich hob den Blick, auf schlechte Nachrichten gefasst.

»Ich möchte etwas als Gegenleistung. Haben Sie ein Auto?«

Ich nickte.

»Was für eins?«

»Einen 79er Bushmaster, Allradantrieb.«

»Haben Sie den Fahrzeugbrief?«

»In meinem Büro.«

»Ich lasse Ihnen meinen Dodge und den Pathfinder hier. Und Sie überschreiben mir Ihren Bushmaster.«

»Ich weiß nicht …«

»Es wird sich für Sie lohnen, glauben Sie mir. Bisher haben Sie eine Menge Geld für Mist ausgegeben. Nichts als Mist.« Er schaute mich mit müden, roten Augen an.

»Aber ich werde Ihnen etwas erzählen, das Ihr Museum in aller Welt bekannt machen wird.«

Ich zögerte.

»Warten Sie, bis ich fertig bin, und entscheiden Sie anschließend.«

Dagegen konnte ich nichts einwenden. »Ich schätze …«

»Lassen Sie das Band laufen.«

Ich schaltete das Gerät ein und der Mann begann zu erzählen. Er sprach schnell und schaute dabei die meiste Zeit auf den Boden, drehte sich jedoch auch oft zum Fenster, um einen Blick hinauszuwerfen.

»Mein Name ist Thomas Hodgson. Ich bin 32 und komme aus Enumclaw. In den vergangenen zwei Wochen habe ich in den Wäldern etwa 50 Kilometer nördlich von hier nach Bigfoot gesucht.

Ich war mit drei Freunden unterwegs – Charles Raider, Bob Chambers und Armondo Ruiz –, alle aus Enumclaw. Es war Chambers' Idee. Er hatte Anfang Juni ein paar Spuren entdeckt. Er dachte, wir würden alle Millionäre werden, wenn wir Bigfoot fangen könnten. Oder ihn töten. So oder so. Aber ich glaube nicht, dass einer von uns ernsthaft angenommen hat, dass wir das Biest tatsächlich finden.

Das Ganze war nur eine Ausrede, um im Urlaub mal was richtig Wildes zu machen. Wir waren alle zusammen bei den Marines – da haben wir uns auch kennengelernt – und in Vietnam.

1972 sind wir dann alle nach Enumclaw gezogen und haben einen Laden für Sportartikel … Ach, vergessen Sie's. Der Punkt ist: Wir sind losgezogen, um Bigfoot zu suchen, und haben ihn verdammt noch mal gefunden.

Am zwölften Tag hat Ruiz die Spuren entdeckt. Er hat Feuerholz gesammelt und sich ein Bierchen gegönnt. *Cerveza,* wie er sagen würde. Ruiz sieht man nur selten ohne *cerveza* in der Hand.

Die nächsten anderthalb Tage haben wir damit verbracht, den Spuren zu folgen. An einem Bach haben wir sie schließlich verloren, gut 30 Kilometer von unserem Basislager entfernt. Sie hörten am Wasser einfach auf. Wir konnten sie nicht wiederfinden, deshalb beschlossen wir, dortzubleiben und abzuwarten, was passiert.

Wir haben in jener Nacht in der Nähe des Flusses gezeltet. Ruiz hat die erste Wache übernommen, dann war Chambers dran. Um zwei Uhr morgens hat mich ein Schuss geweckt. Chambers brüllte sich die Seele aus dem Leib. ›Hey, ich hab einen erwischt! Ich hab einen erwischt!‹

Ich hab mir mein Gewehr geschnappt und bin aus dem Zelt gekrochen, als er gerade ins Camp gerannt kam. Raider und Ruiz tauchten aus dem anderen Zelt auf. Sie haben den Strahl ihrer Taschenlampen auf Chambers gerichtet. Gott, was für ein … Er stand da, die Füße fest auf dem Boden, und hielt dieses … *Ding* in den Armen. Es hing da wie tot. Und es quoll massenweise Blut aus ihm raus. Man konnte hören, wie es auf den Boden tropfte.

Chambers hat das Ding vor sich abgelegt.

Ruiz hat es mit seiner Lampe angeleuchtet und wir konnten alle sehen, dass es nicht menschlich war. Es war mit borstigem Fell bedeckt und die Proportionen stimmten auch nicht: Die Arme waren zu lang und das Hinterteil glich eher dem eines Bären als dem eines Menschen. Sein Gesicht war kahl und blass und erinnerte irgendwie an ein kleines Kind.

›Es ist an den Fluss gekommen, um was zu trinken‹, berichtete uns Chambers. Er klang ziemlich aufgebracht. ›Ich dachte, ihr wisst schon … es wäre Bigfoot.‹

›Bisschen klein, findest du nicht?‹, erwiderte Raider.

›Ich glaube, das ist definitiv ein Sasquatch‹, sagte ich. ›Aber ein junger. Was soll das denn sonst sein? Habt ihr vorher schon mal so was gesehen?‹ Keiner von uns hatte das. ›Uns bietet sich hier eine unglaubliche Gelegenheit‹, fuhr ich fort. ›Wir sind losgezogen, um Bigfoot zu finden – und bei Gott, wir haben wirklich einen erwischt! Ihr seht hier das einzige Exemplar vor euch, Jungs. Damit werden wir berühmt. Und reich! Wir können dieses Ding verkaufen. Oder damit auf Tour gehen. Oder einen saftigen Buchvertrag aushandeln. Die Möglichkeiten sind grenzenlos!‹

Aber Chambers hat plötzlich davon angefangen, dass wir ein Loch ausheben und das Ding begraben sollten. Dabei wollte jedoch keiner von uns anderen mitmachen. Ruiz und Raider waren immer noch wie benommen von der Vorstellung ihres baldigen Reichtums, also hab ich direkt noch einen draufgesetzt.

›Ein ausgewachsenes Exemplar wäre natürlich noch besser. Wenn das hier ein Bigfoot-Baby ist, sind seine Eltern wahrscheinlich ganz in der Nähe.‹ Sie haben mich alle angeschaut, als hatten sie genau dasselbe gedacht, auch wenn ihnen der Gedanke nicht sonderlich gut zu gefallen schien. Aber ich ließ nicht locker. ›Wir könnten das Kind als Köder benutzen. Und wenn Mommy oder Daddy dann auftaucht – *bum!*‹

›Auf keinen Fall‹, widersprach Chambers. ›Da mach ich nicht mit.‹

›Was hast du denn auf einmal gegen Geld?‹, fragte ich ihn.

›Irgendwann ist die Grenze erreicht, Hodgson. Ich hab dieses Ding da gerade umgebracht. Bis hierhin und nicht weiter. Keinen Schritt.‹

›Und was ist mit euch?‹, wollte ich von den anderen wissen.

Ruiz schüttelte den Kopf. ›Ich weiß nicht, Mann.‹

›Ich würde sagen, wir sollten aufhören, wenn's am schönsten ist‹, fand Raider. ›Lieber den Spatz in der Hand, du weißt schon.‹

Ruiz nickte. ›Wir haben das Junge umgebracht, Mann. Wenn seine Eltern kommen, um nach ihm zu suchen …‹ Er schüttelte erneut den Kopf. Aus seinen Augen sprach Furcht.

Ich hab dafür argumentiert, noch zu bleiben, aber die anderen wollten sich nicht umstimmen lassen. Schließlich haben wir den Kadaver verschnürt, an einer Zeltstange festgebunden und sind losmarschiert. Raider ging voraus, dann Chambers und ich an der Zeltstange, und Ruiz bildete die Nachhut. Keiner von uns sprach ein Wort.

Ich schätze, wir haben alle gehorcht und erwartet, Schritte oder Gebrüll zu hören oder sonst irgendwas. Aber nichts dergleichen ist passiert. Im Wald war es vollkommen still, abgesehen von den üblichen Geräuschen der Nacht. Eulen, Frösche und solche Sachen.

Dann hat Raider plötzlich gekreischt und wurde von den Beinen gezogen. Er ist senkrecht in die Luft geflogen, hat mit den Armen gewedelt und um sich getreten. Ich konnte nur noch ihn sehen. Er hing einfach da, hat gezappelt und geschrien, eine Sekunde lang. Dann ist er gefallen. Er ist direkt vor meinen Füßen gelandet und hatte keinen Kopf mehr.

Sein Kopf war immer noch da oben, vier Meter über dem Boden. In den Händen von diesem *Ding*. Diesem riesigen, finsteren *Ding!* Bigfoot. Er musste es sein. Er hat Raiders Kopf auf den Boden geworfen und ist draufgetrampelt – hat ihn förmlich zerquetscht.

Die Zeltstange hatten wir inzwischen fallen gelassen. Während dieses Ungetüm damit beschäftigt war, Raiders Kopf auf dem Boden zu zermatschen, hab ich mein Gewehr angelegt und abgedrückt. Das Ding ist zusammengezuckt und rückwärts getaumelt. Dann ist es verschwunden. Einfach davongerannt.

Wir übrigen drei standen eine Weile lang einfach nur da und haben auf die Überreste von Raider geglotzt oder einfach nur leer in den Wald gestarrt. Ruiz hat ununterbrochen den Kopf geschüttelt und ›Heiliger Jesus!‹ gemurmelt.

›Es wird zurückkommen und uns alle holen!‹, brüllte Chambers.

›Es hatte seine Chance‹, erwiderte ich. ›Wahrscheinlich sucht es sich jetzt nur einen Ort, an dem es in Frieden sterben kann.‹

›Es kommt wieder‹, beharrte Chambers. ›Es wird immer wiederkommen.‹

›Seit wann hast du denn hellseherische Fähigkeiten?‹, fragte ich ihn. Aber Chambers ignorierte mich.

›Es will das Kind‹, vermutete Ruiz. ›Ich finde, wir sollten das Kind hierlassen.‹

›Ich lasse es nicht hier‹, erwiderte ich.

›Das ist dein Problem‹, sagte Chambers. Er nickte Ruiz zu und sie marschierten gemeinsam davon.

Etwa eine Stunde später hab ich sie dann gefunden. Zusammen – die Arme und Beine gebrochen und total ineinander verflochten wie ein einziger grauenvoller, blutiger Knoten.

Ich bin weitergegangen. Ich hatte nicht erwartet, dass ich die Nacht überleben würde. Aber ich bin einfach weitergestapft, mit dieser Kreatur auf dem Rücken. Ihre gefesselten Hände haben an meinem Hals gezerrt, als würde ich ein kleines Kind Huckepack tragen.

Irgendwann kam die Morgendämmerung, aber ich bin immer weitergegangen. Die Sonne stach durch die Bäume und die Leiche begann langsam zu stinken. Überall um uns schwirrten Fliegen, aber ich bin weitermarschiert. Schließlich erreichte ich unser Basislager. Ich hab den Kadaver hinten in meinen Pathfinder geworfen und Gas gegeben, was das Zeug hielt.

Das war heute Nachmittag«, endete er.

»Wollen Sie damit sagen …«

Er nickte, weil er meine Frage erahnen konnte. »Ja. Das Ding ist immer noch in meinem Wohnwagen.«

»Mein Gott! Kann ich … kann ich es *sehen?*«

»Überschreiben Sie mir einfach den Bushmaster. Ich gebe Ihnen dafür die Papiere für meinen Pathfinder und den Truck. Ein fairer Tauschhandel.«

Ich zögerte. »Stimmt damit irgendwas nicht?«

Ein Lächeln verzerrte sein Gesicht. »Gar nichts. Ich will nur tauschen, das ist alles.«

»Sie glauben doch nicht, dass der Sasquatch einem Truck folgen könnte, oder?«

»Natürlich nicht. Aber ich würde mich dann trotzdem besser fühlen.«

»Ich bin gleich wieder da.«

Mit einem Nicken drehte er sich zum Fenster um und starrte in den dunklen Wald hinaus.

Ich ließ ihn dort sitzen, rannte in mein Büro und ignorierte die neugierigen Blicke meiner Frau und der Handvoll Gäste, die zum Mittagessen an der Theke saßen.

Im Büro durchwühlte ich wie ein Wahnsinniger meinen Schreibtisch. Meine Hände zitterten, als ich auf der Suche nach dem Fahrzeugbrief die Papiere durchblätterte. Schließlich fand ich ihn, schob die Schublade wieder zu und hörte im selben Moment draußen Glas zerbrechen. Gefolgt von einem Schuss.

Ich rannte den Gästen voran in den Museumsraum und stieß die Tür auf.

Hodgson war verschwunden.

Ein fauler, modriger Gestank, der mich an Schimmel und tote Dinge erinnerte, breitete sich im Zimmer aus.

Würgend eilte ich zu dem zerbrochenen Fenster. Ich blickte hinaus, konnte jedoch nur die dunkle Straße und den Wald auf der anderen Seite erkennen.

Ich kletterte hinaus. Rannte durch die windige Nacht. Um das Diner herum. Auf den Parkplatz. Zu Hodgsons verbeultem Pathfinder.

Die Hintertür lag auf dem Kies.

Ich machte einen großen Schritt über die Tür, lugte in den Wohnwagen und entdeckte eine dunkle Gestalt auf dem Boden. Ich kletterte hastig hinein. Auf Händen und Knien hob ich das Ding an den Haaren hoch.

Stimmen. Eilende Schritte.

Noch bevor die neugierige Meute am Wohnwagen eintraf, hatte ich es sicher in einem Schrank versteckt.

Es ist der ganze Stolz meines Bigfoot-Museums, aber ich zeige es nie jemandem, noch nicht einmal meiner Frau. Ich habe es eigenhändig ausgestopft und präpariert. Ich halte es in einer Kiste verschlossen, in einer Ecke, unter der verbogenen Metalltür des Pathfinder.

Vielleicht enthülle ich es der Welt, wenn mein Bigfoot-Epos fertig ist.

Vielleicht aber auch nicht.

Es gehört mir und ich will, dass das auch so bleibt.

Oft schließe ich mich spät in der Nacht in der Dunkelheit meines Museums ein und öffne die Kiste. Dann lege ich Hodgsons Kopf in meinen Schoß, während ich seiner Stimme auf dem Band lausche. Manchmal erwarte ich beinahe, dass sich seine Lippen zu den Worten bewegen.

Aber das tun sie nie.

Der Champion

»Du gehst nirgendwohin«, sagte der Mann und blockierte die Tür.

Er war kleiner als Harry Barlow und hatte weder die Statur noch die entsprechenden Muskelpakete, um seinen Worten den nötigen Nachdruck zu verleihen. Dafür wurde er jedoch von zwei seiner Kumpel flankiert. Harry vermutete zwar, dass er es im Ernstfall mit allen dreien aufnehmen konnte, wollte es aber nicht darauf ankommen lassen. Wie die meisten großen, kräftigen Männer war er sein ganzes Leben lang von Leuten belästigt worden, die beweisen wollten, wie hart sie waren. Er war das Ganze so leid. Er wollte sich nicht mehr prügeln.

»Bitte, geh einfach zur Seite«, erwiderte er.

»Das kannst du vergessen. Du bleibst, wo du bist. Heute ist dein großer Abend.«

Im ganzen Restaurant hallte Jubel wider. Harry drehte sich langsam um und betrachtete die ihn umgebenden Gesichter. Die meisten waren Männer. Komisch, aber während des Essens war ihm das gar nicht aufgefallen. Ehrlich gesagt hatte er auch sonst nicht viel wahrgenommen, abgesehen von seinem erstklassigen Roastbeef.

Als er Roy's Bar and Steak House entdeckt hatte, hatten ihn die vielen Autos auf dem Parkplatz überrascht. Diese Stadt, die abgeschieden in einem Tal mitten in den tiefsten Wäldern Nordkaliforniens lag, schien zu klein für so viele Autos zu sein. Nachdem er jedoch ihr köstliches Steak vom Holzkohlegrill gekostet hatte, war ihm klar geworden, dass viele Gäste vermutlich liebend gerne die kilometerweite Anfahrt auf sich nahmen, um bei Roy zu speisen. Er selbst hatte sich definitiv zu der Entscheidung beglückwünscht, hier einzukehren.

Bis jetzt.

Jetzt wollte er gehen. Er machte einen Schritt auf die drei Typen zu, die ihm den Weg versperrten.

»Wartet!«, rief jemand hinter ihm.

Harry drehte sich um. Er hatte den Mann schon einmal gesehen. Während des Abendessens war er von einem Tisch zum anderen gegangen und hatte mit den Gästen geplaudert und gelacht. Er hatte sogar ein paar Worte mit Harry gewechselt. »Ich bin Roy«, hatte er sich vorgestellt. »Sie sind das erste Mal hier, oder? Woher kommen Sie? Wie schmeckt Ihnen das Steak?« Er schien ein angenehmer, freundlicher Zeitgenosse zu sein.

Jetzt zielte er jedoch in Brusthöhe mit einem Gewehr auf Harry.

»Wofür ist das denn?«, fragte Harry.

»Ich kann dich nicht gehen lassen«, antwortete Roy.

»Und warum nicht?«

Abgesehen von vereinzeltem Besteckklappern herrschte im Restaurant völlige Stille.

»Du bist der Herausforderer«, erwiderte Roy.

»Und was fordere ich heraus?«, wollte Harry wissen. Er wartete und spürte einen leichten Angstschauer.

»Nicht was, sondern wen.«

Harry konnte leises Gelächter vernehmen. Er blickte sich um und sah, dass sämtliche Augen auf ihn gerichtet waren. Er rieb mit den Händen über die Beine seiner weichen Cordhose. »Na schön«, sagte er. »*Wen* fordere ich heraus?«

»Den Champion.«

»Ach ja?«

Noch mehr Gelächter.

»Ja. Hast du schon mal von diesen Boxkämpfen gehört, den Saturday Night Fights? Tja, hier in Roy's Bar and Steak House haben wir unsere eigene Version davon.«

Jubel und Applaus brandeten im Restaurant auf. Roy hob die Hände, um die Menge wieder zum Schweigen zu bringen. »Der erste Mann, der samstagabends nach neun durch die Tür kommt, ist der Herausforderer. Du bist um drei nach neun reingekommen.«

Harry erinnerte sich wieder an die Gruppe von acht oder neun Männern, die direkt vor der Tür gestanden und sich leise und angespannt unterhalten hatten. Ein paar von ihnen hatten ihm merkwürdige Blicke zugeworfen, als er an ihnen vorbeigegangen war. Jetzt wusste er auch, warum. Sie mussten nach neun angekommen sein, aber da sie das Prozedere kannten, waren sie clever genug gewesen, auf den nächsten unwissenden Trottel zu warten, damit er das Restaurant vor ihnen betrat.

»Ehrlich«, sagte Harry, »ich will gegen niemanden kämpfen.«

»Das wollen die wenigsten.«

»Schön, aber ich *werde* es auch nicht tun.«

»Vor ungefähr zwei Jahren hatten wir hier diesen Typen«, erwiderte Roy. »Einer von diesen Pazifistenfeiglingen. Der wollte auch nicht gegen den Champion kämpfen. Hat sich standhaft geweigert. Und ist zur Tür gerannt.« Roy grinste und wedelte mit dem Lauf seines

Gewehrs. »Aber ich hab ihm eine Kugel verpasst. Und dir verpasse ich auch eine Kugel, wenn du versuchst wegzulaufen.«

»Das ist doch total verrückt«, knurrte Harry.

»Das ist nur unsere Art, ein bisschen Spaß zu haben.« Roy wandte seine Aufmerksamkeit wieder den Gästen zu. »In Ordnung, Leute. Für alle, die zum ersten Mal bei einem Saturday Night Fight sind, erkläre ich kurz, wie die Sache abläuft.«

Eine der Bedienungen gesellte sich zu ihm, ein Goldfischglas mit roten Zetteln in den Händen.

»In diesem Glas hier sind 100 Lose. Auf jedem Los steht eine Zeitspanne, im Drei-Sekunden-Takt aufsteigend, bis zu höchstens fünf Minuten. Es hat noch nie ein Kampf länger gedauert. Ihr bezahlt fünf Dollar für jedes Los. Der Sieger gewinnt den Pot. Alle Lose, die bei Beginn des Kampfes noch nicht verkauft wurden, gehören dem Haus.« Er tätschelte der Frau, die das Glas hielt, den Arm. »Julie hier stoppt die Zeit. Ich bin der Kampfrichter. Der Kampf ist vorbei, wenn einer der beiden Gegner tot ist. Noch irgendwelche Fragen?«

Keine Fragen.

»Die Lose könnt ihr an der Theke kaufen. Der Kampf beginnt in zehn Minuten.«

Während der nächsten zehn Minuten zogen die Gäste unter Roys wachsamen Blicken in einer langen Schlange an der Theke vorbei und zogen Lose aus dem Goldfischglas. Harry spielte mit dem Gedanken, zur Tür zu fliehen, beschloss dann jedoch, dass er es lieber mit dem Champion als mit Roys Flinte aufnehmen wollte. Um sich die Zeit zu vertreiben, zählte er die Anzahl der verkauften Lose mit.

72.

Bei fünf Steinen pro Los belief sich die Summe auf 360 Dollar.

»Der Kampf beginnt in einer Minute«, verkündete Roy. »Letzte Chance auf ein Los.«

Dann war der Losverkauf zu Ende.

»Elmer?«

Ein dünner, glatzköpfiger alter Mann nickte Roy zu und verschwand durch die Hintertür.

»Der Champion betritt gleich den Ring, Leute. Wenn ein paar von euch vielleicht mit anpacken und diese Tische aus dem Weg räumen könnten …?«

Sechs Tische wurden aus der Mitte des Raumes zu den Seiten geschafft, wodurch ein freier Bereich entstand, der Harry furchtbar winzig vorkam.

Dann brach die Menge plötzlich in Jubel und Pfiffe aus. Harry blickte zur Hintertür und sah, wie Elmer den Gastraum betrat. Ein großer, hagerer Mann folgte ihm.

»Ladys und Gentlemen!«, rief Roy. »Der Champion!«

Der Champion funkelte die Menge finster an und humpelte auf den frei geräumten Bereich zu. Seinem Aussehen nach zu urteilen hatte er bereits zahlreiche Kämpfe hinter sich. Seine breite Stirn war von einer Narbe durchzogen und er trug eine Augenklappe über dem linken Auge. Darüber hinaus fehlte ihm ein Ohrläppchen, ebenso wie der Zeigefinger seiner linken Hand.

Harry senkte den Blick und erkannte den Grund für den seltsam hinkenden Gang des Champions: Seine Füße waren mit einer meterlangen Eisenkette gefesselt, die über den Boden schleifte.

»Ich kämpfe nicht gegen diesen Mann«, sagte Harry.

»Sicher tust du das«, warnte Roy ihn. »Elmer?«

Der dürre Alte ging auf die Knie. Er öffnete das Schloss der Fußfesseln und entfernte die rechte Schelle vom Knöchel des Champions.

Harry wich einen Schritt zurück.

»Steh still«, befahl Roy ihm.

»Ihr könnt mich nicht zwingen, gegen diesen Mann zu kämpfen.«

»Die Leute mit den niedrigeren Zeitspannen werden sich sicher freuen, das zu hören.«

»Absolut!«, rief jemand aus der Menge.

»Bleib einfach so stehen!«, rief ein anderer.

Dann stimmten weitere Zuschauer in die Rufe ein. Einige fanden, er solle einfach auf den sicheren Tod warten, während andere einen echten Kampf von ihm forderten.

Elmer befestigte das Eisen an Harrys linkem Knöchel. Die meterlange Kette fesselte ihn nun an den Champion.

»Zeit?«, rief Roy.

Das Geschrei verstummte.

»Wir beginnen in zehn Sekunden«, antwortete Julie.

»Elmer?«

Der alte Mann eilte hinter die Theke und zauberte zwei identisch aussehende Messer hervor.

»Fünf Sekunden«, sagte Julie.

Die Messer hatten Holzgriffe, Parierstangen aus Messing und 20 Zentimeter lange Klingen aus poliertem Stahl.

»Wir werden das nicht tun«, appellierte Harry an den Champion. »Sie können uns nicht zwingen.«

Der Champion bedachte ihn mit einem schiefen Grinsen.

Elmer reichte das eine Messer dem Champion und

gab Harry das andere. Dann machte er sich gerade noch rechtzeitig aus dem Staub, bevor Julie rief: »Los!«

Harry schleuderte das Messer auf den Boden. Es blieb mit der Spitze tief in den harten Holzdielen stecken. Der Griff vibrierte noch immer, als der Champion mit seiner Klinge nach Harrys Bauch stach. Harry gelang es, mit einem Sprung auszuweichen. Die Kette bremste ihn jedoch aus und er kippte nach hinten um. Der Champion stampfte auf sein Knie und Harry stieß einen Schrei aus. Sein Bein explodierte vor Schmerzen.

Mit einem irrsinnigen Kreischen warf sich der Champion auf ihn. Harry hielt mit beiden Händen das Messer fest, das ihm der Champion ins Gesicht rammen wollte. Die Klinge schob sich immer näher. Harry blinzelte und spürte, wie die Wimpern seines rechten Auges die Stahlspitze streiften. Er drehte den Kopf und rutschte seitwärts. Die Klinge schlitzte sein Ohr auf und stach neben seinem Kopf in den Boden.

Harry zentrierte eine Faust auf die Nase des Champions, rollte herum und schaffte es, sich von dem verdutzten Mann zu befreien. Er krabbelte vor den grapschenden Händen davon und rappelte sich wieder auf.

»Das reicht jetzt!«, rief er. »Schluss! Das war's!«

Der Champion riss sein Messer aus dem Boden, sprang auf die Beine und stieß damit nach Harry. Die Klinge zerschnitt die Vorderseite seines karierten Hemdes.

»Hör auf!«

Der Champion stürzte sich mit einem Knurren auf ihn und stach mit dem Messer auf Harrys Bauchgegend, aber Harry schlug seine Hand weg. Der Champion stach erneut zu. Diesmal schlitzte die Klinge Harrys abwehrende Hand auf. Dann zielte der Typ wieder auf seinen

Magen, doch er wirbelte zur Seite und wich dem Stahl aus.

Er packte den rechten Arm des Champions am Handgelenk und Ellenbogen und riss ein Knie hoch. Der Unterarm des Mannes brach mit einem Krachen, das wie knisterndes Feuerholz klang. Schreiend ließ der Champion das Messer fallen.

Es gelang ihm jedoch, es mit der linken Hand aufzufangen. Er fuchtelte damit wild in Harrys Richtung, der geistesgegenwärtig auswich.

Harry fiel auf die Knie, packte die Kette und zerrte daran. Das Bein des Champions flog hoch in die Luft und er kippte rückwärts. Harry stürzte sich auf ihn. Mit beiden Händen schnappte er sich die linke Hand seines Gegners und hielt sie am Boden fest.

»Gib auf!«, brüllte er in das blutüberströmte Gesicht des Mannes.

Der Champion nickte und das Messer fiel aus seiner Hand.

»Das war's!« Harry hob den Blick in die Menge. »Er hat aufgegeben. Wir sind hier fertig.«

Doch dann setzte sich der Mann abrupt wieder auf und bohrte seine Zähne in Harrys Kehle. Blind vor Schmerz und wutentbrannt über die Täuschung tastete Harry mit einer Hand den Boden ab. Er fand das Messer und tauchte es viermal in die Seite seines Gegners, bevor sich dessen Kiefer löste und seinen Hals wieder freigab. Der Champion kippte nach hinten und sein Kopf knallte mit einem dumpfen Schlag auf den Boden.

Harry kroch von ihm weg und befühlte mit den Fingerspitzen die Wunde an seinem Hals. Er blutete nicht so stark, wie er befürchtet hatte.

Er blieb auf dem Boden sitzen und sah zu, wie Roy sich neben den Champion kniete.

»Ist er tot?«, rief jemand aus der Zuschauermenge.

Roy legte eine Hand an den Hals des Champions und fühlte dessen Puls. »Noch nicht«, verkündete er.

»Komm schon!«, rief jemand.

»Mach weiter, Champ!«, feuerte ein anderer ihn an.

»Gib auf!«, war eine Frauenstimme zu hören.

Ein paar Sekunden lang tobte die Menge. Dann wurde alles wieder still. Vollkommen still. Alle Augen richteten sich auf Roy, der noch immer neben dem gefallenen Champion kniete.

»Das war's!«, verkündete er.

Julie drückte auf die Stoppuhr. »Zwei Minuten und 28 Sekunden.«

»Das bin ich!«, rief ein Mann und winkte mit seinem roten Los in der Luft herum »Das bin ich! Ich hab gewonnen!«

»Komm zu mir«, forderte Roy ihn auf. »Wir überprüfen das kurz und zahlen dir dann deinen Gewinn aus.« Er wandte sich an seinen dürren alten Assistenten. »Elmer?«

Elmer kniete sich zwischen Harry und die Leiche und löste die Fußfessel des toten Mannes. Noch bevor Harry reagieren oder es verhindern konnte, legte sich das Eisen um seinen eigenen rechten Knöchel und das Schloss rastete ein.

»Hey!«, protestierte Harry. »Nimm sie wieder ab! Ich hab gewonnen! Ihr müsst mich gehen lassen!«

»Das können wir nicht«, erwiderte Roy und blickte lächelnd auf ihn hinab. »Du bist der Champion.«

Ab in die Grube

1.

Im Jahr 1926 reiste William Brooks Vater nach Ägypten, um den berühmten Howard Carter mit seiner Fachkenntnis zu unterstützen, der dort vor einiger Zeit das Grab des Kindkönigs Tutenchamun ausgegraben hatte. William begleitete seinen Vater auf dieser Reise.

In Luxor trafen sie Mr. Carter. Er hieß Williams Vater herzlich willkommen, da sie vor einigen Jahren bereits mit Theodore Davis am Grab von Mentuhotep I. zusammengearbeitet hatten. Von Williams Anwesenheit war er hingegen weniger angetan. Vermutlich war er der Ansicht, ein junger Mann von 18 Jahren würde sich – ganz gleich, wie reif er bereits war – letzten Endes doch nur als hinderlich erweisen. William stellte jedoch mit Freuden fest, dass sich Mr. Carters Einstellung in dieser Hinsicht vollkommen änderte, als er sah, wie geschickt der Sohn seinem Vater bei dessen oft komplizierter Arbeit zur Hand ging. Mit seinen ausführlichen, präzisen Notizen verdiente er sich innerhalb kürzester Zeit den Respekt des renommierten Archäologen.

Es war allerdings sein Mut, mit dem er den Respekt des jungen Ägypters Maged gewann. Sie lernten sich in einer Nacht im Dezember kennen. William, der unter der erdrückenden Hitze litt, machte jenseits der Umzäunung ihres Lagerplatzes einen Spaziergang, in der Hoffnung, irgendwo wenigstens den Hauch einer sanften Brise zu spüren. Er sehnte sich nach den Wintern seiner Kindheit in Wisconsin: mit dem Schlitten die Hänge hinabzusausen, während ihm der eiskalte Wind ins Gesicht peitschte, die Schneeflocken wirbelten und der Vollmond die Nacht erleuchtete. Er war vor Frustration beinahe den Tränen nahe, als ihn plötzlich ein verzweifelter Schrei aufschreckte.

Da er noch nie zu den Menschen gehört hatte, die im Angesicht einer Krise die Flucht ergriffen, eilte er in Richtung des Schreis und entdeckte ein halbes Dutzend Jugendliche, die dabei waren, einen jungen Mann bewusstlos zu prügeln. Er ging sofort zum Angriff über. Während der darauffolgenden kurzen Rauferei versetzte er den Schlägern mehrere entscheidende Hiebe und trieb sie damit in die Flucht.

Das Opfer stellte sich ihm in passablem Englisch als Maged vor. Sein Vater hatte, wie William erst später erfuhr, im Ersten Weltkrieg auf britischer Seite gedient. In seiner Dankbarkeit bot er William seine Freundschaft an.

Zunächst erzählte Maged ihm, die Jugendlichen hätten ihn angegriffen, um ihn auszurauben. Nachdem die Freundschaft der beiden jungen Männer jedoch eine Zeit lang gewachsen war, vertraute er William schließlich die Wahrheit an. Wie es schien, war Maged nicht einfach nur ein unschuldiges Opfer, sondern hatte bei der Schwester eines der Jungen eindeutige anstößige Annäherungsversuche unternommen. Als sie ihn abgewiesen hatte, hatte der junge Maged seine Feindseligkeit zum Ausdruck gebracht, indem er seinen Darm vor der Türschwelle des Hauses der Familie entleert hatte. Der Bruder hatte darauf – mithilfe einiger Freunde – mit Gewalt reagiert.

Im Laufe der nächsten Wochen erwies sich Maged als unschätzbarer Begleiter. Der kleine Ägypter führte William abends in der Stadt aus. Sie kämpften gemeinsam gegen seine Feinde und tranken gestohlenen Raki. Nicht selten verbrachten sie ihre Nächte in den Armen sinnlicher Frauen mit goldbrauner Haut, die William nie gekannte Wonnen bereiteten.

An einem warmen Abend im Januar, nachdem er seinem Vater eine gute Nacht gewünscht hatte, verabredete sich William an ihrem üblichen Treffpunkt mit Maged. Von dort brachen sie zu einem langen Spaziergang auf, der sie in ein Dorf aus Lehmhütten führte. In einer dieser Hütten, so versicherte Maged ihm, warteten Zwillingsschwestern auf sie, deren Schönheit und sexuelle Talente ihn für alle anderen Frauen verderben würden.

William wartete draußen, während Maged die Hütte betrat, um die beiden zu holen. Kurz darauf tauchte der Ägypter wieder auf. Die beiden Mädchen hinter ihm waren in der Tat wunderschön, aber gewiss nicht älter als 16 Jahre. William betrachtete sie eine lange Weile schweigend im Licht des Mondes, vollkommen in Ehrfurcht erstarrt. Schließlich begrüßte er sie auf Arabisch. Sie lächelten lasziv, sagten jedoch kein Wort. Maged erklärte ihm, dass sie taubstumm waren. Anfangs verstörte William diese Erkenntnis, doch er beruhigte sein schlechtes Gewissen, indem er sich selbst daran erinnerte, dass die fünf Piaster – umgerechnet 25 Cent –, die er den Mädchen zu zahlen gedachte, eine hübsche Summe für zwei Bauerntöchter waren. Die Fellachen, die an der Grabstätte arbeiteten, bekamen für einen ganzen Tag nur einen Lohn von drei Piastern.

William nahm eines der Mädchen bei der Hand und folgte Maged in die Wüste jenseits des Dorfes. Dort breiteten sie zwei Decken auf der Erde aus. Die Mädchen entkleideten sich. William wollte sich die von ihm auserwählte Schwester sofort nehmen, aber Maged hielt ihn zurück und bedeutete ihm, sich zu setzen.

Die Mädchen entfernten sich ein paar Schritte von den jungen Männern. Sie gossen Olivenöl in ihre hohlen Hände und rieben sich gegenseitig mit sanften Bewegungen ein, bis ihre Haut im Mondlicht glänzte. Dann begannen sie zu tanzen.

Noch nie zuvor hatte William jemanden so tanzen sehen. Er beobachtete, wie sich ihre Körper zu einer eingängigen, erotischen Melodie geschmeidig bewegten. Nur dass es gar keine Musik gab. Das einzige Geräusch war das entfernte Bellen der Pariahunde.

Er sah zu, wie sich die nackten Mädchen streichelten. Ihre Hände glitten über ihre spitzen Brüste, wanderten über ihre Bäuche und Schenkel und liebkosten die dunklen Stellen zwischen ihren Beinen, während sie sich wanden und rekelten, als würden sie von mächtigen Phallen gepfählt.

Er sah zu, wie sie immer näher aufeinander zutanzten. Wie sie ihre Arme ausstreckten und ihre Finger sich berührten. Dann umarmten sie einander wie lange getrennte Liebende. Liebende, die nach der Berührung des anderen lechzten und nach dem Geschmack des anderen dürsteten.

Wie lange sie so weitermachten, konnte William nicht sagen.

Er wünschte sich, sie hätten ewig so weitergetanzt. Gleichzeitig wünschte er sich, sie würden sofort damit aufhören, damit er den unersättlichen Hunger stillen konnte, der sein gesamtes Wesen vereinnahmte.

Endlich trennten sich ihre Körper wieder voneinander. Die beiden Schwestern traten auf William und Maged zu, mit bebender Brust und wild zerzaustem Haar. Sie hatten sich während ihres fremdartigen Tanzes zweifellos mehrfach gegenseitig zum Höhepunkt gebracht, aber in ihren halb geschlossenen Augen lag ein Versprechen auf nimmer versiegende Wonnen.

William stand reglos da, während ihm einer der Zwillinge langsam die Kleider vom Leib streifte. Das Mädchen roch nach wehendem Sand, Olivenöl und Frau. Ein vom Mondlicht erfasster Tropfen Schweiß oder Öl rann zur Spitze ihres Nippels hinab und blieb schimmernd daran hängen. William sehnte sich danach, ihn abzulecken – und tat es auch, nachdem sie ihn komplett entkleidet hatte.

Hätte man ihn der folgenden Minuten beraubt, er hätte sein Leben als vergeudet empfunden. Doch die Gerüchte, dass die beiden Mädchen das Dorf verlassen hatten, erreichten Kemwese, ihren Vater, erst spät. Bevor er eintraf, blieb William genügend Zeit, um sich mit beiden Zwillingen zu befriedigen. Er stand aufrecht da – eine Schwester kopfüber in seinen Armen, sein Kopf von ihren glitschigen Schenkeln umschlungen, während er mit der Zunge immer wieder in ihre heißen Tiefen abtauchte und sein vor Lust pochendes Glied in die Enge ihres saugenden Mundes rammte –, als ihn ein kräftiger, gezielter Schlag in die Kniekehlen zu Boden zwang.

Er rollte sich im Sand zur Seite und erblickte Maged, der die Flucht in die Freiheit ergriff. Dann trat ihm ein in einer Sandale steckender Fuß die Luft aus dem Leib. Hinter sich konnte er ein Handgemenge ausmachen und es gelang ihm, sich umzublicken. Die nackten Mädchen kämpften mit ihrem Vater, klammerten sich an seinen Armen und Beinen fest und versuchten alles, um William zu retten.

Sie konnten gegen ihren Vater, der sich in ein wutschnaubendes Ungeheuer verwandelt zu haben schien, jedoch nichts ausrichten. Er schleuderte sie einfach von sich und stürmte brüllend auf William los.

Sein Angreifer versuchte es mit einem Tritt. William bekam den Fuß jedoch mit beiden Händen zu fassen und brachte Kemwese zu Fall. In diesem Moment hatte er die Chance, die Flucht zu ergreifen und sich zu retten, doch dies verstieß gegen die Natur des jungen Mannes.

Da er sich niemals vor einem Kampf drückte, griff er den tobenden Wilden an. Er stürzte sich auf ihn und bearbeitete mit den Fäusten sein Gesicht, bis er ein befriedigendes, knorpeliges Krachen hörte und seine Knöchel die Knollennase zerquetschten. Blut quoll aus den Nasenlöchern, aber schon im nächsten Augenblick schwang ein Arm nach oben und traf William mit der Wucht eines Knüppels am Kopf.

Benommen taumelte er rückwärts.

Er nahm nur vage wahr, wie der Hüne ihn schnappte, ihn weit nach oben hob und ihn dann mit dem Kopf voraus in den Sand warf. Der Schmerz des Aufpralls fuhr wie eine Schockwelle durch Williams ganzen Körper.

Kemwese hob ihn erneut hoch. Der Rest seines schwindenden Bewusstseins sagte William, dass er bald tot sein würde.

Doch anstatt ihn noch einmal zu Boden zu schleudern, trug der Mann ihn fort. William hatte keine Ahnung, wohin er ihn verschleppte, aber es war ihm auch egal. Im Nebel der Benommenheit hoffte er nur, dass er ihn so weit tragen würde, dass er neue Kraft schöpfen und sich doch noch würde retten können.

Nach einer gefühlten Ewigkeit schien Kemwese sein Ziel erreicht zu haben und warf William auf den Boden.

Obwohl William nicht einmal genügend Kraft hatte, um den Kopf zu heben, konnte er sehen, dass sie sich in der Nähe der Ruinen des Mentuhotep-Tempels befanden. Grunzend vor Anstrengung schob Kemwese einen mächtigen Felsblock zur Seite.

William erkannte seine Absicht sofort. Ein Schauer des Entsetzens schoss durch seinen Körper, klärte seinen Verstand und gab ihm neue Kraft. Er hob den Kopf und sah eine kleine, dunkle Stelle im Sand, auf der der Felsbrocken gestanden hatte.

Genau wie er befürchtet hatte. Ein Loch.

Als Kemwese zu ihm zurückkehrte, schleuderte er eine Handvoll Sand in dessen grinsendes Gesicht. Geblendet und hustend grapschte der Hüne nach ihm, aber William rollte sich zur Seite und rappelte sich auf alle viere auf. Im Davonkrabbeln versuchte er auf die Beine zu kommen, aber sein Körper gehorchte den Befehlen seines Gehirns nur in quälender Langsamkeit. Schon im nächsten Moment packte ihn der Mann am Fuß.

William wurde rückwärts in Richtung des grauenvollen Lochs gezerrt. Er krallte die Finger verzweifelt in den Sand und Kies. Seine Männlichkeit verpuffte angesichts des grauenhaften Schicksals, das ihn erwartete, und er winselte um Vergebung. Er flehte Kemwese an.

Bot ihm Geld. Am Ende drohte er dem Mann gar mit schrecklicher Vergeltung.

Es nützte alles nichts.

William wurde an den Füßen hoch in die Luft gehoben. Er sah die schwarze Grube unter sich. Wie ein Tunnel in die Hölle klaffte sie direkt vor seinen Augen auf. Er grub die Hände in den Schutt am Rand des Lochs, aber es war sinnlos.

Kemwese ließ ihn los.

William stürzte kopfüber in die Dunkelheit und schrie.

2.

William fiel, wie erstarrt von der vernunftlosen Angst, er könnte bis in alle Ewigkeit durch diesen lichtleeren Abgrund stürzen. Glücklicherweise hatte er jedoch nur wenig Zeit, diesem grauenvollen Gedanken nachzuhängen, denn im nächsten Moment prallte er abrupt auf dem Grund des Schachts auf und verlor das Bewusstsein.

Als sein Verstand wieder einsetzte, erinnerten ihn die Schmerzen in sämtlichen Gliedern sofort daran, in welcher Lage er sich befand. Die Dunkelheit war so undurchdringlich, dass er mehrmals blinzelte, um sich zu vergewissern, dass seine Augen tatsächlich geöffnet waren. Der unangenehme Druck auf seinem Rücken sagte ihm, dass er mit dem Gesicht nach oben lag.

Er hob die Arme und empfand große Erleichterung und Trost, als er sich selbst berührte: sein Gesicht, Brust und Bauch, den Intimbereich und die Schenkel. Während seine Hände die vertrauten Stellen abtasteten, breitete sich das warme Gefühl in ihm aus, in dieser seltsamen, Furcht einflößenden Grube doch nicht völlig allein zu sein. Außerdem bestätigten sie ihm, dass er noch immer heil war, zumindest soweit er es beurteilen konnte. Er bewegte die Beine. Sie schienen nicht gebrochen zu sein.

Während er so dalag, seinen Körper streichelte und seinen Realitätssinn allmählich wiedererlangte, begann er mit einer Einschätzung seiner Situation. Der Teufel, Kemwese, hatte ihn zweifellos zum Sterben hier zurückgelassen. Er musste die Öffnung der Grube daher wieder mit dem mächtigen Felsblock verschlossen haben, der sie auch ursprünglich bedeckt hatte. Selbst wenn es William gelingen sollte, nach oben zu klettern, hätte er nicht die geringste Chance, den Stein zu bewegen. Dennoch lag in dieser Richtung seine beste Überlebenschance.

Er starrte in die schwarze Leere über sich und versuchte auszumachen, ob Kemwese den Felsen wirklich wieder auf die Öffnung geschoben hatte. Kein Sternen- oder Mondlicht drang in die Grube. Es war nichts zu erkennen. Gar nichts.

William beschloss trotzdem, dass er versuchen musste, hinaufzuklettern. Zunächst würde er jedoch die Umgebung seines Gefängnisses genauer erkunden.

Während er sich mühevoll aufsetzte, schien plötzlich der Boden unter ihm zu beben. Er legte eine Hand auf die eigenartige Beule unter seinem Hintern und berührte eine weiche Oberfläche, die er sofort als Tierfell erkannte.

Mit den Fingern tastete er weiter. Das Fell fühlte sich trocken an, faltig, schrumpelig. Er drückte dagegen und spürte die solide Rundung eines Knochens darunter. Er schnappte erschrocken nach Luft und warf seinen nackten Körper so weit er konnte von der Kreatur weg.

Zusammengekauert starrte er in der Dunkelheit in ihre Richtung. Natürlich konnte er nicht das Geringste sehen. Um seine Ängste zu bestätigen, wagte er sich schließlich doch darauf zu. Wieder glitten seine Hände über das tote Fleisch. Er untersuchte es eine Weile, bevor ihm voller Entsetzen und Abscheu bewusst wurde, dass sein Sturz von der ausgedörrten Leiche eines Mannes gedämpft worden war.

Genau wie er selbst war der Mann nackt. William fragte sich, ob auch er bei lustvollen Ausschweifungen mit Kemweses Töchtern erwischt worden war. Der Gedanke jagte ihm trotz der schrecklichen Hitze in der Grube einen eiskalten Schauer über den Rücken. Möglicherweise stand William ja dasselbe Ende bevor.

»Nein«, sagte er. Seine Stimme klang furchtbar laut, und so albern dies auch war, einen Moment lang fürchtete er, er hätte seinen neuen Kameraden damit aufgeschreckt. Er horchte und erwartete beinahe, dass der Mann etwas sagte.

Von diesem Augenblick an achtete William darauf, keinen Laut mehr von sich zu geben.

Beginnend an den Füßen des Toten erkundete er die Grenzen seiner Zelle. Er kroch auf allen vieren und streifte mit der Schulter an der Steinwand entlang, um sich zu orientieren. Nach einer Weile landete seine Hand plötzlich auf einem menschlichen Gesicht und er kreischte vor Schreck.

In Todesangst kauerte er sich an die Wand, stieß panisch keuchend heißen Atem aus und hatte alle Mühe, die Fassung nicht völlig zu verlieren.

Schließlich wagte er sich wieder vorwärts. Mit zögernden Händen machte er sich mit seinem neuen Nachbarn vertraut. Das Fleisch fühlte sich starrer an als bei dem anderen Mann und führte William zu der Annahme, dass er schon seit längerer Zeit hier unten lag.

Er entfernte sich wieder von der Leiche und setzte seine Erkundungstour fort. Als er dem nächsten Toten begegnete, fiel seine Reaktion gefasster aus. Diesmal schrie er nicht, sondern zog seine Hand nur schnell von dem Fuß zurück.

Dieser Mann war komplett bekleidet. William durchsuchte seine Taschen. In der Hemdtasche fand er eine Packung Zigaretten und eine kleine Streichholzschachtel.

Er schob die Schachtel auf. Sie enthielt acht Streichhölzer. Er zündete eines von ihnen an.

Es sprühte Funken in die Dunkelheit und erwachte dann mit einer so grellen Flamme zum Leben, dass es William in den Augen wehtat. Der Schmerz verflog jedoch schon in der nächsten Sekunde wieder. Er betrachtete die grauenvolle Szene und stöhnte qualvoll.

Um ihn herum, auf dem höchstens vier Meter Durchmesser umfassenden Grund des Schachts, lagen nicht weniger als fünf verdorrte männliche Leichen. Der einzige komplett bekleidete Mann direkt vor ihm hielt noch immer einen Revolver in der geschrumpften Hand. William konnte ein Loch in seiner rechten Schläfe erkennen.

Eine weitere Leiche auf der anderen Seite der Kammer hatte eine klaffende Wunde im Oberschenkel. William hatte nur wenige Zweifel daran, wie die Männer hier gelandet waren. Ihm kam der düstere Gedanke, dass er sich schon bald durch extremen Durst und Hunger dazu verleiten lassen könnte, seine Zellengenossen zu verspeisen.

Einer von ihnen – ein hagerer Mann, der nur noch eine Unterhose trug – wirkte eindeutig frischer als die anderen. Vielleicht enthielt sein Körper ja noch genügend Flüssigkeit, um den Durst zu stillen, der schon sehr bald mit quälender Folter einsetzen würde. Nein. Das wäre …

Die Flamme verbrannte Williams Finger und er ließ das Streichholz fallen. Die Dunkelheit verschlang ihn wieder und er stand reglos inmitten der Toten und dachte darüber nach, was er als Nächstes tun sollte.

Schließlich hockte er sich neben den Mann, der sich selbst das Leben genommen hatte. Er tastete blind, bis er die Pistole fand, und versuchte, sie aus den steifen Fingern zu lösen. Am Ende musste er drei von ihnen brechen, um die Waffe befreien zu können.

Vorsichtig entriegelte er die Trommel und sie klappte heraus. Er richtete den Lauf nach oben. Sechs Patronen fielen in seine offene Handfläche. Er zählte zwei leere Hülsen und vier noch geladene Kugeln. Ihrer Größe und dem Gewicht nach zu urteilen, vermutete er ein 38er Kaliber.

Er lud den Revolver wieder und legte ihn beiseite.

Im Moment hatte er keine Verwendung für die Waffe. Doch allein die Tatsache, dass sie neben ihm lag, empfand er als großen Trost. Er wusste nun, dass er – falls die Umstände keine Alternative zuließen – nicht als kriechendes, unmenschliches Viech enden musste. Er konnte sich einfach das Leben nehmen und der Sache selbst ein Ende bereiten.

Mit dieser Gewissheit machte er sich daran, dem Mann die Hose auszuziehen. In einer der Hosentaschen fand er ein Taschenmesser, mit dem er die Hosenbeine in lange, schmale Streifen schnitt. Als er ein Dutzend davon hatte, zündete er ein weiteres Streichholz an, hielt die Flamme ans Ende eines der Streifen und stellte fest, dass er eine recht passable Lichtquelle geschaffen hatte. Nach und nach rollte er die brennende Stofffackel weiter aus und untersuchte die Kammer genauer.

Ihm fiel auf, dass sich die glatten Steinwände über ihm graduell nach innen neigten. Dies schloss die Möglichkeit aus, den Schacht hinaufzuklettern.

Ob es noch einen weiteren Weg nach draußen gab?

Seine Vorgänger hatten jedenfalls keinen gefunden.

Ihr Versagen bewies jedoch noch lange nicht, dass es keinen zweiten Ausweg gab, sprach er sich innerlich Mut zu.

Hier kam ihm sein Fachwissen über ägyptische Gräber zugute. Die Grube, sein Gefängnis, war ganz offensichtlich im Altertum angelegt worden. Ihre Nähe zum Tempel von Mentuhotep konnte darauf hinweisen, dass die Kammer während seiner Herrschaft entstanden war, möglicherweise als geheimer Eingang zu seinem Grab. Es war nicht ungewöhnlich, derartige Passagen zu finden, die oft als ausgeklügelte Labyrinthe mit falschen Türen, Sackgassen und in Wänden und Decken verborgenen Portalen konzipiert waren, um Plünderungen durch Grabräuber zu vereiteln.

William verschwendete den Großteil seiner provisorischen Fackeln mit der fruchtlosen Untersuchung von Wänden und Boden. Während die Flamme noch brannte, schnitt er schnell weitere Streifen aus der Hose des toten Mannes. Dann nahm er seine Suche wieder auf, in der Hoffnung, doch noch einen Hinweis darauf zu finden, dass sich hinter den Felsmauern seiner Zelle ein Geheimgang befand. Er fand jedoch keinen derartigen Hinweis.

Er ließ das Licht erlöschen und sank gegen eine der Wände, schweißgebadet und vollkommen erschöpft. Seine Hoffnung auf Flucht war zu einem schwachen Gebet verblasst.

Während er in der Finsternis saß, umgeben von seinen stillen Kameraden, reifte eine Idee in seinem Geist heran. Anfangs kam sie ihm vollkommen undurchführbar vor. Je länger er jedoch darüber nachdachte, desto mehr überzeugte sie ihn. Auch wenn das obere Ende des Schachts höher lag, als sein spärliches Licht hatte leuchten können, erschien ihm jedes Vorhaben, das ihn dem Ausgang näherbrachte, die Mühe wert.

Vielleicht befand sich die Tür zu dem Geheimgang ja auf halber Höhe der Schachtmauern. Er hatte jedenfalls schon von Fällen gehört, bei denen die damaligen Priester diese Art eines verborgenen Eingangs gewählt hatten.

Mit dieser Aussicht machte er sich daran, eine Plattform aus Leichen zu errichten. Es war ein makabres Unterfangen. In der Finsternis zerrte er die Männer von ihrer letzten Ruhestätte fort. Ihre Gelenke waren steif, die Haut zäh. William lernte, sie durch bloße Berührungen voneinander zu unterscheiden, je nachdem, wie fest ihr Fleisch war, ob sie bekleidet waren oder nicht und wie unterschiedlich ihre Gliedmaßen beschaffen waren. Die einen waren auf dem Bauch liegend gestorben, andere im Sitzen. Er machte sich diese Unterschiede bei der Konstruktion der Plattform zunutze und entschied sich dabei oft für Stabilität statt Höhe.

Schließlich, durch das geschickte Übereinanderstapeln von vier Kadavern vor einer der Wände, reichte ihm die fertige Plattform bis zur Brust.

Er hob die letzte Leiche hoch – den Mann, der zuletzt gestorben war. Sein Körper wirkte weniger brüchig als die der anderen. Außerdem waren seine Gliedmaßen in praktischen Stellungen versteift.

William stellte ihn aufrecht auf die anderen und lehnte ihn gegen die Wand. Als die Leiche an ihrem Platz war, entzündete er einen Stoffstreifen, dessen oberes Ende er zuvor in den Mund des Mannes gesteckt hatte. Anschließend schob er das brennende Ende vorsichtig zur Seite der Plattform, damit es ihn nicht behinderte.

Dann begann er seinen schrecklichen Aufstieg.

3.

Die Leichen wackelten gefährlich unter Williams Füßen, aber er passte auf, mit seinem Gewicht nur die solidesten Stellen zu belasten: eine Hüfte hier, eine Schulter da.

Endlich erreichte er das Ende seiner Plattform. Er stand reglos da, krallte sich an der Wand fest und nahm all seine Kraft für den anstrengendsten Teil des Aufstiegs zusammen.

Die Flamme wanderte langsam den Stoffstreifen hinauf und brannte sich durch Haut und Fleisch. Während William sich eine kurze Pause gönnte, entzündete sie das Haar einer der Leichen. Es loderte auf und erfüllte seine Nasenlöcher mit einem furchtbaren Säuregestank. Als das Feuer wenige Sekunden später wieder erstarb, inspizierte William die provisorische Kerze.

Die Hälfte des Stoffstreifens war noch übrig. Sobald sich die Flamme dem Ende näherte, wollte er eine weitere seiner Fackeln, die er sich um den Hals geschlungen hatte, daran entzünden, um ein wertvolles Streichholz zu sparen. Die Streichholzschachtel baumelte ebenfalls um seinen Hals. Er würde also nicht auf Licht verzichten müssen, falls die Flamme schon vorzeitig erlosch.

Ohne weiter zu zögern, schob er sich Zentimeter um Zentimeter seitwärts. Er schwang den brennenden Stoffstreifen über das Knie seines grausigen Kameraden und ließ ihn an der Seite herabhängen, um ihn nicht aus Versehen zu berühren.

William presste seinen Körper dicht an den des Mannes und begann zu klettern. Es war grauenvoll. Und die Tatsache, dass er nackt war, machte alles nur noch schlimmer.

Er hockte auf den Knien des Mannes, eine Hand an die Wand gedrückt, während er mit der anderen die linke Schulter der Leiche packte. Dann erlosch das Licht.

Die plötzliche Dunkelheit machte ihn nervös, aber er wusste, dass er bald abstürzen würde, wenn er seinen Aufstieg jetzt nicht fortsetzte. Er zog einen Fuß am vertrockneten Bein des Kadavers hinauf und suchte die knochig hervorstehende Hüfte. In dieser neuen, noch gefährlicheren Position lehnte er sich ein wenig nach vorne und presste die Knie gegen die Leiche, so als wäre er ein Kind, das einen Baum hinaufkletterte.

Vorsichtig richtete er sich auf und lehnte sich mit seinem vollen Gewicht gegen den Mann. Er spürte, wie dessen Gesicht seinen Bauch streifte, seinen Schritt. Albtraumhafte Bilder schossen ihm durch den Kopf, während er langsam immer höher kletterte.

Er stand bereits beinahe auf den Schultern der Leiche, als der Körper sich bewegte. William suchte mit den Händen Halt an der Steinwand, fand jedoch keinen. Der Kadaver rutschte immer weiter unter ihm weg.

Und dann fiel er.

Er schlug mit einem Fuß gegen die oberste Leiche auf der Plattform und schnitt durch sie hindurch, als wäre sie ein morsches Holzbrett.

Dann stürzte er rückwärts in die Dunkelheit.

Und prallte mit einem heftigen Schlag auf den Boden. Während er dort lag, völlig benommen, fiel eine der Leichen auf ihn herab. Dann eine weitere. Er warf sie von sich und krabbelte zur Seite.

Gegen die Wand gekauert, starrte er in die Dunkelheit. Er lauschte aufmerksam. Abgesehen vom Hämmern seines eigenen Herzens und dem Keuchen seiner Lunge hörte er noch ein anderes Geräusch.

Ein gedämpftes, unzusammenhängendes Brabbeln.

Das papierne Rascheln von vertrockneter Haut auf dem Kiesboden.

»NEIN!«, kreischte er.

Dann hörte er ihr sandiges Gelächter.

Mit verkrampften Fingern löste er einen der Stoffstreifen von seinem Hals. Er riss die Schachtel mit den Streichhölzern auf und holte eines von ihnen heraus, um es anzuzünden. Dann zögerte er jedoch.

Gewiss war es besser, in der Dunkelheit zu sterben, als die Kreaturen sehen zu müssen, die um ihn herumkrochen.

Aber er *musste* sie sehen!

Er entzündete das Streichholz. Im flackernden Flammenschein sah er, wie einer der Kadaver nach seinem Fuß grapschte. Ein weiterer saß aufrecht und grinste ihn an. Die anderen lagen noch immer in einem Haufen übereinander, wanden sich hin und her und versuchten, ihre Gliedmaßen zu entwirren.

Williams zitternde Hand ließ das Streichholz fallen.

Das Licht erlosch.

»NEIN!«, schrie er. »Bleibt WEG von mir!«

Aber sie krochen immer näher auf ihn zu. Das trockene Scharren ihrer Körper durchschnitt die stille Dunkelheit, während das Klappern ihrer Zähne laut widerhallte.

4.

Sie bekamen keine Antwort auf ihre Rufe, daher beschlossen Williams Vater und Mr. Carter, Maged abzuseilen.

Der Junge konnte jedoch nichts hören, als er in die Grube hinabsank. Schließlich berührten seine Füße den Kiesboden. Er löste sich von dem Seil, schaltete die elektrische Taschenlampe an und leuchtete damit in die Kammer. Der Anblick der übereinanderliegenden, seltsamen Leichen jagte ihm einen eiskalten Schauer über den Rücken. Angespannt und angsterfüllt stieg er über die Toten hinweg und ging neben dem nackten William in die Hocke.

Er legte eine Hand auf den schweißnassen Rücken seines Freundes.

William zuckte zusammen und wimmerte leise.

»Ich komme, um dich zu retten«, flüsterte Maged.

William drehte sich auf den Rücken. Seine wilden Augen starrten zu Maged hinauf. »Sie werden mich fressen«, erklärte er ihm.

»Nein. Wir gehen jetzt.«

»Sie wollen …« Sein Blick huschte in die Finsternis hinter Maged.

Der drehte sich um. Die Leichen lagen reglos in grotesk erstarrter Haltung da. Er wandte sich wieder seinem Freund zu. »Sie können dich nicht fressen, mein Freund. Sie sind tot.«

»Sind sie das?« William setzte sich auf und starrte auf die leblosen Körper. »Ja, das sind sie, nicht wahr?«

»Ganz sicher.«

Plötzlich stieß William ein Lachen aus, sprang auf und verpasste der am nächsten liegenden Leiche einen Tritt. Sie rollte auf die Seite. Er beugte sich über sie und betrachtete sie ausführlich, bevor er sich nach unten beugte und ihr einen Arm ausriss.

»*Tot!*«, rief er aus.

Er warf den Arm zur Seite, ging dann in die Hocke, drehte der Leiche den Kopf ab und schleuderte ihn gegen die Wand.

Er grinste Maged an. »*Jetzt* kann er mich nicht mehr fressen, nicht wahr?«

Glucksend vor Lachen stürzte sich William auf die nächste Leiche und drehte auch ihr den Hals um.

Maged kletterte schnell wieder an dem Seil hinauf. Oben angekommen, halfen ihm die Männer über den Rand der Grube. Er schnappte gierig nach frischer Luft.

»Geht es William gut?«

»Er kommt gleich herauf, Mr. Brook, ganz bestimmt.«

Spuk

Selene erwachte und fragte sich, was ihren Schlaf gestört hatte. Sie warf einen Blick auf das beleuchtete Zifferblatt ihres Weckers. Fast drei Uhr morgens.

Wenn Alex doch nur hier wäre. Wie konnte er sie nur in einer Nacht wie dieser allein lassen – ausgerechnet an Halloween? Er wusste schließlich ganz genau, wie nervös sie immer wurde … Na ja, andererseits würde er morgen früh ja wieder nach Hause kommen, schon in ein paar Stunden.

Sie atmete tief ein und die frische Luft schien ihren Körper mit himmlischer Müdigkeit zu erfüllen. Selene kuschelte sich auf der Seite liegend zusammen und vergrub das Gesicht in ihrem Kopfkissen.

Dann hörte sie, wie noch jemand tief Luft holte.

Jemand unter ihrem Bett!

Sie wurde stocksteif.

Das konnte nicht sein, versicherte sie sich selbst.

Sie fühlte sich ein wenig benommen und ihr wurde bewusst, dass sie den Atem anhielt. Sie machte den Mund auf, ließ still die Luft entweichen und atmete wieder ein. Aber nicht zu tief. Zu tief, und ihr Brustkorb hätte sich womöglich so weit ausgedehnt, dass er die Bettfedern zum Quietschen brachte. Und wenn die Federn quietschten …

Du benimmst dich total albern, dachte sie. Da ist niemand unter dem Bett. Das kann nicht sein.

Ein Schweißtropfen brannte in ihrem Auge. Sie wollte ihn wegwischen, aber dazu musste sie den Arm bewegen. Das wagte sie nicht.

Es war ganz sicher niemand da unten. Der Platz reichte dafür gar nicht aus. Andererseits passten die Koffer problemlos unter das Bett. Erst gestern hatte sie einen von ihnen für Alex hervorgeholt. Ein Mann war auch nicht viel dicker als ein Koffer.

Selene schloss die Augen wieder und rollte sich auf den Rücken. Unter ihr war ein ersticktes Husten zu hören.

Sie schlug die Bettdecke zurück, drehte sich um und kam in der Mitte des Doppelbetts auf alle viere. Ihr Nachthemd klebte vor Schweiß an ihrem Rücken. »Wer ist da unten?« Es klang wie ein trockenes Krächzen. Sie räusperte sich und fügte mit festerer Stimme hinzu: »Ich weiß, dass jemand da unten ist. Wer sind Sie?«

Langes Schweigen war die einzige Antwort auf ihre Frage.

»Wer?«

Eine sanfte Brise fuhr durch die Vorhänge über ihr und kühlte ihr nasses Gesicht. Sie hörte das leise Dröhnen eines Autos in der Ferne.

»Bitte! Wer ist da unten?«

Von unter dem Bett drang ein einsames Lachen zu ihr herauf. Ein Schauer jagte ihr wie tausend flinke, pelzige Spinnen über den Rücken.

»Das bist doch nicht du, Alex, oder?«

Wie um alles in der Welt kam sie auf die Idee, es könnte Alex sein? Weil er sich vor seiner Abreise so seltsam verhalten hatte? Weil er im einen Moment ins Leere gestarrt und sich im nächsten liebevoller und fürsorglicher gezeigt hatte als seit Jahren? Nach allem, was man so hörte, waren all dies sichere Anzeichen dafür, dass ein Ehemann eine Affäre hatte.

Lächerlich.

»Das bist doch nicht du, oder?«, wiederholte sie.

Stille.

»Alex?« Sie krabbelte auf die Kante der Matratze zu und versuchte, über den Rand zu schauen. Sie stellte sich vor, wie ein Arm heraufschnellte und nach ihr grapschte, und zog sich hastig wieder zur Mitte des Bettes zurück.

Dann hörte sie ein Stöhnen.

Alex stöhnte niemals so. *Niemand* stöhnte jemals so. Niemand außer den wahnsinnigen, schattenhaften, stumpfen Gestalten, die in einsamen Gassen in ihren Albträumen lauerten.

Vielleicht war das hier ja auch ein Albtraum.

Das hättest du wohl gerne.

»Se-leeeene«, flüsterte eine tiefe Stimme.

Sie hörte sich selbst wimmern.

Ihr Blick wanderte über die Bettkante. Jenseits des Kopfendes lag nichts als ein Meer aus Dunkelheit. Die Schlafzimmertür stand offen, aber sie kam ihr unendlich weit entfernt vor.

Falls sie die Tür erreichen konnte, ohne erwischt zu werden, erstreckte sich dort anschließend ein langer Flur, gefolgt von einer Treppe und schließlich der Haustür, die wegen möglicher Einbrecher mit einer Kette gesichert war. Aber mit ein wenig Glück gelang es ihr vielleicht …

Sie stand langsam auf und die Matratze gab unter ihren Füßen nach.

»SELENE!«

Keuchend vor Angst verlor sie das Gleichgewicht, kippte nach hinten und prallte mit den Schultern gegen das Kopfende.

Ihr Kopf knallte aufs Fensterbrett und der Vorhang flatterte über ihre Wangen und Augenlider.

Das Fenster!

Ein Fluchtweg! Sie konnte sich mit einem Sprung in Sicherheit bringen und aus dieser schrecklichen Dunkelheit fliehen, in der widerliche Hände nur darauf warteten, ihre Knöchel zu packen …

Aber es wäre ein tiefer Fall bis zum Boden.

Sie erinnerte sich wieder an Alex' Ratschlag von neulich: »Falls du jemals durch ein Feuer oder irgendetwas anderes hier oben eingeschlossen bist und ich nicht da bin, dann spring. Du brichst dir vielleicht ein Bein, aber das ist immer noch entschieden besser als die Alternative. Außerdem werden die jungen Bäume deinen Sturz ein wenig abfangen.«

Sie wirbelte herum, riss den Vorhang vom Fenster und schlug die Scheibe mit den Fäusten ein. Sie ließ sich problemlos zertrümmern.

Selene schob sich mit dem Kopf voraus durch das Fenster. Der Holzrahmen war zersplittert und voller Scherben. Eine von ihnen schnitt ihr den Arm auf.

»ICH SCHLITZE DICH AUF!«, brüllte die Stimme.

Sie war bereits halb draußen und blickte angsterfüllt auf die Reihen der jungen Kiefern in die Tiefe hinab, als ihr Nachthemd am Fensterbrett hängen blieb. Sie zog daran, konnte es jedoch nicht befreien. Sie drehte und wand sich, wimmerte verzweifelt, trat um sich und rechnete jeden Moment damit, dass sich die rauen Hände um ihre Fußgelenke legten.

»Nein!«, kreischte sie. »O Gott, NEIN!«

Kurz nach Sonnenaufgang betrat Alex das Schlafzimmer. Er bemerkte sofort, dass die Fensterscheibe eingeschlagen war, und sah die auf dem Bett liegenden Vorhänge. Er lächelte.

Sein Lächeln erstarb jedoch, als er den Koffer auf der Matratze entdeckte.

Er eilte zum Fenster. Die jungen Kiefern unter ihm stemmten sich aufrecht gegen den Wind, gestützt von den hohen Eisenstangen, die er vergangene Woche in den Boden gehauen hatte, als Selene bei ihrer Kosmetikerin gewesen war. Die Stangen waren grün gestrichen und kaum zu erkennen.

Selene lag auf keiner von ihnen aufgespießt.

»Verdammt«, murmelte er.

Irgendetwas war schiefgelaufen.

Er öffnete den Koffer, der auf dem Bett lag. Die Zeitschaltuhr befand sich noch darin, ebenso wie der Kassettenrekorder. Er drückte auf den Knopf.

»ICH SCHLITZE DICH AUF!«

Er starrte völlig verblüfft auf das Tonbandgerät. Seine Worte. Genau dieselben Worte, die er erst vor wenigen Tagen in das Mikrofon gebrüllt hatte. Aber es war nicht seine Stimme – sondern *Selenes!*

Zitternd schaltete er den Kassettenrekorder wieder aus.

Hände packten seinen rechten Knöchel und zerrten daran. Er knallte mit dem Schienbein gegen den

Metallrahmen des Bettes. Ein dumpfer Schmerz schoss an seinem Bein hinauf.

Er fiel um.

Selene kroch auf dem Bauch unter dem Bett hervor, einen Ausdruck des puren Wahnsinns in den Augen und ein Fleischermesser zwischen den Zähnen.

Die direkte Art

»Ich wollte gerade gehen.«

»Ich werde nur ein paar Minuten Ihrer kostbaren Zeit beanspruchen, Mrs. Morton.«

»Miss«, korrigierte sie ihn. »Es heißt Miss.«

»*Miss* Morton.«

»Sie haben meinen Namen am Briefkasten gelesen, richtig?«

»Eine kluge Schlussfolgerung, Mrs. Morton, sehr klug. Dürfte ich Ihre Zeit für einen Augenblick in Anspruch nehmen?«

»Ich sollte wirklich aufbrechen.« Sie wollte die Tür wieder schließen, aber der schwarze Koffer des Mannes blockierte sie. »Würden Sie bitte Ihren Musterkoffer aus der Tür nehmen?«

»Miss Morton, ich biete Ihnen *die* Gelegenheit Ihres Lebens.«

»Was wollen Sie mir denn verkaufen?«

»Wenn ich nur für einen Augenblick hereinkommen dürfte?«

»Ich glaube wirklich nicht, dass ich Interesse habe, Mr. …?«

»Snye. Marvin Snye. Es wird sich sehr für Sie lohnen.«

»*Was* wollen Sie mir verkaufen?«

Er lächelte. Seine Lippen waren zu rot, die Zähne zu

weiß, das Haar zu glatt und schwarz. »Ich bin in der Mortalitätsbranche, Miss Morton.«

»Grabstellen?«

»Nein, nein, ganz und gar nicht. Die Firma, die ich vertrete, ist auf diskrete Tötungsdelikte spezialisiert.«

Peggy Mortons Herz begann zu rasen.

»Mord?«

»Sehr richtig.«

»Sie belieben zu scherzen.«

»Nein, das ist mein voller Ernst, Miss Morton.«

Sie schloss die Augen und massierte ihre Schläfen. »Ich … ich weiß nicht. Mord? Na schön, dann lassen Sie mal hören, was Sie zu bieten haben.« Sie machte die Tür weiter auf. »Kommen Sie herein.«

Marvin Snye betrat ihr Haus. In seinem grauen Anzug wirkte er schmächtig. Sein Gesicht war weiß, abgesehen von seinen straffen Lippen.

Er setzte sich auf die Couch. Peggy hoffte inständig, dass er sich nicht zurücklehnte – sie war sich sicher, dass sein Haar einen dunklen Fleck auf dem Polster hinterlassen würde.

»Sie fragen sich vermutlich, wie genau die Dienstleistung aussieht, die ich Ihnen anbieten möchte, Miss Morton.«

»In der Tat.« Sie lächelte nervös und setzte sich auf einen Sessel ihm gegenüber.

»Ich vertrete die Firma Futures Unlimited. Wir glauben, dass die Zukunft in den Händen der Starken liegt, Miss Morton. In den Händen der Menschen, die den Mut haben, sich diese Zukunft zu eigen zu machen. Wenn auch Sie zu diesen Menschen gehören – und ich glaube, das tun Sie –, dann werden Sie möglicherweise zu dem Schluss kommen, dass unsere Dienstleistungen Ihre individuellen Bedürfnisse perfekt erfüllen.«

Sie räusperte sich. »Und was genau tun Sie?«

»Ich freue mich, dass Sie mir diese Frage stellen. Sie zeigt mir, dass Sie eine Frau sind, die die geradlinige Art bevorzugt, genau wie ich selbst. Sie glauben, dass man sich einer Situation direkt stellen sollte, nicht wahr?«

»Für gewöhnlich, ja.«

Er strich sich übers Haar und blickte dann auf seine Hand, als wollte er sehen, ob etwas daran kleben geblieben war. »Unsere Firma ist der Ansicht«, erklärte er, »dass hin und wieder Situationen entstehen, denen man nicht mit konventionellen Mitteln begegnen kann. Gegen eine bescheidene Summe beseitigen wir diese Hindernisse, diese Irritationen, die einem zufriedeneren Leben unserer Kunden im Wege stehen – oft mit erstaunlichen Resultaten, wenn ich das so sagen darf.«

Er hob den schwarzen Koffer auf seinen Schoß, öffnete ihn und holte eine Broschüre heraus.

»Erlauben Sie mir, dass ich einige Bewertungen unserer zufriedenen Kunden zitiere?« Von der Rückseite der Broschüre las er vor: »›Als ich vor einiger Zeit bei einer Beförderung übergangen wurde, war ich vollkommen niedergeschlagen. Durch Futures Unlimited hat sich dies vollkommen geändert. Heute bin ich Vizepräsident einer führenden Zulieferfirma und habe eine großartige Karriere vor mir. Futures Unlimited gilt mein grenzenloser Dank.‹

Ich bin mir sicher, dass Ihnen die nächste Rezension besonders gefallen wird. ›Dieser alte Narr wollte einfach nicht den Löffel abgeben. Ich dachte schon, der lebt ewig und ich kriege keinen müden Heller. Aber ihr habt eure

Sache echt gut gemacht. Ihr wart jeden Cent wert.‹ Wir haben wirklich eine bunte Kundenschar, finden Sie nicht auch, Miss Morton?« Er grinste und gluckste leise.

»Noch eine? ›Mein Mann war ein versoffener, brutaler Mistkerl. Dank Futures Unlimited habe ich wie durch ein Wunder meinen inneren Frieden wiedergefunden.‹ Ich denke, diese Bewertung spricht für sich, habe ich recht? Ich könnte Ihnen noch viele weitere vorlesen, deren Grundaussage diesen dreien entspricht. Aber dies sollte genügen, um Sie von der Zufriedenheit unserer Kunden zu überzeugen.

Gut, Miss Morton, sagen Sie mir eines: Gibt es jemanden in Ihrem persönlichen oder beruflichen Umfeld, den Sie als Hindernis empfinden, als Ärgernis oder Bedrohung?«

»Ja«, antwortete sie. »Sicher, den gibt es.«

»Wundervoll. Ich bin davon überzeugt, dass Sie sehr zufrieden mit uns sein werden, wenn wir uns um Ihre Angelegenheit kümmern dürfen.«

»Und was würde mich das kosten?«

»5000 Dollar. 2500 vorab, den Rest nach Erfüllung der Abmachung.«

»Das ist eine Menge Geld, nicht wahr?«

»Wir bieten einen Rabatt von fünf Prozent, wenn Sie sich einverstanden erklären, eine Empfehlung zu Werbezwecken für uns abzugeben. Außerdem können Sie weitere 15 Prozent sparen, wenn Sie zwei Beseitigungen in Auftrag geben. Damit würde Sie jeder Kauf de facto nur 4000 Dollar kosten.«

»Ich brauche nur eine.«

»Mit Empfehlung?«

»Ich denke, das wäre in Ordnung.«

»Das wären dann 4750 Dollar.«

»Das ist immer noch furchtbar viel Geld.«

»Um offen zu sein, bin ich enttäuscht, Sie das sagen zu hören, Miss Morton.« Er schüttelte bedauernd den Kopf.

»Tut mir leid.«

»Wenn Sie sich in der Branche umhören, werden Sie feststellen, dass unsere Raten absolut angemessen sind. Gewiss, Sie *könnten* die Sache auch zu einem günstigeren Preis erledigen lassen, aber dann hätten Sie es unvermeidlich mit amateurhaften Gaunern zu tun. Höchst gefährlich. Und bei einer so sensiblen Angelegenheit wäre es alles andere als weise, sich mit weniger als den Besten zufriedenzugeben. Und wir bei Futures Unlimited *sind* die Besten. Wir bieten Ihnen absolute Verschwiegenheit und einen prompten, effizienten Service von höchster Professionalität. Aber natürlich hat das Beste auch seinen Preis.«

»Natürlich.«

»Gut, wollen wir über das Grundlegende sprechen?« Er zog einen vergoldeten Kugelschreiber aus der Hemdtasche und ein Notizbuch aus seiner Anzugsjacke. »Ihr Name?«

»Margaret Morton.«

»Adresse einschließlich Postleitzahl?«

Sie nannte ihm ihre Anschrift und er kritzelte sie in das Notizbuch, ohne ein einziges Mal aufzublicken.

»Beruf?«

»Polizeibeamtin.«

Der Kugelschreiber hielt inne. Die Lippen des Mannes verzogen sich zu einem schiefen Lächeln. »Das war selbstverständlich ein Scherz?«

»Selbstverständlich.«

»Denn wenn Sie tatsächlich Polizeibeamtin sind, ist Ihnen gewiss bewusst, dass es für eine Anklage wegen der Verabredung zum Mord einer offenkundigen Tat bedarf.«

»Ich bin keine Polizistin.«

»Bislang haben wir nichts weiter getan, als unserer Fantasie freien Lauf zu lassen.« Er räusperte sich. »Beruf?«

»Verkäuferin.«

»Arbeitgeber?«

»Western Cosmetics.«

»Jährliches Einkommen?«

»Ist das wirklich notwendig?«

»Ich fürchte, ja. Wir müssen ...«

»Etwa 30.000.«

»Sehr schön, Miss Morton. Jetzt brauche ich den Namen des Zielobjekts.«

»Steve Hayes. H-A-Y-E-S.«

»Adresse?«

»Diese Adresse.«

»Ach?«

»Er wohnt hier.«

»Wann ist er für gewöhnlich hier anzutreffen?«

»Jeden Abend. Er kommt um Viertel nach fünf von der Arbeit nach Hause und verlässt um zehn nach sieben am nächsten Morgen wieder das Haus.«

»Am Wochenende hat er frei?«

»Ja.«

»Sehr schön. Gut, Miss Morton, was darf ich für Sie als Motiv notieren?«

»Wie bitte?«

»Ihr Motiv. Der Grund, warum Sie sich wünschen,

dass Futures Unlimited diesen Mann aus Ihrem Leben beseitigt.«

»Er hat mich betrogen«, flüsterte sie.

Marvin Snye schüttelte den Kopf. »Wenn Sie mir diese Bemerkung erlauben, Miss Morton, aber es ist nur schwer zu glauben, dass ein Mann irgendwo eine schönere oder anziehendere Frau als Sie finden könnte.«

»Danke.« Sie wand sich unbehaglich unter dem wässrigen Blick des Mannes. »Möchten Sie vielleicht ein Foto von ihm?«

»Das wäre sehr hilfreich.«

»Einen Moment bitte.« Peggy ging zur Haustür, an der sie ihre Handtasche hatte liegen lassen. Sie angelte nach ihrer Geldbörse, öffnete sie und holte ein Farbfoto heraus. »Hier ist eins«, sagte sie, kehrte zur Couch zurück und reichte es ihm.

»Sehr gut. Ausgezeichnet. Das wird uns eine große Hilfe sein. Wenn Sie jetzt noch hier unterschreiben würden?« Er hielt ihr den Kugelschreiber hin.

Peggy nahm ihn entgegen. »Und was unterschreibe ich da genau?«

»Ihre Zustimmung, eine Empfehlung für uns abzugeben, nachdem Ihr Auftrag ausgeführt wurde. Damit erhalten Sie einen Rabatt von 250 Dollar.«

»In Ordnung.« Sie überflog das Dokument. »Ich wette, Sie haben viel zu tun.«

»Wir sind recht ausgelastet.« Er lächelte stolz. »Ich wurde gerade erst aus dem Osten hierher versetzt und zum regionalen Bereichsleiter befördert. Ich kann mit Fug und Recht behaupten, alle Hände voll zu tun zu haben.«

»Ich schätze, es gibt eine Menge Leute, die jemanden tot sehen wollen.«

»Das trifft praktisch auf fast jeden zu. Natürlich können viele den Preis nicht bezahlen, den wir verlangen. Andere haben wiederum nicht die nötige Moral oder den Mut, mit uns ins Geschäft zu kommen. Trotzdem ist es mir gelungen, in der vergangenen Woche ein halbes Dutzend Aufträge abzuschließen.« Er tätschelte beinahe zärtlich sein Notizbuch. »Wenn Sie nun bitte hier unterschreiben wollen?«

Sie tat es.

»Die Vorauszahlung muss natürlich in bar geleistet werden.«

»Natürlich. Allerdings habe ich nicht so viel im Haus. Ich muss das Geld von meinem Sparbuch abheben.«

»Ich komme gerne noch einmal vorbei und hole es ab. Wann würde es Ihnen denn passen?«

Sie blickte grinsend zu ihm hinab.

»Miss Morton?«

»Wie wär's mit nie?«

»Miss Morton, ich verstehe wirklich nicht …«

»Ich werde dir keinen einzigen Cent bezahlen. Wie gefällt dir das, du schleimiger Widerling?«

Sein Gesicht wurde knallrot. »Ich verstehe nicht …«

Er versuchte noch auszuweichen, als Peggy mit dem Kugelschreiber auf seine Kehle einstach, war jedoch nicht schnell genug. Der Stift drang tief in seinen Hals ein.

»Amateurhafte Gauner, ja?«

Sie sah zu, wie sich das Blut über ihre Couch ausbreitete, und stöhnte genervt. Das Mordgeschäft war manchmal eine richtige Sauerei.

Good Vibrations

Kim breitete die Decke im Sand aus. Sie trat in die Mitte, stellte ihre Strandtasche ab und zog Turnschuhe und Socken aus. Die Schuhe platzierte sie auf zwei Ecken der Decke, nur für den Fall, dass der Wind zunahm.

Dann knöpfte sie ihre Bluse auf.

Sie fragte sich, ob sie jemand beobachtete. Der Strand war alles andere als menschenleer. Mindestens zwei Dutzend Kerle – ein paar von ihnen spielten Volleyball, andere warfen Frisbees und wieder andere lagen allein oder mit ihren Freunden, Familien oder besseren Hälften in der Sonne – hatten die Köpfe nach ihr umgedreht und ihr abschätzend nachgeschaut, als sie auf der Suche nach einem freien Platz für ihre Decke über den Strand geschlendert war. Einige von ihnen gafften sie bestimmt immer noch an und waren ganz scharf darauf, dass sie sich auch ihrer restlichen Klamotten entledigte.

Am Strand wimmelte es zwar nur so von hübschen jungen Frauen in knapper Badekleidung, aber die meisten Typen in ihrer unmittelbaren Nähe hatten die Augen mit Sicherheit auf Kim gerichtet – weil sie immer noch ihre Bluse und Shorts trug. Und weil sie ihr beim Ausziehen zusehen wollten.

Sie war schon oft genug am Strand gewesen, um zu wissen, wie die Kerle drauf waren.

Im Augenblick starrten mehrere Männer auf ihren Rücken, weil sie genau wussten, dass sie die Knöpfe ihrer Bluse geöffnet hatte. Sie warteten darauf, dass sie das Teil endlich über die Schultern abschüttelte. Außerdem hofften die meisten von ihnen, dass ein kleines Wunder geschah und dass Kim aus Unachtsamkeit oder durch ein Missgeschick das Oberteil ihres Bikinis vergessen hatte. Zumindest vermutete sie das.

Tut mir leid, wenn ich euch enttäuschen muss, Jungs, dachte sie.

Sie zog die Bluse aus, ließ sie auf die Decke fallen und streifte dann schnell ihre Shorts ab. Damit sollte sich die Spannung für ihr Publikum erledigt haben. Jetzt war sie nur noch ein weiteres Mädchen im String-Bikini. Sie hatte *nicht* vergessen, ihre Badesachen unter der Kleidung anzuziehen. Außerdem waren sie weder durchsichtig noch heruntergerutscht, um das Ganze für die Typen doch ein wenig aufregender zu machen.

Jetzt konnten die Kerle ihre Aufmerksamkeit wieder anderen Dingen widmen.

Manche von ihnen würden Kim natürlich trotzdem weiterhin beobachten. Ein paar gab es immer.

Das gehört einfach dazu, wenn du an den Strand gehst, sagte sie sich. Du weißt vorher, dass du angeglotzt und bewundert werden und ein paar von den Jungs antörnen wirst. Ob es dir nun gefällt oder nicht, so ist das nun mal.

Entspann dich einfach und genieße den Tag.

Kim faltete die Hände hinter dem Kopf und streckte sich. Sie schloss die Augen, drückte den Rücken durch, ging auf die Zehenspitzen, kniff die Pobacken zusammen, stöhnte leise und konzentrierte sich auf das gute Gefühl ihrer sich dehnenden Muskeln. Sie atmete die frische, salzige Luft ein und lauschte der tosenden Brandung, dem Kreischen der Möwen und Kinder, dem Lachen und Rufen, der Rock 'n' Roll-, Rap- und Countrymusik und den fieberhaften Stimmen der Moderatoren aus verschiedenen Radios rundum. Sie spürte die Wärme der Sonne und genoss die sanfte, kühle Brise, die ihr Haar flattern ließ und über ihre nackte Haut streichelte.

So sollte das Leben immer aussehen, dachte sie. Viel besser geht's nicht.

Ohne den Bikini wäre es schon noch ein bisschen besser, schoss es ihr durch den Kopf.

Sie lachte leise.

Dann hätten die Typen *wirklich* etwas zum Angaffen.

Auf keinen Fall.

Kim machte die Augen wieder auf. Selbst durch die getönten Gläser ihrer Brille schimmerten die von der Sonne überfluteten Wellen so grell, dass sie die Augen zusammenkneifen musste. Mehrere Kinder spielten in der Brandung. Ein Liebespaar schlenderte am Wasser entlang und der Schaum spülte über ihre Füße. Ein Mann in einer knappen Badehose rannte an ihnen vorbei, mit tanzenden Muskeln und glänzend brauner Haut.

Er schaute nicht in Kims Richtung. Nachdem er an ihr vorbeigejoggt war, betrachtete sie seinen Rücken und seinen Po, der sich unter dem engen Stoff anspannte. Sie starrte ihm immer noch nach, als sie den jungen Mann bemerkte, der sich ein paar Meter zu ihrer Linken im Sand ausstreckte.

Er lag auf dem Bauch, die Arme unter dem Gesicht verschränkt, das ihr zugewandt war. Er trug eine seltsame Schutzbrille, die ganz und gar nicht wie eine Schwimmbrille aussah. Sie war aus Leder, mit kleinen runden

Gläsern, die in so dunklem Grün getönt waren, dass Kim seine Augen nicht erkennen konnte. Sie hätte jedoch geschworen, dass sie geöffnet waren. Und sie anglotzten.

Wahrscheinlich gehörte er zu den Typen, die sie von Anfang an angegafft hatten.

Sie blickte ihn stirnrunzelnd an. »Was glotzt du denn so?«

Er erwiderte nichts. Rührte sich nicht. Spielte toter Mann.

Kein Grund, sich aufzuregen, beruhigte Kim sich selbst. Es ist sein gutes Recht, dort zu liegen. Und es gibt schließlich auch kein Gesetz, das es verbietet, mich anzuschauen.

Nicht mal, wenn man dabei eine so merkwürdige Schwimmbrille trug.

Trotzdem schien mit dem Kerl irgendetwas nicht zu stimmen.

Abgesehen von der Brille und der hinterlistigen Art, in der er sie anstarrte.

Zum einen lag er, wie ihr nun auffiel, direkt auf dem Sand, ohne ein Handtuch oder eine Decke. Er trug weder ein T-Shirt noch Schuhe und anstatt einer richtigen Badehose hatte er ausgebleichte blaue Jeansshorts mit abgeschnittenen Hosenbeinen an.

Er sah nicht nass aus, war also ganz offensichtlich nicht eben erst aus dem Wasser gekommen und hatte sich in den Sand geworfen, um sich von der Sonne trocknen zu lassen.

Seine gürtellose Jeans hing so tief, dass das Ende seiner Arschritze zu sehen war. Eine der Gesäßtaschen war an einer Ecke abgerissen und Kim konnte ein Stück Haut durch das Loch erkennen.

Die Stelle schien genauso braun gebrannt zu sein wie der Rest von ihm.

Wer starrt jetzt wen an?, dachte sie.

Sie wusste, dass sie den Blick von ihm abwenden sollte. Wer eine so seltsame Schutzbrille trug, hatte sie garantiert nicht alle. Sie wollte auf keinen Fall, dass er den Eindruck bekam, sie hätte Interesse an ihm.

Es hätte ihr gerade noch gefehlt, dass ein Typ wie der ihr Avancen machte.

Der ist todsicher ein Spinner.

Aber ein gut aussehender Spinner, nach allem, was sie sehen konnte.

Muskulös, schlank, die glatte Haut einen Ton dunkler gebräunt als der Sand. Bis zu den Hüften war er vollkommen nackt. Die abgeschnittene Jeans saß geradezu leichtfertig tief. Oder absichtlich. Vielleicht wollte er ja, dass Kim die geschmeidige Kurve seines Rückens und die Wölbung seines knackigen Hinterns in der Hose bemerkte. Vielleicht wollte er, dass sie darüber nachdachte, dass er unter der ausgebleichten, zerrissenen Jeans vollkommen nackt war.

Kim ließ den Blick zu seinem Gesicht hinaufwandern. Es ruhte nach wie vor auf seinen verschränkten Armen. Diese Schutzbrille war einfach verflucht bescheuert. Gut möglich, dass er sogar richtig attraktiv war, aber wie sollte man das wissen, wenn man seine Augen nicht sehen konnte? Sein Haar wurde von dem Lederriemen unvorteilhaft gegen den Kopf geschnürt, schien aber ordentlich geschnitten zu sein. Es glänzte wie Gold und wehte leicht in der Brise.

Er sah aus, als könnte er ein paar Jahre jünger sein als Kim. Ganz sicher noch ein Teenager.

Das erklärte möglicherweise auch, warum er diese Brille trug. Jungs im Teenageralter schienen oft geradezu abartigen Stolz dabei zu empfinden, *seltsam* zu sein. Es gefiel ihnen, die Aufmerksamkeit auf sich zu ziehen. Aber nicht nur das, sie waren auch dauergeil. Vielleicht trug er die Brille ja nur, um den Mädchen unbemerkt nachspionieren zu können.

Aber vielleicht gafft er mich ja auch gar nicht an.

Vielleicht schläft er ja wirklich.

Plötzlich verzogen sich seine Lippen zu einem Kussmund und schickten ihr zwei Luftküsse.

Kim zuckte zusammen. Sie wandte sich ab, kniete sich auf ihre Decke und stopfte Bluse und Shorts in die Strandtasche.

Ihr Herz pochte wie wild.

Er hatte sie also doch die ganze Zeit angeglotzt und gewusst, dass sie ihn ebenfalls anstarrte. Was für ein Freak.

Und diese Küsse! Nur ein bescheuerter Vollidiot würde so etwas tun. Sie kamen einer obszönen Bemerkung gleich: »Leck mich!« oder »Lutsch meinen Schwanz!«

Aber vielleicht hatte er es ja gar nicht so gemeint. Vielleicht hatte er damit ja nur ausdrücken wollen, dass er nichts dagegen hätte, sie zu küssen.

Wie auch immer, es war total peinlich.

Kim überlegte, ob sie ihre Sachen zusammenpacken und in einen anderen Bereich des Strands umziehen sollte. Dazu hatte sie jedoch keine Lust. Sie war schließlich zuerst hier gewesen. Oder zumindest *glaubte* sie, dass sie zuerst hier gewesen war. Auf jeden Fall hatte sie ihn nicht bemerkt, als sie die Stelle ausgesucht hatte, sonst hätte sie ihre Decke niemals so dicht in seiner Nähe ausgebreitet.

Nein, er war nach ihr hergekommen. Er musste sich klammheimlich angeschlichen und hingelegt haben, um die Stripshow zu bewundern.

Vielleicht als ich die Decke ausgebreitet habe.

Aber ich bleibe hier, beschloss sie. Ich werde mich von ihm nicht vertreiben oder mir Angst einjagen lassen.

Angst?

Ich habe keine Angst. Warum sollte ich Angst haben? Er mag vielleicht ein Freak sein, aber was soll's? Es ist ja nicht so, als könnte er mir irgendwas antun. Nicht solange hier so viele Leute sind.

Alles, was er tun kann, ist, mich anzuglotzen. Na und?

Soll er so lange glotzen, wie es ihm Spaß macht.

Und sich einen runterholen.

Angst vor ihm? Sicher. Klar.

Kim kramte in ihrer Strandtasche herum, holte eine Plastikflasche mit Sonnenöl heraus und stellte die Tasche dann wieder beiseite. Sie begann, sich langsam umzudrehen. Obwohl sie ein wenig zitterte, war sie ziemlich zufrieden mit sich, als sie ihn mit einer vollen Frontalansicht ihres sich in dem knappen Bikini rekelnden Körpers reizte.

Macht dich das an, Glupschauge?

Sie widerstand dem plötzlichen Drang, ihm Luftküsse zuzuwerfen.

Sonst wäre er erst recht auf dumme Gedanken gekommen.

Sie hielt den Blick daher weiter aufs Wasser gerichtet, streckte die Beine aus und schraubte den Deckel von der Sonnenölflasche. Dann quetschte sie einen dünnen Streifen der warmen Flüssigkeit heraus, vom Ansatz jedes Oberschenkels bis hinunter zu den Knöcheln. Das

Öl glänzte im Sonnenschein und kitzelte, als es an ihren Beinen hinabzutröpfeln begann. Sie stellte die Flasche ab. Mit offenen Handflächen verteilte sie das Öl zuerst über ihren Schienbeinen und Knien und dann über den Schenkeln, für die sie sich besonders viel Zeit nahm. Sie ließ die Hände langsam daran hinauf- und hinab- und dazwischengleiten und ölte ihre Haut komplett ein, bis zu den Rändern des blauen Stoffs ihres tief sitzenden Strings, der sie wie eine enge, schimmernde Membran umschloss.

Kriegst du das auch alles mit, Glupschauge?

Verzehr dich ruhig nach mir.

Als sie mit den Beinen fertig war, drückte sie erneut etwas Öl in ihre rechte Handfläche und rieb sich den Bauch ein, wobei ihre Fingerspitzen zärtlich an den Riemen entlangstreiften, die hoch auf beiden Hüften saßen. Schließlich ließ sie die Hand über den String und wieder nach oben wandern, um noch mehr Öl hineinfließen zu lassen. Diesmal verteilte sie es über ihre Seiten und den Rest des Bauchs, direkt unterhalb des Bikinioberteils.

Als Nächstes ölte sie ihre Schultern und Arme ein und konnte dabei ein Grinsen nicht unterdrücken.

Lass ihn ruhig ein bisschen auf das große Finale warten.

Sie nahm die Sonnenbrille ab. Mit geschlossenen Augen tupfte sie sich sorgfältig Öl aufs Gesicht.

Ich wette, das macht ihn total irre.

Er *ist* wahrscheinlich schon total irre, sonst würde er schließlich nicht diese idiotische Brille tragen.

Kim setzte ihre Sonnenbrille wieder auf, ließ Öl in ihre Hand träufeln und begann, ihre Brust einzureiben. Sie streichelte sich und genoss das heiße, glitschige Gefühl auf ihrer Haut. Sie suhlte sich förmlich in dem Wissen, dass dies die reinste Folter für den armen Jungen sein musste. Er *musste* ihr zuschauen, musste sich wünschen, es wäre seine Hand, die zwischen ihren Brüsten hinaufwanderte und ihre nackten Kurven liebkoste.

Eine Hand nach der anderen ließ sie die Finger unter den Neckholder-Träger ihres Oberteils gleiten und rieb die oberen Wölbungen ihrer Brüste mit Öl ein. Dann fuhr sie unter den eng anliegenden Stoff und strich mit den Fingerspitzen über ihre bereits steif hervorstehenden Nippel.

Ich wette, so eine Show hast du nicht erwartet, du Penner.

Die rechte Hand noch immer unter dem Oberteil, streichelte sie mit öligen Fingern ihren Nippel, drehte den Kopf und warf einen Blick auf ihren Zuschauer.

Er war verschwunden.

Einfach weg, abgesehen von dem flachen Abdruck, den sein Körper im Sand hinterlassen hatte.

Wo zur Hölle ist er hin?

Kim zog die Hand unter dem Bikini hervor und ließ den Blick über den Strand schweifen. Sie schaute von einer Seite zur anderen, suchte mit den Augen das Ufer und die Brandung ab. Sie drehte sogar den Kopf, um sich im hinteren Bereich des Strands umzuschauen.

Sie sah jede Menge Leute, sogar ein paar Typen, die abgeschnittene Shorts statt Badehosen trugen. Glücklicherweise war ihr jedoch keiner von ihnen so nahe, dass er ihre Show aus der ersten Reihe hätte bewundern können. Aber der Junge mit der albernen Brille, der nur wenige Meter von ihr entfernt hätte liegen und sich nach ihr verzehren sollen, war nirgends zu entdecken.

Der Mistkerl hat mich sitzen lassen!

Gut, sagte sie sich. Ich bin schließlich nicht hierhergekommen, um mich von irgendeinem Freak angaffen zu lassen.

Verdammt! Wie konnte der einfach aufstehen und sich aus dem Staub machen?

Der muss schwul sein. Es gibt keine andere Erklärung. Ein Hetero wäre liegen geblieben – oder rübergekommen, um mich anzubaggern.

Es sei denn, er hat sich einfach verzogen, um mich zu nerven.

Aber ich bin nicht genervt.

Ich bin froh, dass er weg ist. Schönes Leben noch. Ich bin nicht hierhergekommen, um mich von einem durchgeknallten Teenager belästigen zu lassen.

Kim schraubte den Verschluss wieder auf die Sonnenölflasche. Ihre Hände zitterten.

Beruhig dich, ermahnte sie sich selbst. Er ist weg. Jetzt kannst du ihn einfach vergessen und dich entspannen.

Sie drehte sich um und lehnte die Flasche gegen ihre Strandtasche. Dann legte sie sich hin und schloss die Augen. Sie schob sich auf der Decke hin und her, kuschelte sich in den Sand und formte ihn mit den Kurven ihres Körpers.

Sie holte ganz tief Luft und ihre Brüste drückten sich dabei noch fester in die weichen, umschließenden Körbchen des Bikinitops. Sie genoss das Gefühl. Sie genoss die Sonnenwärme und die sanfte Brise, die wie zarte Fingerspitzen über ihre Haut strich.

Das ist wundervoll, dachte sie. Alles ist perfekt, jetzt wo dieser arme Irre weg ist.

Fast perfekt. Ein kleiner Sandhügel presste sich

unangenehm gegen ihren Hintern. Sie wackelte hin und her, bis er zwischen ihre Pobacken rutschte.

Wahrscheinlich hat mal wieder irgendein verdammter Schmutzfink eine Bierflasche liegen lassen.

Sie spielte mit dem Gedanken, sie auszubuddeln. Aber das war einfach zu aufwendig: von der Decke krabbeln, sie zur Seite ziehen, im Sand graben und das widerliche Ding am Ende auch noch *anfassen*. Den Müll von irgendeinem Fremden. Wahrscheinlich total schmutzig. Und vielleicht war es ja auch gar keine Flasche. Vielleicht war es ja ein alter Knochen oder so. Igitt. Vergiss es.

Außerdem war es inzwischen gar nicht mehr so unbequem. Ehrlich gesagt fühlte es sich sogar richtig gut an. Sie drückte ihre Pobacken zusammen.

Ich sollte mich auf den Bauch rollen und das Beste draus machen, dachte sie.

Aber sie hatte ihre Vorderseite bereits eingeölt und war viel zu faul und zufrieden, um sich zu bewegen. Sie gähnte und reckte sich und kuschelte sich dann noch tiefer in den Sand und gegen die Beule. Kurz darauf war sie eingeschlafen.

Im Traum kniete der junge Mann mit der Schutzbrille zwischen ihren Beinen und ließ die Hände an ihren Schenkeln hinaufwandern. »Ich wusste, dass du zurückkommen würdest«, sagte sie. »Ich wusste, dass du mich willst«, neckte er sie. Sie lachte und erwiderte: »Bilde dir bloß nichts ein.« Er lächelte. Dann senkte er den Kopf und leckte sie. Erst als sie seine Zunge spürte, wurde ihr bewusst, dass sie ihr Bikinihöschen nicht mehr anhatte. Sie blickte an sich hinunter. Auch das Oberteil war verschwunden. Sie schnappte erschrocken nach Luft und klatschte die Hände auf die Brüste. Sein Mund zog sich zurück. »Es ist alles in Ordnung«, versicherte er ihr. »Es sieht uns niemand zu.« »Das glaubst du doch selbst nicht«, entgegnete sie. Er knöpfte seine Hose auf und öffnete den Reißverschluss. »Würde ich das hier tun«, fragte er, »wenn wir ein Publikum hätten?« Er ließ die abgeschnittene Jeans zu seinen Knien hinunterrutschen. »Mein Gott«, hauchte Kim. »Alles nur für dich«, sagte er. Sie ließ die Arme wieder an die Seiten fallen. Er beugte sich zu ihr hinunter und küsste und leckte ihre Brüste. Saugte daran. Sie stöhnte und rekelte sich wohlig. »Nein, warte«, keuchte sie dann. Er hob den Kopf, lächelte sie an und leckte sich die glänzenden Lippen. »Was denn?«, fragte er. »Ich kenne dich ja noch nicht mal.« »Das spielt keine Rolle«, erwiderte er. »Du willst mich. Das ist alles, was zählt.« Sie schüttelte den Kopf. »Dein Name interessiert mich nicht«, sagte sie. »Aber ich muss *sehen,* wer du bist. Ich hab das Gefühl, du würdest dich hinter dieser albernen Brille vor mir verstecken.« Er lächelte erneut. »Tu dir keinen Zwang an.« Er lehnte sich wieder zu ihr und legte sich auf sie. Als sich sein heißer Körper auf ihren presste und seine Zunge zwischen ihre Lippen glitt, streckte sie eine Hand aus und schob die Brille auf seine Stirn.

Er hatte keine Augen.

Nur leere Höhlen. Dunkle, blutige Löcher.

Kim jaulte auf, stieß ihn weg – und schreckte zuckend aus dem Schlaf hoch. Schweiß rann über ihren Körper. Sie saß da und keuchte heftig. Ein Traum. Es war nur ein Traum gewesen. Und was für einer.

Ein großartiger Traum, zumindest am Anfang. Aber diese *Augen!*

Was sollte das mit den Augen?

»Mannomann«, murmelte sie. »Was ist bloß los mit mir, dass ich mir so was vorstelle?«

Sie lehnte sich zurück, stützte sich auf ihren steifen Armen ab und rollte den Kopf hin und her, um die Verspannung zu lösen.

Und sah ihn.

Er war wieder zurück.

Lag ausgestreckt ein paar Meter von ihr entfernt im Sand, diesmal jedoch zu ihrer Rechten. Er hatte die Seite gewechselt. Wie zuvor ruhte sein Kopf auf den verschränkten Armen, das Gesicht zu ihr gedreht. Wie zuvor trug er die seltsame runde Brille, die seine Augen hinter dunkelgrünen Gläsern verbarg.

Falls er überhaupt Augen *hat,* dachte Kim.

Ihr wurde bewusst, dass sie eine angewiderte Grimasse schnitt.

»Stimmt irgendwas nicht?«, fragte er.

»Ja. Du. Was machst du hier?«

»Den Strand genießen.«

»Der Strand ist groß. Warum genießt du ihn nicht woanders?«

»Mir gefällt's hier. Die Aussicht ist traumhaft.«

»Ach ja? Ich dachte, du wärst vielleicht blind oder so.«

Er lächelte und zeigte ihr seine geraden, strahlend weißen Zähne. Dann rollte er sich zur Seite, setzte sich auf und drehte sich ihr zu. Während er die Beine übereinanderschlug, wischte er sich den Sand von den Schultern und der Brust. »Du hast ganz schön lange geschlafen«, bemerkte er.

»Und ich nehme an, dass du mich beobachtet hast.«

»Es sah aus, als hättest du einen Albtraum.«

»Warum trägst du diese dämliche Brille?«

»Damit ich keinen Sand in die Augen kriege.«

»Du siehst damit aus wie ein Volltrottel.«

»Tut mir leid.« Einer seiner Mundwinkel zuckte nach oben. Er legte die Hände seitlich an die Brille.

Kims Herz machte einen Satz. Ihr Magen schlug Purzelbäume und ihr blieb die Luft weg.

»Nein«, keuchte sie. »Du musst sie nicht …«

Zu spät.

Er schob die Brille auf die Stirn.

Und Kim starrte in ein Augenpaar, so blau wie der Himmel, mit langen, seidigen Wimpern. Die Augen wirkten amüsiert, wissend, sanft.

Er sieht unglaublich gut aus!

»So besser?«, fragte er.

»Viel besser«, antwortete Kim. Ihre Stimme klang heiser und drang kaum durch ihre eng zugeschnürte Kehle.

»Ich heiße Sandy«, sagte er lächelnd und schüttelte den Kopf. Ein wenig Sand rieselte aus dem feinen, glänzenden Haar auf seine Schultern und über sein Gesicht.

»Na, das passt ja, so sandig, wie du bist«, scherzte Kim.

»Ich bin aber nach Sandy Koufax benannt, dem Baseballspieler.«

»Ah. Ich heiße Kim.«

»Freut mich, dich kennenzulernen, Kim. Aber du wirst dir noch deine hübsche Haut verbrennen, wenn du dich nicht bald umdrehst.«

Sie legte sich hin und rollte sich auf die Seite, mit dem Gesicht zu ihm. Sie war sich durchaus bewusst, dass ihre Brüste dabei unter dem dünnen, dehnbaren Stoff des Bikinis wackelten.

»Wenn ich mich umdrehe«, erwiderte sie, »verbrenne ich mir den Rücken. Es sei denn, du hilfst mir.«

»Dir helfen?«

»Mit dem Sonnenöl.«

»Ah. Ich schätze, das kriege ich hin.«

»Danke.« Sie rollte sich auf den Bauch, streckte sich, verschränkte die Arme unter dem Gesicht – und sah, wie Sandy sie anstarrte, während sie sich auf der Decke hin und her wand, um den Sand zu formen und zu glätten. Dann fiel ihr die Unebenheit wieder ein, die sich vorhin in ihren Rücken gebohrt hatte. Sie konnte sie nicht mehr spüren.

Als sie bequem lag, rührte sie sich nicht mehr.

Sandy saß einfach nur da.

»Also?«, forderte sie ihn auf. »Kommst du jetzt rüber?«

Er schüttelte den Kopf. Noch mehr Sand regnete aus seinem Haar. »Ich hab 'ne bessere Idee«, erwiderte er. »Warum kommst du nicht zu mir?«

Was sollten diese plötzlichen Kontrollspielchen?

Vielleicht will er nur sehen, wie ich aufstehe und mich bewege. Vielleicht will er meinen Body in all seiner Pracht bewundern.

»Meine Decke ist hier«, entgegnete sie.

»Das meine ich ja. Du brauchst sie nicht. Sie ist nur im Weg. Du solltest im Sand liegen.«

»Der würde mir am ganzen Körper kleben.«

»Du kannst doch später duschen.«

Sie blickte in seine wunderschönen Augen. Er stellt sich vor, wie ich nackt in der Dusche stehe, dachte sie. Vielleicht sieht er sich sogar *mit* mir unter der Brause. Wie er mich einseift.

Sie setzte sich auf, griff nach der glitschigen Sonnenölflasche und krabbelte von der Decke. Krabbelte mit erhobenem Kopf auf ihn zu und beobachtete ihn. Ihre

Hände und Knie versanken im heißen Sand. Es war ein Jammer, dass er nicht sehen konnte, wie ihre Brüste schaukelten, aber immerhin musste er eine hübsche Aussicht auf ihren Rücken haben, der völlig nackt war, bis auf die zusammengebundenen Träger ihres Tops und den String, der von den Hüften bis in die enge Ritze zwischen ihren prallen Pobacken reichte.

Vor seinen übereinandergeschlagenen Beinen hielt sie an und richtete sich auf. Kniend hielt sie ihm die Flasche hin.

Er nahm sie ihr ab.

»Hier?«, fragte sie.

»Hier ist prima.«

Sie drehte sich zur Seite und legte sich hin. Der Sand fühlte sich beinahe heiß genug an, um sie zu verbrennen. Nach ein paar Sekunden hatte sie sich jedoch an die Hitze gewöhnt. Sie suhlte sich wohlig darin und genoss das Gefühl, wie sich der Sand an ihren Körper schmiegte.

»Fühlt sich das nicht besser an als die Decke?«

»Es ist auf jeden Fall anders.«

»Es ist, als würdest du schweben«, fand er. »Auf einem warmen Meer treiben, das dich liebt. Spürst du, wie der Sand dich umarmt? Spürst du, wie er jede deiner Kurven trägt, jede Vertiefung?«

»Ich denke, schon.« Es ist angenehm, dachte sie, aber *so* angenehm nun auch wieder nicht. Dieser Typ mag vielleicht attraktiv sein, aber er ist auch ein bisschen seltsam. »Würdest du mir den Rücken einölen?«

Er nickte lächelnd. Er ging auf die Knie und kroch zu ihr. Kim strich ihr Haar beiseite und entblößte ihren Nackenansatz. Dann löste sie den Knoten des Neckholders. Sie ließ die beiden Enden in den Sand fallen, führte eine Hand auf den Rücken und löste auch den Träger auf ihrer Wirbelsäule.

»Ich will keine weißen Trägerabdrücke«, erklärte sie.

»Die sind doch ganz dünn«, erwiderte Sandy.

»Trotzdem, jetzt sind sie nicht mehr im Weg.« Kim verschränkte die Arme unter dem Gesicht, dehnte sich und wackelte hin und her. Es fühlte sich richtig gut an, die Träger los zu sein. Und es war aufregend zu wissen, dass ihr Oberteil völlig offen war und allein durch den Druck des sich an sie schmiegenden Sandes noch ihre Brüste umschloss. »Ich darf bloß nicht vergessen, die ganze Zeit liegen zu bleiben.«

»Falls du es vergisst, bezweifle ich, dass es irgendjemanden stören würde. Mich jedenfalls nicht.«

Sie zuckte genüsslich zusammen, als Sandy einen Streifen des warmen Öls über ihre Schultern und die Wirbelsäule goss. Dann legte er die Hände auf ihre Haut und ließ sie hin und her wandern. Sie glitten über ihren gesamten Rücken und an den Seiten entlang, verteilten das Öl und massierten sie sanft. Sie erkundeten Kims Körper ausführlich und wagten sich sogar weit genug abwärts, um die Seiten ihrer Brüste einzureiben. Als er sie dort berührte, hob sich Kim ein Stück aus dem Sand. Er nutzte die Gelegenheit jedoch nicht aus, um die Hände in die Lücke zu schieben und sie ganz um ihren Busen zu legen. Er machte einfach weiter und Kim ließ sich mit einem Stöhnen wieder absinken.

Als sich die Hände von ihr lösten, hob sie den Kopf und blickte sich um. Sandy kniete neben ihrer Hüfte, vornübergebeugt, und quetschte Sonnenöl auf ihre Beine. Seine abgeschnittenen Shorts saßen so tief, dass es aussah, als würden sie gleich herunterrutschen.

Gott, er ist fantastisch, dachte sie.

Sie verlor sich in seinen Berührungen, als er ihre Waden massierte, ließ das Gesicht auf die Arme sinken und schloss die Augen.

Wenn er fertig ist, dachte sie, lässt er sich vielleicht auch von mir einölen.

Das wäre wundervoll. Aber dafür müsste sie ihr Oberteil wieder zubinden und sich aufrichten, und das wollte sie nicht. Ihr gefiel es genau dort, wo sie war.

Ich könnte mich im Moment nicht aufsetzen, selbst wenn ich es wollte.

Sie stöhnte, als seine Hände an ihren Schenkeln hinaufwanderten. Zwischen ihre Beine glitten. Ihre nackte Haut bis zum Schritt einschmierten und das Öl über den Hüften verteilten, bevor sie über ihre Pobacken strichen. Er rieb sie ein, massierte sie, hielt sich jedoch von der kleinen mit Stoff bedeckten Stelle fern, so als wäre ihr Bikini eine Grenze, die er nicht überschreiten wollte.

Wahrscheinlich will er bloß kein Sonnenöl dranschmieren.

Oder er hat Angst, dass uns jemand beobachtet.

Ich muss ihn mit zu mir nach Hause nehmen, dachte Kim. Ich muss einfach. Mit in mein Bett. Dann kann er mich überall einölen, und anschließend öle ich ihn ein. Das gibt zwar Flecken auf den Laken, aber wen interessiert's?

Dann war er plötzlich fertig.

Kim atmete zitternd aus. Sie öffnete die Augen und sah zu, wie Sandy neben sie krabbelte. Er legte sich hin, verschränkte die Arme und schaute ihr tief in die Augen.

»Das war toll«, flüsterte sie.

»War mir ein Vergnügen«, erwiderte er.

»Ich wünschte wirklich, es wäre sonst niemand hier und wir hätten den ganzen Strand für uns allein.«

»Ich weiß.«

»Möchtest du vielleicht mit zu mir nach Hause kommen?«

Er legte die Stirn in leichte Falten. »Ich glaube, nicht.«

Das ist doch wohl nicht dein Ernst, dachte Kim. Bitte! »Dort ist sonst niemand. Nur wir.«

»Mir gefällt's hier.«

»Wir müssen ja nicht sofort gehen. Wir können so lange hierbleiben, wie du magst.« Sie versuchte zu lächeln. »Ich bin mir sowieso nicht sicher, ob ich mich im Moment überhaupt bewegen könnte. Deinetwegen bin ich ganz ... träge und erregt.«

»Hier gehöre ich hin«, sagte er.

»Hey, jetzt komm schon.« Es klang ein bisschen weinerlich. Sie hatte Mühe, die Kontrolle wiederzuerlangen, und fügte dann hinzu: »Kapierst du es denn nicht? Ich *will* dich. Ich will, dass wir miteinander schlafen.«

»Ich auch.«

»Na dann ...«

Sandy schob die Brille wieder auf die Augen, streckte die Arme über den Kopf aus, drehte das Gesicht Richtung Boden und drückte es in den Sand.

»Was machst du denn ...?«

Er begann zu zittern. Sein ganzer Körper bebte und zappelte unkontrolliert.

Kim hob völlig perplex den Kopf und starrte ihn mit offenem Mund an. »Sandy? Was tust du denn da?«

Er antwortete nicht. Er zitterte nur weiter.

Mein Gott! Er hat irgendeinen Anfall!

»Geht's dir gut? Was ist denn los?«

Sie streckte eine Hand aus und packte ihn an der Schulter. Sie bebte unter ihrem Griff. Dann quoll plötzlich Sand zwischen Kims Fingerspitzen nach oben.

Mein Gott! Er versinkt!

Sie zog ihre Hand zurück.

Der Sand bebte unter seinem krampfenden Körper. Er schien förmlich unter ihm zu schmelzen und ihn aufzusaugen. Seine Arme waren bereits verschwunden, das Gesicht bis zu den Ohren vergraben.

Auch seine Schultern waren nicht mehr zu sehen. Sand spülte über seinen unteren Rücken und rieselte über seine Beine.

Ich muss ihm helfen!

Kim wäre beinahe aufgesprungen, doch dann fiel ihr das offene Bikinitop wieder ein. Sie tastete hektisch nach den Trägern, fand sie im Sand neben ihren Brüsten und streckte die Arme auf den Rücken, um sie zuzubinden. Im nächsten Moment ließ sie sie jedoch wieder fallen.

Alles, was von Sandy noch zu sehen war, waren das Hinterteil seiner abgeschnittenen Shorts, sein Hinterkopf – und der Lederriemen, der sein Haar an den Schädel drückte.

Die Brille.

Er macht das absichtlich. Das ist sein Trick.

So ist er auch beim letzten Mal verschwunden.

Er tut das meinetwegen.

Dann war er plötzlich weg. Alles, was er hinterlassen hatte, war ein Abdruck seines ausgestreckten Körpers im Sand.

Heilige Scheiße!

Kim schaute sich um. Nicht weit entfernt lagen mehrere Leute in der Sonne. Andere saßen aufrecht, lasen oder unterhielten sich. Eine kleine Gruppe machte ein Picknick. Ein Kind ging mit einer Limonadenflasche an ihr vorbei.

Niemand starrte wie vom Donner gerührt auf die Stelle, von der Sandy mit seinem Trick einfach verschwunden war.

Niemand hatte es bemerkt.

Niemand weiß es außer mir.

Vielleicht ist es ja gar nicht passiert. Ein Mensch kann schließlich nicht einfach so hin und her zappeln und verschwinden. Das ist unmöglich.

Aber ich habe *gesehen,* wie es passiert ist. Ich habe das nicht geträumt.

Kim legte eine Hand auf ihren unteren Rücken und strich sanft darüber. Die Hand wurde ganz ölig.

Ich habe nicht nur geträumt, dass er mich eingeölt hat. Ich träume das alles nicht. Er hat sich wirklich eingegraben. Irgendwie.

Ihre Kehle fühlte sich wie zugeschnürt an und kitzelte unangenehm. Sie presste die Lippen zusammen, um den Schrei und das wilde Lachen zu unterdrücken, die sich Bahn brechen wollten. Aus ihrer Nase drang stattdessen ein hohes Pfeifen.

Das ist total verrückt! Ich muss von hier weg, verflucht!

Sie klatschte die Hände in den Sand, um sich hochzudrücken, hielt dann jedoch inne und fragte sich, ob sie nicht zuerst ihr Bikinioberteil wieder zubinden sollte. Aber sie hatte keine Zeit zu verlieren. Lieber eine peinliche Szene riskieren, als ihre Flucht auch nur für eine Sekunde zu … Der Sand unter ihren Brüsten begann zu vibrieren.

Sie zu massieren.

Mein Gott!

Sämtliche Gedanken an eine Flucht verflüchtigten sich, als sich der Sand gegen ihren Busen presste und sich dann wieder zurückzog. Sie konnte spüren, wie ihre Brüste frei in zwei tiefen Mulden hingen. Dann schlossen sich plötzlich Hände darum und kneteten sie sanft. Warme, körnige Hände auf ihrer nackten Haut. Kim hatte keine Ahnung, was mit ihrem Bikinioberteil passiert war, aber es war ihr auch ziemlich egal.

Es ist irgendwo da unten, dachte sie.

Ich kann mich später noch darum kümmern.

Zitternd verschränkte sie die Arme unter dem Gesicht.

Das ist so absurd, dachte sie.

Er ist unter mir. Berührt mich. Und niemand weiß es. Es ist unser kleines Geheimnis. Unser *großes* Geheimnis.

Wie zur Hölle kann er da atmen?

Er ist erst seit einer oder zwei Minuten da unten, dachte sie. Sie hatte irgendwann mal gehört, dass Perlentaucher Ewigkeiten unter Wasser bleiben konnten. Zehn Minuten? 15?

Das ist unglaublich. Fantastisch.

Sie wand sich wohlig und stöhnte, als die Hände ihre Brüste drückten, streichelten und an den Nippeln zogen.

Deshalb wollte er nicht, dass ich auf der Decke liegen bleibe, wurde ihr bewusst. Damit er mich erreichen kann.

Etwas Hartes presste sich gegen ihren Schritt.

Etwas wie eine im Sand vergrabene Bierflasche.

O Sandy! Du kleiner Teufel!

Es raubte ihr den Atem, als er zustieß.

Nicht hier. Ist der wahnsinnig?

Ich kann mein Höschen hier nicht ausziehen. Irgendjemand würde es bemerken, so viel ist sicher. Und ich will auch keinen Sand in mir.

Sie keuchte und stöhnte, während Sandy weiter ihre Brüste liebkoste und sich gegen den spärlichen Schutzschild zwischen ihren Beinen presste. Sie hob den Kopf und begann, den Sand unter ihrem Gesicht wegzuschieben. Aber alles, was sie fand, war noch mehr Sand.

»Wo bist du?«, flüsterte sie.

Sie schaufelte und schaufelte. Immer tiefer. Und legte schließlich seine Nase frei. Dann die Brille. Und seine Lippen. Sie waren fest zusammengepresst und eine feine Linie aus Sand lag in der Spalte zwischen ihnen. Kim blies den Sand weg. Sie senkte den Kopf in die Mulde und küsste ihn auf die Lippen. Sie teilten sich. Seine Zunge drang tief in ihren Mund ein. Sie saugte daran, heftig stöhnend.

Der Sand unter ihrem Körper begann zu zittern und sich zu verlagern.

Seine Hände entfernten sich von ihren Brüsten, glitten an ihren Hüften hinab, tasteten nach den Knoten an ihrem Höschen und öffneten sie geschickt.

Nicht. Jemand wird uns sehen.

Aber sie wollte ihn gar nicht wirklich aufhalten. Wollte den Mund nicht von seinen Lippen lösen. Wollte nicht, dass das alles aufhörte. Denn jetzt konnte sie Sandy ganz und gar spüren. Irgendwie hatte er es geschafft, die Barriere aus Sand zwischen ihnen zu entfernen – und seine abgeschnittenen Shorts verschwinden zu lassen.

Für wen hält der Typ sich? Houdini?

Sie lachte leise in seinen Mund.

Er presste sich lang und heiß gegen ihre ölige Haut.

Er fühlte sich glatt und weich an, abgesehen von den rauen Körnern, die über ihren Körper kratzten, als er sich schüttelte.

Er zitterte wie verrückt.

Vibrierte.

Es fühlte sich wundervoll an.

Er hörte auch nicht auf zu vibrieren, als er sich schließlich das lose Stück Stoff zwischen ihren Beinen schnappte, es wegzog und irgendwo verschwinden ließ.

Mein Hintern ist nackt!

Alle werden es sehen!

Niemand wird es sehen, wurde ihr dann bewusst. Es ist alles gut.

Der Sand strömte über sie hinweg und bedeckte ihren Po. Er fühlte sich wunderbar an, wie warmes Wasser, streichelte ihre bloße Haut und leckte jede Ritze.

Küsste ihre geschlossenen Augen. Rieselte in ihre Ohren.

Ihr wurde bewusst, dass ihr Gesicht begraben war, sie aber trotzdem noch atmen konnte. Kein Sand drang in ihre Nasenlöcher, als sie Luft holte. Er konnte nicht zwischen ihre Gesichter dringen. Noch nicht. Aber das Ganze konnte unmöglich noch viel länger dauern.

Als Sandy sich gegen ihren Körper drückte, versuchte Kim, die Beine noch weiter zu spreizen. Der Sand ließ jedoch keine Bewegung zu.

Er rammte sich trotzdem in sie hinein.

Groß und prall und sandig.

Er pulsierte wie wild in ihr, während er mit der Zunge noch tiefer in ihren Mund abtauchte und seine Lippen auf den ihren vibrierten. Seine bebende Brust rieb über ihren Busen. Sein Bauch, das Becken und die Schenkel peitschten sie mit unkontrollierten Zuckungen.

Wie macht er das bloß?

Das spielt jetzt keine Rolle.

Alles, was jetzt noch eine Rolle spielte, war das Gefühl, vom schweren Sand niedergedrückt zu werden, nackt auf seinem zitternden Körper, erfüllt von ihm, in ihm verloren.

Sie keuchte in seinen Mund und wurde von einem wohligen Schauder erfasst.

Sandy stieß sich tief in sie und spritzte ab.

Dann erstarb sein wildes Beben urplötzlich und er blieb reglos unter ihr liegen.

Wir haben es getan. Mein Gott, wir haben es wirklich getan, hier am Strand, vor aller Augen … und niemand ahnt auch nur das Geringste.

Seine Zunge glitt langsam aus Kims Mund. Sie umschloss sie mit ihren Lippen und genoss, wie dick sie sich anfühlte. Als sie schließlich aus ihrem Mund glitt, küsste sie ihn auf die Lippen.

Das war der beste Sex aller Zeiten, dachte sie. Ich muss ihn mit zu mir nach Hause nehmen.

Sie versuchte, den Kopf zu heben.

Der klammernde Sand hielt ihn fest.

Hey, komm schon.

»Sandy«, flüsterte sie auf seine Lippen. »Lass uns von hier verschwinden.«

Er begann erneut zu beben.

»Danke«, hauchte sie.

Reite ihn wie einen wilden Hengst.

Oh-oh, dachte sie. Wo ist mein Bikini? Ich tauche gleich mit blankem Hintern zuerst wieder auf.

Dann fiel ihr wieder ein, dass ihr Strandlaken noch in Reichweite sein müsste. Sie könnte es zu sich ziehen und sich damit bedecken. Sich darunter verstecken, während sie in ihre Shorts und die Bluse schlüpfte.

Kurz darauf spürte sie, wie Sand über ihre Lippen rieselte. Mit dem nächsten Atemzug saugte sie trockene Körner in ihre Nasenlöcher.

Scheiße!

Sie blies Luft aus, um ihre Nasenhöhlen zu säubern, und hielt den Atem an.

Sandy!

Sand, nicht Sandy zitterte unter ihrem Körper. Sandy presste sich nicht mehr gegen sie. Aber er steckte immer noch in ihr. Hart und pulsierend glitt er erst jetzt aus ihr heraus.

Nein!

Sie wollte nach unten greifen und ihn packen, bevor er ganz verschwunden war. Aber der Sand weigerte sich, ihren Arm freizugeben.

Sie spannte die Muskeln um den sich zurückziehenden steifen Penis an. Sie klammerte sich um ihn, konnte ihn jedoch nicht aufhalten.

Er entglitt ihr.

Bitte! Mein Gott!

Dreh jetzt nicht durch, ermahnte sie sich. Er kommt wieder zurück. Er macht nur Spaß und versucht dir Angst einzujagen. Er spielt irgendwelche Macho-Kontrollspielchen und will mir zeigen, wer der Boss ist.

Er kann mich nicht einfach hier zurücklassen!

Sie spannte sämtliche Muskeln an, so sehr, dass sie zitterten.

Dieses Spielchen können auch zwei spielen. Wenn *er* sich durch den Sand graben kann, dann kann ich das auch.

Aber der Sand erdrückte sie nur umso mehr. Gab keinen Millimeter nach.

Ihre Lunge begann zu brennen.

Ihre Muskeln wurden schlaff.

Er kommt zurück. Er wird mich hier nicht allein lassen …

Der Sand begann, unter ihrem gefangenen Körper wegzurieseln.

Ich wusste es! Gott sei Dank.

Unter ihrer linken Brust bildete sich eine Öffnung.

Eine Zunge leckte ihren Nippel.

Verdammt, Sandy! Das ist jetzt nicht der richtige Zeitpunkt, herumzualbern. Ich ersticke hier!

Sie spürte seine Lippen, die Kanten seiner Zähne, seine flinke Zunge, als er ihre Brust in seinen Mund saugte.

Du Mistkerl! Hol mich hier raus!

Dann schnappten seine Zähne plötzlich zu und Kim stieß einen lang gezogenen Schrei aus.

Als er wieder verklungen war, schnappte sie panisch nach Luft. Sand füllte ihren Mund.

Würgend und unter brennenden Qualen versuchte sie verzweifelt, um sich zu schlagen, zu treten und sich aufzubäumen, sich von seinen Zähnen zu lösen und aus dem Sand zu befreien.

Doch er umklammerte sie so fest, dass sie sich nicht bewegen konnte.

Er hielt sie fest, wie Sandy es getan hatte, und verschlang sie allmählich.

Phil, der Vampir

»Es ist wegen meines Mannes«, sagte sie.

»Ich verstehe.«

»Das glaube ich nicht.«

»Dann erzählen Sie mir alles.«

»Er … trifft sich mit anderen Frauen.«

Ich nickte. Das hatte ich bereits vermutet.

Der Name der Kleinen war Traci Darnell. Sie war zu jung, zu süß und zu atemberaubend, um einen Mann zu haben, der sie betrog. Aber leider spielte nichts von alledem eine Rolle, wenn sich eine Frau mit dem falschen Kerl einließ.

Manche Typen schienen einfach einen Scheiß darauf zu geben, wie gut sie es zu Hause hatten.

Ich hatte das schon unzählige Male erlebt.

Und es ergab nie einen Sinn. Es machte mich jedes Mal ein wenig traurig und widerte mich schlichtweg an.

»Das tut mir leid«, entgegnete ich.

»Tja.« Sie zuckte kurz und angespannt mit den Schultern. Der Rest ihres Körpers bewegte sich dabei nicht. Sie saß stocksteif auf ihrem Stuhl gegenüber von meinem Schreibtisch, ein wenig nach vorne gebeugt, die Hände im Schoß gefaltet. »Es ist nicht so, dass ich … Ich meine, ich wusste, worauf ich mich einlasse.«

»Wie meinen Sie das?«

»Ich wusste, dass es andere Frauen geben würde. Eine Menge Frauen. Das wusste ich von Anfang an. Aber …« Sie biss sich auf die Unterlippe und ihre Schultern zuckten erneut. »Ich dachte, ich käme damit klar. Ich dachte, es würde mir nichts ausmachen. Aber das tut es.« Sie blickte mir direkt in die Augen. Die ihren waren blau und klug – Augen, die eigentlich vor Freude hätten strahlen sollen. Aber sie wirkten düster. So untröstlich, dass ich dem Typen, der dafür verantwortlich war, nur noch wehtun wollte. »Ich liebe ihn«, fuhr sie fort. »Ich liebe ihn so sehr. Aber es … zerreißt mich innerlich. Ich ertrage das nicht mehr.« In ihren Augen glänzten Tränen.

»Sind Sie sich sicher, dass er sich mit anderen Frauen trifft?«, fragte ich.

Sie schniefte. »Oh, er hat nie ein Geheimnis daraus gemacht.«

»Er gibt es zu?«

»Ob er es zugibt? Er *gibt* es nicht nur *zu,* er *teilt seine Erfahrungen* mit mir. Er berichtet mir jedes einzelne Detail von jeder einzelnen seiner Eroberungen. Ihren Namen, wie sie aussah, was sie anhatte – oder nicht anhatte – und wo genau er sie sich genommen hat. Er erzählt mir jedes Wort, das sie miteinander gewechselt haben. Was sie getan hat, was er getan hat. Wie sie sich anfühlte, wie sie roch, wie sie schmeckte.«

Ich lehnte mich vor und schob eine Schachtel mit Taschentüchern zu ihr an die Schreibtischkante. Traci zupfte eines von ihnen heraus und putzte sich die Nase.

»Und warum erzählt er Ihnen all diese Dinge?«, fragte ich. »Um Salz in Ihre Wunden zu streuen? Oder um Sie anzuekeln?«

»O nein. Das ist es nicht, ganz und gar nicht. Wie ich schon sagte, das ist seine Art, sich mir zu öffnen. Er will, dass ich weiß, was in seinem Leben passiert, das ist alles. Er wollte mir damit nie wehtun. Er dachte, es würde uns einander näherbringen.«

»Einander *näherbringen?* Wenn er Ihnen von den Frauen berichtet, die er …« Ich zögerte, einer Frau gegenüber explizit zu werden, die so unschuldig und verletzlich wirkte.

»Gesaugt hat?«, brachte sie den Satz für mich zu Ende.

Einen Moment lang fragte ich mich, ob ich richtig gehört hatte. »Sagten Sie eben: ›gesaugt‹?«

»Gesaugt.«

»Gesaugt oder gefickt?«

Ihr Gesicht lief knallrot an. »Ge*saugt*.«

»Oh. Tut mir leid.« Ich spürte, wie meine eigenen Wangen zu glühen begannen. »Er hat Ihnen also davon erzählt, wie er diese anderen Frauen *gesaugt* hat?«

»Das ist richtig. Und diese … diese *andere* Sache hat er ganz sicher nicht getan.«

Persönlich konnte ich darin keinen allzu großen Unterschied erkennen. Meiner Ansicht nach war das reine Haarspalterei.

Indigniert fügte sie hinzu: »Er war mir nie untreu. Er ist kein Lustmolch, er ist ein Vampir.«

»Ah«, erwiderte ich sofort. »Ich verstehe.«

»Tun Sie?« Sie blickte mich hoffnungsvoll an.

»Natürlich. Er ist ein Vampir. Er hat mit keiner dieser Frauen eine Affäre, er saugt ihnen nur das Blut aus.«

»Dann verstehen Sie es also *tatsächlich?*«

»Natürlich. *Dracula*, *Salem's Lot*, Lugosi und Christopher Lee, Barnabas Collins – man müsste in kultureller Hinsicht schon ein Totalausfall sein, um nicht wenigstens mal von Vampiren gehört zu haben. Und Ihr Mann ist also ein Vampir? Wie heißt er denn eigentlich?«

»Phillip.«

»Phil, der Vampir.«

Ich wünschte mir sofort, ich hätte es nicht gesagt. Traci wirkte, als fühlte sie sich verraten.

»Sie halten das alles für einen riesigen Witz.«

»Nein, das tue ich nicht. Ehrlich. Was auch immer bei Ihnen vor sich geht, es ist offensichtlich, dass Sie ...«

»Ich habe Ihnen *gesagt*, was vor sich geht.«

»Na ja, nicht genau.«

»Jeden Abend lässt er mich allein zu Hause zurück und begibt sich auf die Jagd nach einem Opfer. Er trinkt ihr Blut. Dann kommt er wieder zurück nach Hause und *berichtet* mir alles darüber. Ich hasse es, dass er sich mit diesen anderen Frauen trifft ... dass er sie *braucht*. Es gibt mir das Gefühl ... *unzulänglich* zu sein. Sie wissen schon, als wäre *ich* nicht genug für ihn.«

»Keine Frau wäre für einen von seinesgleichen genug«, erwiderte ich.

»Ist das schon wieder so eine spöttische Bemerkung? Denn falls ja, dann werde ich gleich durch diese Tür hinausstürmen und ...«

»Das war mein voller Ernst«, versicherte ich. »Als Vampir kann er sich unmöglich nur von Ihrem Blut allein ernähren. Sie wären sonst in kürzester Zeit ausgelaugt. Sie wären längst tot. Phil *muss* sich anderweitig umsehen. Ansonsten müsste er Sie töten. Seine Ausschweifungen könnte man durchaus auch als Akt der Liebe betrachten. Der Liebe zu Ihnen.«

»Das weiß ich.« Sie sah aus, als würde sie erneut in

Tränen ausbrechen. »Aber dadurch ist es auch nicht leichter … damit zu leben.«

»Sind Sie eifersüchtig auf diese anderen Frauen, die er saugt?«

»Natürlich bin ich das.«

»Saugt er *Sie* auch manchmal?«

»Hin und wieder.« Sie schob die Finger unter den Kragen ihrer Bluse und zog ihn nach unten. Der oberste Knopf öffnete sich, aber sie schien es nicht zu bemerken. An der Seite ihres Halses befanden sich zwei Wunden, die genauso aussahen wie in einem Dracula-Film. Aber sie waren verheilt. Die Narben sahen wie kleine, rosa Krater aus.

Echt oder Make-up?, fragte ich mich.

Es gab nur eine Möglichkeit, das herauszufinden. Ich rollte mit meinem Stuhl zurück, trat hinter dem Schreibtisch hervor und ging vor Traci in die Hocke. Aus der Nähe sahen die Narben ziemlich authentisch aus.

»Tun sie noch weh?«, erkundigte ich mich.

»Nein. Es hat nie wehgetan. Nicht mal, als seine Zähne in mir steckten.«

»So gebissen zu werden hat *nicht* wehgetan?«

»O nein.« Mit verträumtem Blick strich sie über die winzigen Überbleibsel der Bisswunden. »Es hat sich … unglaublich angefühlt.«

Ich hob den Zeigefinger. »Erlauben Sie?«

Sie nickte und nahm ihre Hand weg. Vorsichtig tastete ich die Narben ab. Sie fühlten sich tatsächlich echt an. »Und Phil hat Ihnen die wirklich mit seinen Zähnen zugefügt? Er hat wirklich Blut aus Ihrem Hals gesaugt?«

»Ja.«

Während Traci den Kragen ihrer Bluse wieder richtete, erhob ich mich und setzte mich vor sie auf die Schreibtischkante. Sie machte den Knopf nicht zu, der vorhin aufgegangen war.

»Und Sie sind hier, weil es Ihnen nicht gefällt, dass er das auch mit anderen Frauen macht?«

»Richtig.«

»Hat Phil schon einmal eine dieser Frauen getötet?«

»Nein! O nein. Da bin ich mir ganz sicher. Er ist überhaupt nicht so wie ... Sie wissen schon, Dracula. Er ist ein sehr freundlicher, liebevoller Mann. Er respektiert das Leben.«

»Er würde keiner Fliege etwas zuleide tun, was?«

»O doch, manchmal isst er sie. Aber er ist ein herzensguter Mensch. Er würde niemals einen *Menschen* töten. Er passt immer sehr auf, dass er niemandem ein Leid zufügt.«

»Nimmt er ihnen ihr Blut mit Gewalt?«

Sie sah mich verwirrt an. »Na ja, er saugt es ihnen aus.«

»Aber mit ihrer Erlaubnis? Sind sie damit einverstanden?«

»Oh, selbstverständlich. Wer wäre das nicht? Phil ist ... sehr attraktiv, wissen Sie? Und klug und geistreich. Ich denke, die meisten Frauen finden ihn unwiderstehlich. Aber er hat natürlich auch seine speziellen Kräfte.«

»Spezielle Kräfte?«

»Was ich damit sagen will, ist, dass er praktisch jedem, dem er begegnet, den Verstand rauben kann. Er hat diese hypnotischen Fähigkeiten. Als würde er sie verzaubern.« Traci schnipste mit den Fingern. »Einfach so, und schon verwandeln sie sich in Zombies. Natürlich nicht in *richtige* Zombies. Aber Sie wissen schon, was ich meine.«

»Er kann sie in Trance versetzen und sie tun alles, was er von ihnen verlangt.«

»Ganz genau. Aber das Wichtigste ist, dass sie sich hinterher an nichts mehr erinnern können.«

»Und Phil setzt diese speziellen Kräfte bei seinen Opfern ein?«

»Ich weiß nicht, ob ich sie als Opfer bezeichnen würde.«

»Wie auch immer. Die Frauen, die er saugt: Er versetzt sie in Trance?«

»Jedes Mal. Aber mich nicht.«

»Warum nicht?«

Ihr Blick sagte mir, dass sie dies als dumme Frage betrachtete. »Weil ich seine Frau bin natürlich.«

»Ah. Natürlich. Aber die Sache ist doch die: Wenn Ihr Mann diese Frauen betäubt oder hypnotisiert oder was auch immer, dann nimmt er ihnen damit die Fähigkeit, in die Sache einzuwilligen. Mit anderen Worten: Legal betrachtet hat er nicht wirklich ihre Erlaubnis. Wenn er Sex mit ihnen hätte …«

»Hat er nicht.«

»Aber wenn er Sex mit ihnen *hätte,* käme das einer Vergewaltigung gleich. Ich bin mir daher ziemlich sicher, dass er gegen irgendein Gesetz verstößt, wenn er sie ohne ihre Erlaubnis beißt und ihnen das Blut aussaugt. Und damit wäre die Sache eine Angelegenheit für die Polizei. Ich bin nur Privatdetektiv und habe nicht die Befugnis …«

»Ich will doch nicht, dass Phil *verhaftet* wird!«, platzte Traci heraus und schüttelte energisch den Kopf. »Das ist nicht der Grund, warum ich zu Ihnen gekommen bin. Das will ich ganz und gar nicht.«

»Und was genau wollen Sie dann?«

»Ich will, dass er damit aufhört. Ich will ihn ganz für mich alleine haben. Ich will, dass er aufhört, diese anderen Frauen zu benutzen.«

Sie sah mich mit so verzweifeltem Blick an, dass ich sie am liebsten in den Arm genommen hätte. Um sie zu trösten. Um ihre Qualen aus der Welt zu schaffen. Aber ich wusste es besser. Meine Selbstbeherrschung war nicht immer die beste, wenn es um Frauen ging, vor allem nicht um hübsche, verletzliche Frauen. Daher blieb ich auf der Tischkante sitzen und rührte mich nicht.

Sie blickte mit glänzenden, flehenden Augen zu mir herauf. »Werden Sie mir helfen?«, fragte sie.

»Ich würde Ihnen liebend gerne helfen«, antwortete ich. »Aber vielleicht brauchen Sie eher einen Seelenklempner oder …«

»Einen Seelenklempner? Wollen Sie damit sagen, dass ich verrückt bin?«

»Nichts dergleichen. Sie haben sich diese Bisswunden an Ihrem Hals ja offensichtlich nicht selbst zugefügt.« Ich hatte die Worte kaum ausgesprochen, da fragte ich mich bereits, *wie* sie es geschafft haben könnte, sich die Wunden doch selbst zuzufügen.

Selbst zugefügte Verletzungen sind ein recht häufiger Trick. Kriminelle halten sie für eine ziemlich schlaue Möglichkeit, Polizisten, Anwälte, Ärzte, Versicherungen oder auch Privatdetektive wie mich hinters Licht zu führen.

Vielleicht hatte ja auch Traci ihre Wunden selbst verursacht. Als physischen Beweis, um ihre wilde Geschichte zu untermauern. Aber wenn dies wirklich der Fall war, hatte sie die ganze Sache von sehr langer Hand geplant.

Den Narben nach zu urteilen, mussten die eigentlichen Wunden bereits vor mindestens einem Monat entstanden sein.

Entweder war sie eine hervorragende Schauspielerin und Betrügerin oder sie sagte die Wahrheit – oder zumindest das, was sie für die Wahrheit hielt.

»Es ist nur so«, begann ich, »dass ein Therapeut möglicherweise besser dazu in der Lage ist, Ihnen mit Ihrem Problem zu helfen.«

Sie betrachtete mich mit zusammengekniffenen Augen. »Mit meinem Problem?«

»Ich möchte Ihnen helfen, Traci. Ehrlich. Sie können sich gar nicht vorstellen, mit was für Freaks, Verlierern und Widerlingen ich mich normalerweise herumschlagen muss. Meine Klienten sind vor allem Anwälte. Deshalb kann ich Ihnen versichern, dass es mir wirklich den Nachmittag versüßt hat, als Sie hier aufgetaucht sind. Sie scheinen mir eine sehr nette junge Dame zu sein. Und noch dazu eine sehr attraktive«, fügte ich hinzu.

Dafür bedachte sie mich mit einem süffisanten Grinsen und errötete gleichzeitig. Sie verdrehte die Augen Richtung Zimmerdecke, als wollte sie sagen: *Mann, was für 'n lahmer Spruch.*

»Ich werde für Sie tun, was ich kann, Traci. Aber wir tun uns gegenseitig keinen Gefallen, wenn wir in dieser Sache nicht vollkommen ehrlich miteinander sind. Ich habe jedenfalls vor, ehrlich mit Ihnen zu sein. Das mag vielleicht nicht sehr angenehm sein, aber so arbeite ich nun mal. In Ordnung?«

»In Ordnung.«

»Zu Ihrem Problem: Sie kommen hier rein und erzählen mir, Ihr Mann sei ein Vampir. Nun, wir alle wissen, was Vampire sind. Lebende Tote. Tagsüber schlafen sie in einem Sarg und nachts gehen sie auf die Jagd und saugen Leuten das Blut aus. Sie haben magische Kräfte. Sie können den Verstand anderer Menschen kontrollieren und sich in Fledermäuse, Wölfe, Nebel und so ziemlich alles andere verwandeln, das ihren Zwecken nützt. Sie sind unsterblich – oder so gut wie. Sie werden mehrere Hundert Jahre alt, richtig? Sie haben Angst vor Kruzifixen und finden Knoblauch widerwärtig. Sie haben kein Spiegelbild. Sie können fließende Gewässer nicht überqueren. Sie können nicht auf die übliche Weise getötet werden, man muss sie schon mit einem Holzpflock aufspießen. Oder sie durch einen Trick ins Sonnenlicht locken. Wahrscheinlich gibt es auch noch andere Mittel und Wege, ich bin schließlich kein Experte auf diesem Gebiet. Ich weiß nur das, was auch jeder andere Durchschnittsamerikaner über sie weiß. Und dazu gehört unter anderem, dass sie nicht existieren.«

»Das *glauben* Sie.«

»Das *weiß* ich, Traci. Jeder weiß das. Ich sage nicht, dass es nicht ein paar Irre gibt, die sich für Vampire halten und sich vielleicht sogar dementsprechend aufführen. Aber der übernatürliche, unsterbliche Dracula-Fledermausmann-Vampir ist pure Fiktion. So einem kann man nirgends begegnen. Jedenfalls nicht in diesem Leben. Und das bedeutet auch, dass Phil kein Vampir *ist*. So viel nur für den Anfang.«

»Dann wollen Sie also sagen, dass ich verrückt bin?«

»Wie ich schon sagte: Ich bin kein Seelenklempner. Ich bin nur ein Schnüffler, ein Sam Spade für Arme. Ich versuche nur, Ihrem Problem mit dem Handwerkszeug auf den Grund zu gehen, das mir zur Verfügung steht.

Und in meiner Branche sind das mein Instinkt und mein gesunder Menschenverstand.«

»Und was sagen die Ihnen?«

»Zunächst mal glaube ich nicht, dass Sie verrückt sind. Außerdem denke ich auch nicht, dass Sie mich hinters Licht führen wollen. Was mich wiederum zu dem Schluss zwingt, dass Phil Sie davon überzeugt hat, dass er ein Vampir ist.«

»Er *ist* ein Vampir.«

»Er hat Sie in den Hals gebissen und Ihnen das Blut ausgesaugt.«

Sie nickte. »Schon oft.«

»Er zieht jede Nacht alleine los und kehrt mit Geschichten von seinen Eroberungen wieder zurück. Von Frauen, die er verzaubert und ausgesaugt hat.«

»Ja.«

»Und Sie glauben ihm.« Ich hob bedeutungsschwanger eine meiner buschigen Augenbrauen. »Sind Sie ihm jemals auf einem seiner nächtlichen Streifzüge gefolgt?«

Sie legte die Stirn in Falten. »Wollen Sie damit andeuten, dass er mir eine einzige große Lüge aufgetischt hat?«

»Haben Sie denn irgendwelche Beweise, dass dem nicht so ist?«

»Manchmal kommt er mit Blut an seiner Kleidung nach Hause.«

»Einer *Menge* Blut oder …?«

»Nein, nur ein paar kleine Spritzer oder Flecken.«

Ich angelte mein Schweizer Taschenmesser aus der Hosentasche, klappte die größte Klinge heraus und schnitt mir leicht in den Handrücken. Ein kleiner Blutstropfen quoll heraus. Ich drückte ihn auf die Brust meines weißen Hemdes. »Jetzt bin ich auch ein Vampir«, sagte ich.

Traci lächelte. Es war das erste Mal, dass sie mir ihr Lächeln zeigte. Es sah wunderschön aus. »Sie haben sich Ihr Hemd ruiniert.«

»Wenn Sie mich engagieren, kann ich mir ein neues leisten.«

»Sie engagieren?«

»Darum sind Sie doch hierhergekommen, oder nicht?«

»Nun ja. Ja. Ich schätze, schon.«

»Wir haben Ihr Problem doch bereits analysiert, oder? Ihr Mann hat Sie davon überzeugt, dass er ein Vampir ist. Als Vampir muss er menschliches Blut trinken. Deshalb geht er auf die Jagd und saugt andere Frauen, und das macht Sie eifersüchtig. Sie wollen, dass er damit aufhört. Sie wollen, dass er all seine Aufmerksamkeit Ihnen zuwendet, damit Sie ihn nicht mehr mit fremden Frauen teilen müssen.«

»Das trifft es im Großen und Ganzen, würde ich sagen.«

»So weit zu Ihrem Problem. Aber hier ist die entscheidende Frage: Was treibt Phil *wirklich?* Und Sie können darauf wetten, dass er keine Hälse aussaugt.«

»Wollen Sie damit sagen … dass das Ganze nur eine Verschleierungsgeschichte ist und er in Wahrheit etwas ganz anderes tut, von dem er nicht will, dass ich es erfahre?«

»Ich würde sogar sagen, darauf können Sie wetten. Gut möglich, dass er einfach nur mit seinen Jungs einen trinken geht und die Sache völlig harmlos ist. Aber vielleicht ist er auch in irgendwelche kriminellen Aktivitäten verstrickt. Alles ist möglich. Ich muss Sie jedoch warnen:

Am wahrscheinlichsten ist, dass er sich doch mit anderen Frauen trifft.«

»Das habe ich Ihnen doch *gesagt*. Er trifft jede Nacht eine andere Frau.«

»Aber nicht, um ihnen das Blut auszusaugen. Sondern um Sex mit ihnen zu haben.«

»Nein.«

»Ich verstehe, dass das sehr schmerzhaft für Sie ist …«

»Es ist nicht schmerzhaft, weil ich genau weiß, dass er es nicht mit anderen Frauen treibt.« Obwohl ihre Stimme ruhig klang, errötete sie. »Er *erzählt* mir, was er mit diesen Frauen tut. Alles. Jedes einzelne kleine, intime Detail. Und er … wir … machen miteinander rum, während er mir davon berichtet. Sie wissen schon, wir ziehen uns nackt aus. Wir liebkosen einander, während er mir alles von der Frau erzählt, bei der er in dieser Nacht gewesen ist. Und wenn er zu der Stelle kommt, an der er seine Zähne in ihren Hals taucht … taucht er auch, äh … dann dringt er in mich ein.«

Sie war inzwischen nicht mehr rot, sondern eher leuchtend pink. Ihr komplettes Gesicht glühte: die Ohren, der Hals und die glatte Haut, die unter ihrer Bluse zu erkennen war, dort, wo sich der Knopf geöffnet hatte.

Ich spürte eine deutliche Schwellung im Schritt und faltete die Hände darüber, um sie zu verstecken.

Mit trockener Kehle erwiderte ich: »Dann … benutzt er seine Geschichten also dazu, Sie zu erregen. Als eine Art Vorspiel?«

»So etwas in der Art.«

»Und jede Geschichte endet mit … Verkehr?«

»Nicht immer.« Sie blickte auf ihre eigenen gefalteten

Hände hinunter. »Manchmal macht er … machen wir es auch … mit dem Mund. Sie wissen schon.«

»Oh.«

Sie hob den Blick wieder. »Wie dem auch sei, ich denke, Sie verstehen jetzt, warum ich weiß, dass er keine Affären hat.«

»Das ist natürlich durchaus möglich. Ich hoffe wirklich für Sie, dass Sie recht haben. Aber für mich ist offensichtlich, dass er etwas anderes treibt. Etwas, das er vor Ihnen geheim halten möchte. Darum hat er diese Vampirgeschichte erfunden.«

»Ich glaube nicht, dass sie erfunden ist.«

»Geht Phil zur Arbeit?«

»Das muss er nicht. Er ist sehr wohlhabend.«

»Und was macht er den ganzen Tag so?«

»Er schläft. In seinem Sarg. Im Keller.«

Das hätte mich eigentlich nicht überraschen sollen, tat es aber. Offensichtlich trieb Phil sein seltsames Spielchen extrem auf die Spitze.

»Haben Sie schon mal gesehen, dass er bei Sonnenschein das Haus verlassen hat?«

Traci schüttelte den Kopf. »Zwischen der Morgendämmerung und Sonnenuntergang verlässt er seinen Sarg nie.«

»Soweit Sie wissen.«

»Nun, ich stehe nicht an seinem Sarg Wache, falls Sie das meinen.«

»Und was tun *Sie* den ganzen Tag?«

»Ich schlafe, gehe einkaufen.« Sie zuckte mit den Schultern. »Verschiedene Erledigungen eben.«

»Schauen Sie auch hin und wieder nach ihm?«

»Am Anfang habe ich das getan, ja. Ich konnte nicht … Sie wissen schon … Ich konnte einfach nicht glauben, dass er so lange dort unten bleibt. Aber das tat er immer. Es war reine Zeitverschwendung, nach ihm zu sehen. Deshalb tue ich es mittlerweile nicht mehr sehr oft.«

»Dann können Sie also nicht mit Sicherheit sagen, ob er wirklich in seinem Sarg bleibt?«

»Nicht mit absoluter Sicherheit, nein«, gab sie zu. »Aber mit ziemlicher Sicherheit. Was soll denn diese Fragerei?«

»Gar nichts. Reine Neugier. Haben Sie schon einmal beobachtet, wie sich Phil in eine Fledermaus oder Ähnliches verwandelt hat?«

»Er weiß, dass ich Fledermäuse nicht ausstehen kann.«

»Haben Sie schon einmal gesehen, dass er sich in einen ...«

»Einmal hat er sich in einen Hund verwandelt. In einen großen schwarzen Labrador.«

Sicher, dachte ich, behielt meine Skepsis jedoch für mich und fragte stattdessen: »Er hat sich vor Ihren Augen verwandelt?«

»Hören Sie, wenn Sie mir die ganze Sache nicht glauben wollen ...«

»Ich will nur der Wahrheit auf den Grund gehen, das ist alles. Wenn Sie wirklich mit angesehen haben, wie Phil sich in einen Hund verwandelt hat, dann werde ich wohl oder übel glauben *müssen,* dass er übernatürliche Kräfte besitzt.«

»Sie müssten nichts dergleichen glauben. Sie würden vermutlich weiterhin annehmen, dass ich Sie anlüge oder halluziniere. Oder dass Phil mich mit irgendeinem Zaubertrick hinters Licht geführt hat.«

»Ist Phil denn Zauberer?«

»Er ist ein Vampir.«

»Haben Sie gesehen, wie er sich in einen Hund verwandelt hat?«

»Nein.«

»Und warum glauben Sie dann, dass …?«

»Der Hund war Phil.« Sie lief erneut knallrot an. »Ich weiß, dass er es war.«

»Und woher wissen Sie das?«

»Das spielt jetzt keine Rolle. Können wir bitte das Thema wechseln?«

»In Ordnung. Sprechen wir über Spiegel. Kann man Phil im Spiegel sehen?«

»Ja.«

Es gelang mir zwar, nicht mit einem triumphierenden *Aha!* herauszuplatzen, ich konnte ein Grinsen jedoch nicht unterdrücken. »Sie haben also schon öfter sein Spiegelbild gesehen?«

»Ja.«

»Gut. Aber legt das denn nicht eine logische Lücke in seiner Vampirgeschichte nahe?«

»Ich habe ihn bereits danach gefragt.«

»Und?«

»Er hat mir erklärt, dass sich Spiegel im Laufe der Zeit verändert haben. Früher waren sie häufig mit Silber unterlegt, aber das kommt heute nur noch sehr selten vor. Er meinte, in einem Spiegel, der mit Silber unterlegt ist, wäre er nicht zu erkennen. So einen haben wir aber nicht, deshalb weiß ich auch nicht, ob das wahr ist.«

»Wie praktisch für Phil.«

Sie runzelte die Stirn. »Wissen Sie, ich habe nie wirklich die Notwendigkeit verspürt zu *beweisen,* dass er ein

Vampir ist. Ich weiß, was er ist. Darum habe ich auch keine Zeit damit vergeudet, ihn zu *testen.*«

»Aber wenn er kein Vampir ist, Traci, dann hat er auch keine Entschuldigung dafür, auf nächtliche Streifzüge zu gehen.«

»Das weiß ich. Das weiß ich besser als irgendjemand sonst.«

»Wenn er kein Vampir ist, dann saugt er diesen Frauen auch kein Blut aus, auf die Sie so eifersüchtig sind.«

»Ich weiß. Aber er *ist* einer.«

Ich stieß ein Seufzen aus. »Und wie soll ich ihn Ihrer Meinung nach dann davon abhalten, sich mit diesen anderen Frauen zu treffen? Er *braucht* Blut, richtig? Wenn er es sich nicht von Fremden holt, wo soll er es denn dann herbekommen? Er kann sich nicht nur auf Sie verlassen. Das würde Sie umbringen. Ist es das, was Sie wollen?«

»Nein.«

»Und was wollen Sie dann?«

Traci beugte sich nach unten und griff nach ihrer Handtasche. Sie hatte sie neben ihrem Stuhl auf den Boden gestellt, als sie sich gesetzt hatte. Es war eine große Ledertasche mit Schulterriemen. Während sie die Tasche nahm, blickte ich in den Ausschnitt ihrer Bluse. Sie trug einen blassblauen BH, der so knapp war, dass er nicht allzu viel verdeckte. Und auch das bisschen Stoff war so transparent, dass es nicht wirklich etwas verbarg. Ich konnte ihre komplette rechte Brust erkennen.

Ich wandte den Blick ab, als Traci sich wieder aufrichtete und die Tasche auf ihrem Schoß platzierte. Sie steckte eine Hand hinein und holte einen Holzpflock heraus.

Er sah aus, als hätte jemand 30 Zentimeter eines Besenstiels abgesägt und dann mit einem Messer eine scharfe Spitze in das Ende geschnitzt.

»Sie machen wohl Witze«, stieß ich aus.

Sie schaute mir direkt in die Augen.

»Sie wollen, dass ich Phil *töte?*«

»Es ist die einzige Möglichkeit, ihn davon abzuhalten.«

»Wundervoll«, brummte ich.

Sie reichte mir den Pfahl. Ich betrachtete ihn genauer und fuhr mit dem Daumen über die Spitze. Sie war sehr scharf.

»Sie sagten doch, dass Sie mir helfen wollen«, erinnerte sie mich.

»Ja, aber dafür haben Sie sich den Falschen ausgesucht.«

»Das glaube ich nicht.«

»Ich ermorde niemanden.«

»Es wäre kein Mord.«

»Nein, sicher, natürlich nicht. Er ist ja ein Vampir. Richtig.«

»Es ist wahr.«

»Klar, und ich bin Tinker Bell.«

»Sie *müssen* das für mich tun. Bitte. Ich bezahle Ihnen, was immer Sie ... Wie viel wollen Sie? 5000? Zehn?«

»Ich verstehe das nicht. Warum wollen Sie ihn töten? Ich dachte, Sie lieben ihn.«

»Das tue ich auch.«

»Aber Sie sind so eifersüchtig auf diese anderen Frauen ...«

»Ja!« Ihre Augen funkelten. »Ist das so schwer zu begreifen? Jede Nacht – jede Nacht verlässt er mich und geht zu einer anderen. Ich ertrage das nicht mehr!«

»Aber er kommt immer zu Ihnen nach Hause zurück«, erwiderte ich. »Diese anderen bedeuten ihm nichts. Sie sind nur … Nahrung. *Sie* sind diejenige, die er liebt. *Sie* sind diejenige, mit der er Liebe macht. Und Ihr Liebesleben klingt auch ziemlich leidenschaftlich, wenn Sie mich fragen.«

Sie senkte den Kopf und flüsterte: »Das ist es. Aber … *sie* sind diejenigen, die er saugt.«

»*Sie* würden lieber gesaugt werden?«

»Es ist so viel … mehr. Mehr als Sex. Es ist mit nichts zu vergleichen. Es ist eine Art von … Rausch, den Sie sich gar nicht vorstellen können.«

»Weiß Phil, wie Sie in dieser Hinsicht empfinden?«

»Natürlich weiß er das. Aber er will nicht nachgeben. Er sagt, dass er mich so liebt, wie ich bin, und wenn er mich zu oft saugt, dann verliere ich meinen Glanz. Meinen Glanz. Das ist wirklich zum Lachen.«

»Es klingt, als ob Sie ihm sehr viel bedeuten.«

»Ja, das tue ich. Aber nicht so viel, dass er zu Hause bleiben und *mir* in den Hals beißen würde. Und das ist alles, was ich will.«

»Und weil er nicht dazu bereit ist, wollen Sie, dass ich ihn töte? Das ergibt doch überhaupt keinen Sinn.«

Ihre Augen verfinsterten sich. »Wenn *ich* ihn nicht haben kann, dann soll ihn auch keine andere haben. Verstehen Sie das? Ich bin das Ganze so leid.«

Und mit einem Mal glaubte ich ihr.

Ich glaubte zwar noch immer nicht, dass Phil ein Vampir war. Aber ich glaubte, dass *sie* es glaubte. Und ich wusste, dass sie es ernst meinte und ihn töten wollte.

Wenn ich ihn nicht haben kann, dann soll ihn auch keine andere haben.

Die magischen Worte.

Friedhöfe sind voll von Menschen, die gestorben sind, weil jemand sie liebte – weil jemand sie zu sehr liebte und sie lieber tot sehen wollte, als sie an einen oder eine andere zu verlieren.

»Ich bin kein Mörder«, wiederholte ich.

»Es ist ja nicht so, als würden Sie einen Menschen töten.«

»Er *ist* ein Mensch. Sie glauben vielleicht, dass er ein Vampir ist, aber er ist aus Fleisch und Blut. Wenn ich Ihr Geld nehmen und ihm diesen Pflock ins Herz rammen würde, dann wäre das Mord. In diesem Bundesstaat würde es sogar als vorsätzlicher Mord mit Spezialtatbestand gelten. Es wäre ein Kapitalverbrechen. Ohne mich, meine Liebe.«

»Wie viel?«, fragte sie.

»Dafür druckt Onkel Sam nicht genug.«

»Und was, wenn ich Ihnen beweisen könnte, dass Phil tatsächlich ein Vampir ist?«

»Das wird Ihnen nicht gelingen.«

»Aber nur mal angenommen. Wie würden Sie dazu stehen, einen echten … wie haben Sie es ausgedrückt? Einen echten übernatürlichen, unsterblichen Dracula-Fledermausmann-Vampir zu töten? *Dagegen* gibt es schließlich kein Gesetz, nicht wahr?«

»Natürlich nicht. Aber …«

»Wären Sie bereit, einen echten Vampir zu töten? Für 10.000 Dollar? Für mich?«

Ich zögerte keine Sekunde lang. Was gab's da lange zu überlegen?

»Sicher wäre ich das«, antwortete ich Traci. »Aber das wird nicht passieren. Es ist vollkommen ausgeschlossen, dass Sie mir jemals beweisen können, dass Phil ein Vampir ist.«

Zum zweiten Mal an diesem Nachmittag lächelte Traci. »Wollen wir wetten?«, fragte sie.

Sie sah an mir vorbei zum Bürofenster und schaute dann auf ihre Armbanduhr. »Die Sonne geht erst um 18:25 Uhr unter. Wir haben also noch fast eineinhalb Stunden Zeit.«

Plötzlich hatte ich ein ganz flaues Gefühl im Magen. »Sie wollen das *jetzt* tun? Heute?«

Sie nickte. »Bevor Phil aufwacht.«

Traci fuhr. Ich saß neben ihr auf dem Beifahrersitz ihres Porsches. Normalerweise hätte ich meinen eigenen Wagen genommen. Aber dieser kleine Ausflug war schließlich alles andere als normal. Ich hatte keine Ahnung, was auf mich wartete. Falls die Sache aus dem Ruder lief, wollte ich nicht, dass irgendein Nachbar oder Passant den Bullen eine Beschreibung meines Autos gab.

Außerdem konnte ich Traci noch ein bisschen länger genießen, indem ich mit ihr fuhr. Sie redete nicht viel. Sie roch gut und ihr Profil war wunderschön. Ihr schwarzer, sehr knapper Lederrock setzte ihre langen, glatten Beine perfekt in Szene.

Ich dachte lange darüber nach, wie Phil ihr jede Nacht seine Geschichte erzählte, während sie miteinander zugange waren – und über sein geschicktes Timing. *Wenn er zu der Stelle kommt, an der er seine Zähne in ihren Hals taucht … dann taucht er …* Dann besorgte er es ihr.

Glücklicher Mistkerl.

Diese ganze Vampir-Sache schien die beiden richtig aufzugeilen.

Natürlich immer angenommen, dass Traci die Wahrheit gesagt hatte.

Mir gefiel der Gedanke nicht, dass sie mich vielleicht angelogen hatte. Lügen hätten bedeutet, dass ich hier in eine ganz andere Geschichte gestolpert wäre. Das wollte ich mir lieber nicht genauer ausmalen.

Es herrschte nicht viel Verkehr. Wir kamen gut voran und ließen die Stadt schnell hinter uns. Traci raste auf schmalen, in Schatten gehüllten Straßen durch dunkle Wälder.

Dennoch brauchten wir fast eine Stunde, um das Haus zu erreichen.

Ein sehr gepflegtes zweistöckiges Kolonialgebäude. Es sah völlig normal aus und hatte nichts Unheimliches an sich – mal davon abgesehen, dass es ganz alleine am Ende einer mehrere Hundert Meter langen unbefestigten Straße stand.

»Wo findet Phil eigentlich all diese Frauen, die er aussaugt?«, wollte ich wissen, als Traci den Wagen anhielt.

»Hauptsächlich in der Stadt.«

»Ein Vampir-Pendler.«

»Wir sollten uns beeilen.«

Ich folgte ihr zur Haustür und schaute auf meine Armbanduhr. Zehn vor sechs. Wenn Traci recht hatte, was den Sonnenuntergang anging, dann würde Phil in 35 Minuten aufwachen.

Uns blieb nicht mehr viel Zeit.

Als würde das eine Rolle spielen. Ich kam mir wie ein Idiot vor, weil ich mir deswegen Gedanken machte. Wen interessierte es, wann die Sonne unterging? Es hätte nur eine Rolle gespielt, wenn Phil wirklich ein Vampir gewesen wäre, aber das war schließlich völliger Unsinn.

Es gab ganz andere Dinge, über die ich mir Gedanken hätte machen sollen.

Was geht hier wirklich vor sich? zum Beispiel.

Traci betrat das Haus als Erste, ich folgte dicht hinter ihr. Obwohl die Sonne noch nicht untergegangen war, wirkte das Innere des Hauses ziemlich dunkel und düster. Sie schaltete das Licht erst an, als wir am Kopfende der Kellertreppe standen. Auch dort unten war es vollkommen finster. Traci legte den Schalter um. Mehrere Lampen gingen an. Sie halfen ein bisschen, aber nicht viel.

»Ist er da unten?«, flüsterte ich.

Traci nickte. Sie zog den Pflock aus ihrer Handtasche und hielt ihn mir hin.

Ich schüttelte den Kopf, griff unter meine Jacke und zog meine 45er, einen großen schweren Colt. Es war ein Militärmodell und völlig aus der Mode. Heutzutage drehte sich alles um 9-Millimeter-Berettas und dergleichen. Aber dieser automatische Colt hatte schon meinem alten Herrn im Pazifik gute Dienste geleistet. Erinnert ihr euch noch an den Pazifik? Damals, als die Japsen noch zu sehr damit beschäftigt waren, uns umzubringen, um uns das eigene Land unter unseren faulen Hintern wegzukaufen.

Ich ließ eine Kugel in die Kammer rutschen.

»Die wird Ihnen bei Phil nichts nützen«, warnte Traci mich.

»Gehen wir«, ignorierte ich sie.

Es hatte schließlich keinen Sinn, Zeit damit zu vergeuden, ihr zu erklären, dass Vampire meine geringste Sorge waren.

Wer wusste schon, ob das Ganze nicht eine Falle war, die sie *mir* gestellt hatten. Vielleicht war Phil ja auch irgendein Typ, der aus irgendeinem Grund sauer auf mich war. Und Traci war seine süße kleine Komplizin.

Oder wie Yogi Berra es ausgedrückt hätte: *Du weißt es erst, wenn du es weißt.*

Traci behielt den Pflock in der Hand und stieg die Treppe hinunter. Ich ließ sie ein paar Stufen vorangehen und folgte ihr dann. Die Treppe war aus Holz und knarrte und ächzte laut. Zwischen den einzelnen Stufen befanden sich Lücken, die groß genug waren, dass jemand hindurchgreifen und sich einen Knöchel schnappen konnte. Ich versuchte, mich für alle Eventualitäten zu wappnen.

Die Luft im Keller war kühl. Ich nahm den üblichen Geruch von feuchtem Beton wahr.

Phils Sarg stand ein Stück vom Fußende der Treppe entfernt auf dem Boden, direkt unter einer grellen, nackten Glühbirne.

Er lag tatsächlich darin. Ausgestreckt auf dem Innenfutter, das nach rotem Satin aussah. Die Augen geschlossen. Die Hände auf dem Bauch gefaltet. Von Kopf bis Fuß in eine Vampirkluft gehüllt, die auch aus dem Kostümfundus der Universal Studios hätte geklaut sein können.

Er wirkte jünger als Lugosi in seinen besten Jahren, glatt und jungenhaft, mit langem blondem Haar. Wäre er braun gebrannt gewesen, hätte er ausgesehen wie ein Surfer aus Santa Monica. Aber sein Gesicht war blass und teigig. Nur seine Lippen leuchteten knallrot.

Ich blieb neben Traci stehen. Wir stellten uns über den Sarg und blickten auf Phil hinunter.

»Glauben Sie mir jetzt?«, fragte sie. Sie sprach ganz normal, aber ihre Stimme dröhnte durch den Keller und hallte von den verdammten Wänden wider.

»Schhh.«

»Schon gut«, beruhigte sie mich. »Wir können ihn gar nicht stören. Er ist völlig weggetreten, bevor die Sonne untergeht.« Sie schaute auf ihre Armbanduhr. »Und das dauert noch fast eine halbe Stunde.«

»Sicher«, erwiderte ich.

Vor fünf Minuten hatte der Typ wahrscheinlich noch mit der Nase am Wohnzimmerfenster geklebt, hatte uns dann kommen sehen und war in den Keller gestürmt, mit flatterndem schwarzem Umhang.

Aber wenn das wirklich der Fall war, war er dabei nicht besonders außer Puste geraten.

Von dort, wo ich stand, konnte ich nicht einmal sagen, ob er überhaupt atmete oder nicht.

»Werden Sie es jetzt tun?«, fragte Traci. Sie hielt mir den Pflock hin. Schon wieder.

»Vampire gibt es nicht«, erwiderte ich.

Ich trat mit ordentlich Schwung gegen den Sarg. Er geriet ins Wanken. Phil wurde durchgeschüttelt. Aber er wachte nicht auf.

»Nehmen Sie ihn doch endlich.« Traci drückte mir den Pflock in die Hand. Dann huschte sie mit klappernden Absätzen durch den Keller und ihr Hintern zeichnete sich dabei hübsch prall unter ihrem Rock ab. Sie griff nach etwas, das auf einer Werkbank an der Wand lag. Als sie sich wieder umdrehte, konnte ich sehen, dass es ein Klauenhammer war. Sie schwenkte ihn hin und her. »Den werden Sie brauchen.«

»Unwahrscheinlich.«

Sie blieb vor mir stehen. Hielt mir den Hammer hin. »Bitte. Nehmen Sie ihn.«

»Ich hab die Hände schon voll«, grummelte ich.

»Die Pistole wird Ihnen sowieso nichts nützen. Hier.«

»Nein danke.«

»Sie haben *gesagt,* dass Sie es tun werden.«

»Ja. Und das werde ich auch. Falls Sie beweisen können, dass er ein Vampir ist.«

»Schauen Sie ihn sich doch nur mal an.«

»Das ist kein Beweis. Das ist ein Mann im Kostüm in einem Sarg.«

»Ich meine: *Schauen* Sie ihn sich an. Er ist nicht lebendig.«

Er ist nicht lebendig.

Heilige Scheiße!

Plötzlich wusste ich, was hier los war.

Ich rammte Traci den Lauf meiner .45 in den Magen. Sie riss den Mund auf. »Wirf den Hammer weg, Schätzchen«, forderte ich sie auf.

Sie ließ ihn fallen. Der stählerne Kopf knallte scheppernd auf den Beton.

»Falte die Hände und leg sie an den Kopf.«

Sie sah mich mit irritiertem Blinzeln an. »Was ist denn ...?«

»Tun Sie es.«

Sie tat es.

»Und jetzt stillhalten.«

»Was ist denn *los?*«, platzte sie heraus. »Warum tun Sie das?«

Ich antwortete nicht. Ich ließ den Pflock fallen, wechselte den Colt in die linke Hand und ging neben dem Sarg in die Hocke. Während ich die Waffe weiter auf Traci richtete, fasste ich mit der rechten in den Sarg und fand Phils Hals.

Seine Haut fühlte sich kalt an.

Ich tastete den Hals ab und suchte nach seinem Puls. Angesichts der Temperatur seiner Haut war mir jedoch bereits klar, dass ich keinen finden würde. Und das tat ich auch nicht.

»Er ist eindeutig tot«, verkündete ich.

»Das habe ich Ihnen doch *gesagt*. Er ist kein Mensch. Er ist ein Vampir.«

»Er ist tot.«

»Er ist *un*tot.«

»Richtig. Aber wie kommen Sie eigentlich auf die Idee, dass ich ein Idiot bin, meine Beste?«

»Wovon *sprechen* Sie denn da?«

»Hiervon.« Ich richtete mich wieder auf und ging auf sie zu. »Behalten Sie die Hände auf dem Kopf und drehen Sie sich um.«

Sie drehte sich um.

Ich stellte mich ganz dicht hinter sie und begann sie zu filzen. »Sie haben ihn umgebracht. Sie haben sich diese ganze Vampirgeschichte ausgedacht, haben ihn in dieses Outfit und in den Sarg gesteckt und dann im Telefonbuch nach einem passenden …«

»Sie sind verrückt.«

»Nicht verrückt genug, um auf Ihr kleines Spielchen hereinzufallen.« Sie war sauber. Ich steckte die Waffe wieder ins Holster, führte ihre Arme hinter den Rücken und legte ihr Handschellen an.

Meinen Colt habe ich nicht ständig bei mir, aber ich verlasse nie ohne meine Handschellen das Haus.

Sie sind ziemlich nützlich, wenn ich jemanden festhalten muss. Und ein paar der Damen in meinem Bekanntenkreis törnen sie darüber hinaus ziemlich an.

Traci gehörte nicht zu ihnen.

Pech gehabt. Ich hatte sie gemocht. Ich hatte sie gewollt. Wunderschön, sexy, unschuldig und verletzlich.

Obwohl, die letzten beiden musste man leider wieder streichen.

Wunderschön und sexy, aber ungefähr so unschuldig und verletzlich wie eine Klapperschlange.

Eine Klapperschlange oder ein Torpedo, je nachdem, was man bevorzugte.

Nachdem ich ihr Handschellen angelegt hatte, ließ ich sie los. Sie drehte sich zu mir um und starrte mich mit großen, entgeisterten Augen an.

»Sie hätten mich fast drangekriegt«, sagte ich. »Die Sache ist nur: Ich bin zwar ein offener Typ, aber wenn man mir so abwegiges Zeug erzählt, dann klammere ich mich erst recht an die Vernunft. Sie hatten mich schon zu 80 Prozent von der Möglichkeit überzeugt, dass Phil ein Vampir sein *könnte*. Aber Sie haben es nicht ganz geschafft. Sie kommen mit Ihrem Mord nicht durch.«

Traci schüttelte den Kopf.

»Wenn Sie nur ein kleines bisschen überzeugender gewesen wären, hätte ich Phil vielleicht wirklich mit dem Pflock gepfählt und Sie vom Haken gelassen.«

»Es ist noch nicht zu spät«, flehte sie. »In meiner Handtasche sind 10.000. In bar. Töten Sie ihn einfach und …«

»Und nehme die Schuld für Sie auf mich? Tut mir leid. Daraus wird nichts.«

»Ich habe gesehen, wie Sie mich angeschaut haben.«

»Sie sind eine gut aussehende Frau.«

»Ich könnte Ihnen gehören.«

»Nein. Ich würde im Gefängnis landen. Entweder dort oder unter der Erde. Vermutlich eher Letzteres. Oder ich erzähle den Bullen Ihre kleine Vampirgeschichte. Vielleicht glauben sie mir ja sogar. Sie hatten vor, mich auch umzubringen, stimmt's? Ich schätze, Sie wollten ihnen weismachen, Sie hätten mich auf frischer Tat ertappt, als ich Ihren Mann gepfählt habe … Aber wie wollten Sie ihnen seine Aufmachung erklären?«

»Bitte!« Sie begann zu weinen.

»Vergessen Sie's. Ich spiele für niemanden den Sündenbock.«

Trotz ihrer gefesselten Hände stürmte sie Richtung Treppe. Ich grapschte nach ihr, erwischte sie jedoch nicht. Sie erarbeitete sich einen kleinen Vorsprung. Ich rannte ihr hinterher. Sie war die Treppe bereits zur Hälfte oben, bevor ich sie zu fassen bekam. Ich streckte den Arm aus, erwischte den Saum ihres Rocks und zog einmal kräftig daran.

Ich wollte ihn eigentlich zu ihren Knöcheln hinunterziehen und sie so zu Fall bringen.

Aber der Rock ließ sich nicht nach unten ziehen. Mit meinem kräftigen Ruck riss ich Traci rückwärts von der Treppe. Sie fiel direkt auf mich. Ich hatte keine Zeit mehr, ihr auszuweichen. Ich konnte sie entweder auffangen oder sie auf den Betonboden knallen lassen. Letzteres stand völlig außer Frage, schließlich waren ihre Hände gefesselt. Selbst ein Mädchen, das versucht hatte, mir einen Mord in die Schuhe zu schieben, hatte etwas Besseres verdient als das. Deshalb wappnete ich mich für den Aufprall und breitete die Arme aus.

Und hätte mich beinahe auf den Beinen gehalten.

Aber nur beinahe.

Sie prallte mit ihrem ganzen Gewicht auf mich. Ich packte sie, stolperte rückwärts und fiel. Sie landete unsanft auf mir. Die Handschellen trafen mich mitten in die Eier, während ihr Hinterkopf gegen mein Kinn knallte und ich mit dem Kopf auf dem Beton aufschlug.

Dann verlor ich das Bewusstsein.

Als ich wieder zu mir kam, lag Traci nicht mehr auf mir, aber ich entdeckte sie sofort. Ich machte die Augen auf, und da war sie. Ich musste noch nicht einmal den Kopf vom Boden hochheben.

Sie hing von einem Deckenbalken. Baumelte an ihren gefesselten Fußgelenken. Sie war nackt. Ihre Haut hatte die Farbe eines düsteren, nebligen Morgens. Abgesehen von den Stellen, an denen rote Hand- und Lippenabdrücke zu erkennen waren oder Blut aus Einstichwunden tropfte.

Die Einstiche waren Bisswunden, wie die, die sie mir an ihrem Hals gezeigt hatte. Nur dass diese hier frisch waren. Offen. Blutend. Und sie waren über ihren ganzen Körper verteilt, so als wäre ihr Angreifer ein echter Gourmet gewesen, der ihren Geschmack an unterschiedlichen Stellen hatte kosten wollen. An ihren Schenkeln, im Schritt, am Bauchnabel, an ihren Brüsten, im Gesicht und an der Unterseite ihrer nun schlaff herabhängenden Arme.

Sie trug noch immer meine Handschellen. Allerdings waren sie nicht mehr miteinander verbunden. Die Kette war durchtrennt worden und sie lagen wie skurrile silberne Armreifen um Tracis Handgelenke.

Ich hatte zwar ohnehin genügend Gründe, mich elend zu fühlen, aber bei Tracis Anblick wurde mir richtig übel. Sie war furchtbar zugerichtet worden. Benutzt und zerstört. Und es war allein meine Schuld.

Ich hatte es versaut.

Und sie hatte dafür bezahlt.

Ich musste mich nicht bewegen, um den schweren Colt in meinem Schulterholster zu spüren. Ich zog die Waffe, warf mich zur Seite und vollführte eine blitzschnelle Rolle, zu allem bereit.

Im Rollen sah ich Phil.

Ich kam in die Hocke, drehte mich zu ihm und zielte.

Er saß auf der Kellertreppe und beobachtete mich. Auf der zweiten Stufe von unten, die Füße auf dem Betonboden, die Ellenbogen auf den Knien abgestützt, die Hände gefaltet. Er trug sein Outfit von vorhin nicht mehr. Er hatte gar nichts mehr am Leib. Abgesehen von Unmengen von Tracis Blut.

Seufzend schüttelte er den Kopf. »Frauen«, murmelte er. »Sie wissen sicher, was ich meine, oder?«

Ich versenkte zwei Kugeln in seiner Brust und eine in der Stirn.

Sie glitten durch ihn hindurch wie durch Gelee. Die Löcher schlossen sich sofort wieder und er war bereits so gut wie neu, während die Kugeln noch als Querschläger durch den Keller sausten.

»O Scheiße«, stieß ich aus.

Er tat, als wäre überhaupt nichts passiert. »Sie wissen sicher, was ich meine, oder?«, wiederholte er seine Frage.

Ich starrte ihn mit offenem Mund an.

»Sie verstehen doch?«, fuhr er fort. »Ich meine, was habe ich Traci denn jemals getan? Ich habe sie geliebt. Ich habe sie wie eine Prinzessin behandelt. Und was tut sie? Sie schleppt Sie hierher, damit Sie mir den Garaus machen. Gott Allmächtiger und all seine Engel.«

»Sie war eifersüchtig«, stammelte ich.

»Eifersüchtig? Scheiße! Ich hab ihr den Verstand aus dem Leib gevögelt. Jede Nacht …«

»Das war nicht das, was sie wollte«, erklärte ich ihm. »Sie wollte, dass Sie sie saugen.«

»Typisch. Sie hören nie zu. Ich habe sie immer und immer wieder gewarnt: ›Traci‹, habe ich gesagt, ›ich würde dich *liebend* gern jede Nacht saugen. Das *weißt* du. Aber das würde dich *umbringen*.‹ Ich habe es ihr erklärt. Aber hat sie zugehört? Scheiße.«

»Sieht aus, als hätten Sie ihr ihren Wunsch am Ende doch noch erfüllt.«

Phil bedachte mich mit einem schwachen Lächeln. »Nun, wenigstens ist sie glücklich gestorben.«

»Verwandelt sie sich jetzt auch in einen Vampir?«

Phil schnaubte verächtlich. »Auf keinen Fall. Sie bleibt tot, Mann. Sie hat versucht, mir das Licht auszuknipsen. Auf Nimmerwiedersehen.« Er schüttelte erneut den Kopf und wischte sich mit dem Handrücken etwas Blut von den Lippen. »Weiber«, knurrte er. »Du kannst nicht mit ihnen leben, aber auch nicht ohne sie.«

»Ich weiß genau, was Sie meinen«, sagte ich.

»Wie heißen Sie eigentlich?«, fragte er.

»Matthews. Cliff Matthews.«

»Dann ab nach Hause, Cliff. Zwischen uns beiden gibt's kein Problem.«

Joes gerechte Strafe

Die Leute sagen immer, dass sich alles verändert, aber das stimmt nicht. Ich wohne schon mein ganzes Leben in Windville, und Joe's Bar & Grill sieht noch genauso aus wie eh und je.

Derselbe schwere Eisengrill, derselbe Tresen, dieselben Barhocker. Die langen Tische, die direkt aus den Wänden zu ragen scheinen, haben sich in den 30 Jahren, seit Joe den Laden eröffnet hat, auch kaum verändert – sie sind nur älter und abgenutzter. Vor sieben Jahren hat er die Polster in den Sitznischen ausgetauscht, ihnen aber wieder den gleichen roten Vinylüberzug verpasst wie den alten, deshalb erkennt man praktisch keinen Unterschied.

Nur eins hat sich in Joes Laden verändert. Die Leute. Ein paar von den Alten kommen zwar immer noch vorbei – und das so regelmäßig, dass man die Uhr danach stellen kann –, aber mit der Zeit haben sie sich doch gewaltig verändert. Lester Keyhoe zum Beispiel ist total zusammengebrochen, als seine Frau den Löffel abgegeben hat. Und der alte Gimpy Sedge hat seinen Job als Schaffner verloren, deshalb schaut er jetzt nur noch zu, wie die Züge ohne ihn rein- und wieder rausrollen. Anschließend kommt er dann hierher und gönnt sich einen mit Lester.

Joe selbst ist auch nicht mehr da. Er ist nicht *tot,* nur im Ruhestand. In den letzten drei Jahren habe ich den Laden am Laufen gehalten, seit meinem 21. Geburtstag. Wenn Joe nicht gerade Hirsche in den Bergen jagt, schaut er jeden Morgen auf einen Kaffee und eine Zimtschnecke vorbei. Er behält immer noch gerne alles im Blick.

Ich wünschte wirklich, er wäre auch an jenem Morgen auf der Pirsch gewesen, an dem Elsie Thompson hier reinschneite.

Abgesehen von mir und Lester Keyhoe, der auf seinem üblichen Platz an der Bar saß und sich den ersten Drink des Tages gönnte, war der Laden leer.

Ich war gerade dabei, den Tresen abzuwischen, als der Wagen vorfuhr. Durchs Fenster konnte ich ihn genau erkennen. Es war ein alter Ford, der aussah, als wäre der Fahrer ein Dutzend Mal mit ihm durch die Hölle und wieder zurückgerauscht. Es stotterte und heulte noch bestimmt eine Minute lang, nachdem der Motor längst abgestellt war.

Ich hörte auf zu wischen und glotzte zum Fenster hinaus. Die Alte, die aus dem Wagen stieg, war ein ganz besonderer Hingucker: klein und rund, mit Kakihose und dicker Brille mit Drahtgestell, die grauen Haare zu einer Prinz-Eisenherz-Frisur geschnitten. Sie kaute auf einem Kaugummi herum, als wollte sie ihn umbringen. An ihrem Arm hing eine unförmige Korbtasche. »Schau dir die an«, sagte ich zu Lester, aber er hob noch nicht einmal den Blick.

Die Fliegengittertür schwang auf und sie stampfte mit ihren staubigen Stiefeln in den Laden. Sie hüpfte auf einen der Hocker vor mir. Ihr Kiefer klappte mehrfach auf und wieder zu. Einmal kam dabei das Wort »Kaffee« heraus, als er offen war.

»Kommt sofort, Ma'am«, erwiderte ich und wandte mich ab, um ihr eine Tasse zu holen.

»Gehört dieses Etablissement Joseph James Lowry aus Chicago?«, fragte sie.

»In der Tat«, antwortete ich und betrachtete sie neugierig.

Hinter der Brille öffneten und schlossen sich ihre Augen im Einklang mit ihrem kauenden Mund. Sie grinste mich breit an. »Das sind wirklich hervorragende Neuigkeiten, junger Mann. Ich hab schon sämtliche Kuhdörfer westlich von Chicago auf der Suche nach diesem Schuppen abgeklappert. Auf der Suche nach Joe Lowry und seiner verdammten Kaschemme. Wie's scheint, gibt's in jedem einzelnen Nest einen Schuppen namens Joe's. Aber ich wusste, dass ich Joe Lowrys Laden früher oder später finden würde. Willst du auch wissen, warum? Weil ich Willenskraft besitze, darum. Wann schlägt er wohl hier auf?«

»Na ja … Warum wollen Sie ihn denn sprechen?«

»Dann *kommt* er also vorbei?«

Ich nickte.

»Gut. Das hatte ich auch erwartet. Ich bin nur überrascht, dass er nicht selbst hinter dem Tresen steht.«

»Sie kennen ihn, ja?«

»O ja. Allerdings.« Ihre Augen wirkten einen Moment lang traurig. »Wir kannten uns sehr gut, damals in Chicago.«

»Wie wär's, wenn ich ihn anrufe und ihm sage, dass Sie hier sind?«

»Das ist nicht nötig.« Sie ließ ihren Kaugummi knallen und grinste. Dann öffnete sie die Handtasche auf ihrem Schoß und holte einen Revolver heraus. Es war alles andere als eine kleine Damenpistole, sondern eine

38er mit langem Lauf. »Ich will ihn überraschen«, fügte sie hinzu. Sie spannte mit ihrem kleinen dicken Daumen den Hahn und zielte mit der Knarre auf mich. »Wir überraschen ihn zusammen.«

Mir war irgendwie nicht mehr nach Reden, aber es gelang mir immerhin, mit dem Kopf zu nicken.

»Also, wann kommt Joe vorbei?«, wollte sie wissen.

»Bald.« Ich holte tief Luft und fragte: »Sie haben doch nicht vor, ihn zu erschießen, oder?«

Sie tat, als hätte sie mich nicht gehört, und fragte zurück: »Wie bald?«

»Na ja …« In der Ferne ertönte das Pfeifen des 10:05-Uhr-Zugs aus Parkerville. »Na, ziemlich bald, denke ich.«

»Ich warte auf ihn. Und wer ist der Typ da drüben?«

»Das ist Lester.«

»Lester!«, rief sie.

Er drehte den Kopf und schaute sie an. Sie winkte ihm mit der Pistole zu, grinste und kaute, aber er verzog keine Miene. Sein Gesicht sah genauso aus wie immer: lang und schlaff wie das eines Bluthundes. Nur düsterer.

»Lester«, sagte sie, »du bleibst einfach auf deinem Hocker sitzen. Wenn du aus irgendeinem Grund aufstehst, erschieße ich dich.«

Er nickte, drehte sich dann wieder nach vorne und blickte auf sein halb leeres Glas hinunter.

»Und wie heißt du?«, fragte sie mich.

»Wes.«

»Wes, du sorgst dafür, dass Lesters Glas immer voll ist. Und tu nichts, was mich dazu veranlassen würde, dich zu erschießen. Falls noch weitere Gäste auftauchen, bedienst du sie einfach, als wäre alles ganz normal. In diesem Revolver stecken sechs Kugeln und ich kann mit jeder von ihnen einen von euch abknallen. Ich will das natürlich nicht tun. Ich will nur Joe Lowry. Aber wenn du mich dazu zwingst, pflastere ich diesen Laden mit Leichen. Verstanden?«

»Klar und deutlich.« Ich füllte Lesters Glas und kehrte dann wieder zu der Frau zurück. »Kann ich Sie was fragen?«

»Schieß los.«

»Warum wollen Sie Joe denn umbringen?«

Sie hörte auf zu kauen und sah mich mit zusammengekniffenen Augen an. »Er hat mein Leben zerstört. Das ist Grund genug, einen Menschen zu töten, finde ich. Du nicht auch?«

»Nichts ist Grund genug, Joe zu töten.«

»Glaubst du?«

»Was hat er Ihnen denn getan?«

»Er ist mit Martha Dipsworth abgehauen.«

»Martha? Das ist seine Frau. War seine Frau.«

»Tot?«

Ich nickte.

»Gut.« Sie kaute genüsslich und strahlte. »Das freut mich. Es war ein großer Fehler von Joe, mich nicht zu heiraten – schließlich erfreue ich mich immer noch bester Gesundheit. Wir wären bis heute glücklich verheiratet, wenn er genügend Verstand gehabt hätte, bei mir zu bleiben. Andererseits hatte er nie besonders viel Verstand. Weißt du, was sein großes Ziel im Leben war? Er wollte nach Westen ziehen und eine Kneipe eröffnen. Martha hielt das für eine *wunder*volle Idee. Ich hab gesagt: ›Na dann heirate *du* ihn doch. Zieh mit ihm nach Westen und vergeude dein Leben irgendwo in der

Pampa. Wenn Joe so ein romantischer Trottel ist und sein Leben einfach so wegwerfen will, dann will ich ihn sowieso nicht. Andere Mütter haben auch schöne Söhne.‹ Das hab ich zu ihr gesagt. Vor über 30 Jahren.«

»Aber wenn Sie das gesagt haben …« Ich brachte den Satz nicht zu Ende. Ich bin nicht dumm genug, mich mit einer bewaffneten Frau zu streiten.

»Was?«

»Gar nichts.«

Sie schob den Kaugummi auf die andere Mundseite und trank einen Schluck von ihrem Kaffee. »Was wolltest du sagen?«

»Nur … Na ja, wenn Sie gesagt haben, dass die beiden heiraten könnten, dann erscheint es mir irgendwie nicht fair, ihnen übel zu nehmen, dass sie es tatsächlich getan haben.«

Sie stellte die Tasse wieder ab und schaute zu Lester hinüber. Er saß immer noch genauso da, nur dass er jetzt auf die Waffe starrte. »Als ich gesagt habe, andere Mütter hätten auch schöne Söhne, habe ich angenommen, es wäre nur eine Frage der Zeit, bevor ich mir einen von ihnen angle. Das ist aber nicht passiert.«

Sie kaute ein paarmal und schaute mit seltsam abwesendem Ausdruck zu mir herauf, so als würde sie all die Jahre noch einmal vor ihrem inneren Auge Revue passieren lassen. »Ich hab die ganze Zeit gewartet. Ich war mir so sicher, dass der Richtige direkt hinter der nächsten Ecke auf mich wartet – oder dass ich ihn spätestens im nächsten Jahr finde. Aber irgendwann ist mir klar geworden, dass es keinen anderen Mann geben würde, Wes. Joe war der eine, und ich hatte ihn verloren. Und da habe ich beschlossen, ihn zu erschießen.«

»Das ist …«

»Was?«

»Verrückt.«

»Es ist Gerechtigkeit.«

»Vielleicht könntet ihr zwei ja wieder zusammenkommen. Er ist allein, seit Martha gestorben ist. Vielleicht …«

»Nein. Dafür ist es zu spät. Zu spät für Kinder, zu spät für …«

Plötzlich stieß sich Lester vom Tresen ab und rannte wie ein Irrer zur Tür. Die Alte drehte sich auf ihrem Hocker herum, zielte für einen Sekundenbruchteil auf ihn und drückte auf den Abzug. Die Kugel zerfetzte Lesters Ohrläppchen. Mit einem Jaulen wirbelte er herum und rannte zurück zu seinem Barhocker, eine Hand auf sein linkes Ohr gepresst.

»Ihr solltet besser beten, dass niemand den Schuss gehört hat«, warnte sie uns.

Ich war mir ziemlich sicher, dass das nicht der Fall war. Der Laden befand sich am äußersten Rand der Stadt. Das nächste Gebäude war eine Tankstelle einen halben Block entfernt. Die Autos, die auf dem Highway vorbeirauschten, machten ziemlichen Lärm. Außerdem wurde hier in der Gegend so viel gejagt, dass einem einzelnen Schuss sowieso niemand Aufmerksamkeit schenkte, es sei denn, es knallte direkt vor der eigenen Nase.

Aber ich war trotzdem nervös. Fünf Minuten lang warteten wir ab, ohne ein Wort zu sagen. Das einzige Geräusch war das Knallen ihres Kaugummis.

Schließlich grinste sie breit und kniff dabei die Augen zusammen, so als hätte sie bei einer Tombola gewonnen. »Wir haben wohl Glück.«

»Joe nicht«, entgegnete ich. »Und Lester auch nicht.«

Lester sagte nichts. Er drückte die eine Hand auf sein zerfetztes Ohr und leerte mit der anderen sein Glas.

»Sie hätten nicht zusammen durchbrennen sollen«, sagte die Frau. »Das war ihr Fehler – sie sind abgehauen. Du wirst doch nicht versuchen abzuhauen, oder?«

»Nein, Ma'am.«

»Denn falls du es doch tust, werde ich dich auf jeden Fall erschießen. Heute würde ich jeden erschießen. Jeden. Heute ist *mein* Tag, Wes – der Tag, an dem Elsie Thompson es Joe heimzahlt.«

»Ich werde nicht abhauen, Ma'am. Aber ich werde auch nicht zulassen, dass Sie Joe erschießen. Ich werde Sie aufhalten, so oder so.« Ich ging zu Lester und füllte sein Glas wieder auf.

»Du kannst mich nicht aufhalten. Niemand kann mich aufhalten. Nichts und niemand. Und weißt du auch, warum? Weil ich Willenskraft habe, darum.«

Sie grinste geheimnisvoll, kaute dreimal auf ihrem Kaugummi und fügte dann hinzu: »Heute werde ich sterben. Das gibt mir alle Macht der Welt. Verstehst du das? Sobald ich Joe abgeknallt habe, verschwinde ich aus diesem Kaff. Ich beschleunige meinen alten Ford auf 120, 130 Sachen. Dann suche ich mir den größten Baum …«

Ich stieß ein krankes Lachen aus und ging wieder zu ihr zurück.

»Du denkst, ich mache Witze?«, fragte sie.

»Nein, Ma'am. Es ist nur irgendwie komisch, wenn Sie so erzählen, dass Sie gegen einen Baum knallen wollen. Nicht komisch wie haha. Komisch wie seltsam. Verstehen Sie, was ich meine?«

»Nein.«

»Das liegt daran, dass Sie das von Joe nicht wissen. Er ist auch gegen einen Baum geknallt. Eine Espe, ein Stück abseits der Route 5. Das war vor ungefähr drei Jahren. Martha war bei ihm. Sie hat es nicht überlebt. Für Joe sah es auch nicht besonders gut aus. Doc Mills hat ihm keine allzu großen Chancen eingeräumt. Aber er hat's geschafft. Sein Gesicht war allerdings so zertrümmert, dass er irgendwie nicht mehr wie er selbst aussah. Und auf einem Auge kann er nichts mehr sehen. Auf dem linken Auge, nicht auf dem dominanten, mit dem er zielt. Er trägt jetzt eine Augenklappe, wissen Sie? Manchmal, wenn er gut drauf ist, klappt er sie hoch und lässt uns alle einen Blick drauf werfen.«

»Du kannst jetzt aufhören.«

»Ein Bein hat er auch verloren.«

»Ich will davon nichts hören.«

»Okay, Ma'am. Tut mir leid. Es ist nur ... Na ja, nicht jeder, der gegen einen Baum knallt, stirbt auch.«

»Ich schon.«

»Das können Sie nicht mit Sicherheit wissen. Vielleicht enden Sie auch nur wie Joe und humpeln halb blind auf einem falschen Bein durch die Gegend, das Gesicht so vernarbt, dass nicht mal Ihre besten Freunde Sie wiedererkennen würden.«

»Halt die Klappe, Wes.«

Sie hielt mir die Pistole direkt vor die Nase, deshalb schaltete ich einen Gang zurück und fuhr leiser fort: »Ich meine ja nur, wenn Sie sichergehen wollen, dass Sie wirklich draufgehen, dann steht etwa einen Kilometer die Straße runter ein Brückenpfeiler aus Beton.«

»Schenk mir Kaffee nach und halt die Fresse.«

Ich wandte mich ab, um die Kanne zu holen. Im selben

Moment hörte ich draußen Schritte. Stiefel, die vorne über die Holzbretter stapften und immer näher kamen. Ich drehte mich wieder zu Elsie um. Sie schenkte mir ein breites Grinsen. Ihr Kiefer bearbeitete den Kaugummi noch energischer. Sie kniff die Augen hinter den dicken Brillengläsern zusammen, während das ungleichmäßige Stampfen immer lauter wurde.

Durch das Fenster sah ich sein zerzaustes graues Haar und das vernarbte Gesicht mit der Klappe über dem linken Auge. Er sah, dass ich ihn beobachtete, lächelte und winkte mir zu.

Ich schaute zu Lester hinüber, der sich eine Papierserviette aufs Ohr drückte und das Glas stetig zum Mund führte.

Elsie drückte mir die Pistole auf die Brust. »Nicht bewegen«, flüsterte sie.

Die Fliegengittertür schwang auf.

Elsie wirbelte auf ihrem Hocker herum.

»Duck dich, Joe!«, brüllte ich.

Er duckte sich nicht. Er stand einfach nur da und schaute völlig perplex drein, während Elsie vom Hocker sprang, in die Knie ging und abdrückte. Die ersten beiden Kugeln trafen ihn mitten in der Brust. Die nächste drang in seine Kehle ein. Dann zerfetzte ihm eine die Schulter und drehte ihn herum, sodass die letzte Kugel in seinem unteren Rücken landete.

Das Ganze spielte sich innerhalb weniger Sekunden ab. Ich stürzte mich auf Elsie. Ich flog bereits durch die Luft, als sie sich zu mir umdrehte und mir den Lauf ins Gesicht rammte. Ich ging zu Boden.

Während ich noch versuchte, mich wieder aufzurappeln, sprang sie über die Leiche und rannte nach draußen. Ich erreichte die Tür gerade noch rechtzeitig, um zu sehen, wie sie mit dem Wagen zurücksetzte. Sie raste mit quietschenden Reifen davon, drückte aufs Gas und war verschwunden.

Ich eilte wieder nach drinnen.

Lester saß noch immer an der Bar. Er hatte sich auf dem Hocker herumgedreht und starrte auf die Leiche. Ich setzte mich in eine der Nischen, zündete eine Zigarette an und leistete Lester beim Starren Gesellschaft.

Lange Zeit saßen wir einfach nur so da. Nach einer Weile hörte ich die Sirene des Sheriffs, dann die eines Krankenwagens. Die Fahrzeuge rauschten lärmend vorbei und folgten der Straße Richtung Brückenpfeiler.

»Ich schätze, das ist Elsie«, stammelte ich.

Lester starrte einfach nur weiter.

Dann schwang die Fliegengittertür auf.

»Mein Gott!« Der große Mann sah zuerst mich an, dann Lester, und kniete sich schließlich neben die Leiche. Er drehte sie um. »Gimpy«, stieß er aus. »Armer alter Gimpy.« Er klopfte dem ehemaligen Schaffner auf den Rücken und erhob sich wieder. Seine Augen blickten mich fragend an.

Ich schüttelte den Kopf. »Irgend so eine Irre«, murmelte ich. »Sie ist hier reingeplatzt, wild entschlossen, dich umzubringen, Dad.«

Das erste Date

Shannon schnallte sich an und drehte sich dann zu Jeff um, während er den Motor anließ. »Können wir noch irgendwohin gehen?«, bat sie. »Ich möchte eigentlich noch nicht nach Hause. Okay? Es ist noch so früh und ... Ich meine, ich würde gerne noch ein bisschen mehr Zeit mit dir verbringen.«

»Klar, sicher«, erwiderte Jeff und fühlte sich mit einem Mal ein bisschen zittrig. »Gerne. Ich hab gerade dasselbe gedacht.«

Er lächelte sie an, blickte dann über seine Schulter und setzte rückwärts aus der Parklücke.

O Gott, dachte er. Kann es tatsächlich sein, dass sie mich *mag?*

Das muss sie. Sie ist mit mir ins Kino gegangen. Und jetzt will sie *noch irgendwohin gehen.*

Unglaublich.

Er lenkte den Wagen auf die Straße und fragte: »Wann musst du denn wieder zu Hause sein?«

»Erst um Mitternacht.«

»Dann haben wir ja noch zwei Stunden Zeit.«

»Sieht ganz so aus«, erwiderte sie. »Ist es okay, wenn ich mein Fenster runterkurble?«

»Sicher, mach ruhig.«

Shannon ließ das Fenster herunter, während Jeff die

Klimaanlage ausschaltete und auch sein eigenes Fenster öffnete.

»Es ist so eine schöne, warme Nacht«, fand sie.

»Die perfekte Nacht für eine Spritztour«, erwiderte Jeff.

Er blickte Shannon an und konnte im spärlichen Schein der Straßenlaternen ihr Lächeln erkennen.

Gott, sie ist so wunderschön, dachte er. Und sie ist mit *mir* zusammen. Shannon Ashley sitzt direkt neben mir und *lächelt* mich an. Und sie will noch irgendwo mit mir *hingehen*.

Plötzlich wünschte er sich, er hätte den Mut gehabt, während des Films ihre Hand zu halten.

Vielleicht hätte es ihr ja sogar gefallen.

Aber er hatte sich nicht getraut, es zu versuchen.

Ich hätte es einfach tun sollen!

Warum nicht jetzt?, fragte er sich.

NEIN!

»Hast du Hunger?«, fragte er. »Wir könnten irgendwohin fahren ... Pizza Hut oder Jack in the ...«

»Ich bin pappsatt, ehrlich.« Plötzlich zog sie die Stirn in Falten. »Aber wenn *du* Hunger hast ...«

»Nein, nein. Ich dachte nur, du möchtest vielleicht was essen.«

»Nein danke.«

»Und wo möchtest du dann hin?«, fragte er.

»Irgendwo ... *anders*.«

»Ah«, erwiderte Jeff.

»Ah«, ahmte Shannon ihn nach.

Sie schauten einander an. Shannon wirkte ganz verschwommen und schattig, irgendwie seltsam verzerrt und von fleckiger Dunkelheit gesprenkelt. Trotzdem schien sie ihn anzulächeln und ihre Zähne leuchteten dabei genauso weiß wie ihre Bluse. Jeff ertappte sich dabei, wie er den Blick an der Vorderseite der Bluse hinunterwandern ließ, wo er auf den Wölbungen ihrer Brüste verharrte.

»Vielleicht solltest du die Augen lieber auf der Straße lassen«, sagte sie.

Hektisch richtete Jeff den Blick wieder nach vorne und errötete. »Tut mir leid«, murmelte er.

»Ich will nur nicht im Krankenhaus landen.«

»Das wäre zumindest was *anderes.*«

»Ich hasse Krankenhäuser«, erwiderte Shannon. »Das *Leichenschauhaus* wiederum ...«

»Leichenschauhäuser sind cool.«

»Schon mal in einem gewesen?«, fragte sie.

»Nein.«

»Ich auch nicht.«

»Jetzt oder nie.«

»Auf keinen Fall!« Shannon schlug ihn sanft auf den Oberarm.

Es fühlte sich *wundervoll* an.

Er war versucht, ihr als Antwort ebenfalls einen sanften Schlag zu verpassen – nur um sie zu berühren –, wagte es jedoch nicht.

»Wofür war das denn?«, fragte er stattdessen.

»Dafür, dass du ein Idiot bist.«

»Ah.«

»Ich meine, das wäre doch total verrückt. Selbst wenn wir ein Leichenschauhaus *finden* und irgendwie reinkommen könnten, würden wir am Ende wahrscheinlich nur verhaftet werden.«

»Das Gefängnis wäre auch mal was anderes.«

»Ich hab's!«

»Was?«

»Der alte Friedhof! Draußen bei der Kirche.«

»Welche Kirche?«

»Du weißt schon. Draußen an der County Line Road.«

»Oh!«

»Weißt du jetzt?«

»Gott. Da willst du nicht wirklich hin.«

»Sicher. Warum denn nicht? Ich meine, das wäre doch einfach *perfekt,* oder?«

Allein bei der Vorstellung zitterte Jeff innerlich. »Ich weiß nicht«, murmelte er.

»Angst?«, neckte ihn Shannon.

»Wer, ich?«

»Na dann, wie wär's?«

Es schien ihm keine gute Idee zu sein. Ein alter Friedhof hinter einer seit Langem verlassenen Kirche, irgendwo mitten im Nirgendwo, kam ihm wie eine *sehr* schlechte Wahl für einen Ausflug vor, besonders spätnachts.

Aber Jeff wollte auch nicht wie ein Feigling dastehen.

Außerdem ließ ihn der Gedanke, sich mit Shannon an einem so schrecklichen Ort aufzuhalten, nicht nur vor Angst zittern, sondern mindestens ebenso sehr vor Erregung.

»Von mir aus«, willigte er schließlich ein. »Wenn du dir sicher bist, dass du da wirklich hinwillst …«

»Ganz sicher.«

»Okay. Dann fahren wir hin. Wir müssen sowieso hier lang, oder?«

»Ja, fahr einfach raus aus der Stadt. Ich sag dir dann, wo du abbiegen musst.«

»Warst du denn schon mal dort?«, wollte Jeff wissen.

»Nur dran vorbeigefahren. Ich war noch nicht mal nahe genug dran, um einen ausführlichen Blick darauf zu werfen. Aber ich wollte schon immer mal anhalten und ihn mir anschauen. Ich meine, er sieht so *gruselig* aus. Ich *liebe* gruseliges Zeug.«

»Ich auch.«

»Ich weiß. Deshalb ist es ja so perfekt, dass wir beide heute Nacht zusammen dorthin fahren.« Sie streckte eine Hand aus und legte sie auf seinen Oberschenkel.

Jeff hatte alle Mühe, ein Stöhnen zu unterdrücken.

Ihre Hand fühlte sich durch seine Jeans ganz warm an.

»Wir sind uns so ähnlich«, sagte sie. »Ich hab schon seit Ewigkeiten drauf gewartet, dass du mich mal fragst, ob ich mit dir ausgehen will. Ich *wusste,* dass wir perfekt zueinander passen. Wir zwei sind vom selben Schlag.«

»Und was für ein Schlag ist das?«, fragte er und lief dabei so knallrot an, dass er Angst hatte, er könnte komplett dahinschmelzen.

»Ein düsterer.«

»Ja?«

»Angezogen von den Geheimnissen der Dunkelheit, von Galgen und finsteren Gräbern. Das wusste ich vom ersten Moment an, als ich dich gesehen habe.«

»Hast du mich deshalb gefragt, ob ich heute Abend mit dir ausgehen will?«, fragte er.

»Wir *mussten* uns *Eye of the Vampire* einfach zusammen anschauen. Ich wollte nicht alleine reingehen; und alle anderen, die ich kenne … hätten sich nur darüber *lustig* gemacht. Ich *musste* den Film mit dir zusammen sehen. Ihn mit dir *teilen.*«

»*Near Dark* war besser.« Shannons Hand wanderte ein Stück höher und ihre krallenden Finger streiften die Innenseite seines Oberschenkels. »Ich wünschte, wir hätten uns damals schon gekannt«, sagte sie.

»Da sind wir schon zwei«, brachte Jeff hervor und erschauderte ein wenig. Sie ließ die Hand, wo sie war. Sie bewegte sie kaum, schaffte es aber irgendwie, ihn trotzdem zu streicheln.

Weiß sie wirklich nicht, was sie da tut?, fragte sich Jeff.

Sie ist mir so *nah*.

»Da ist die County Line Road«, sagte Shannon. »Vorne an dem Stoppschild musst du dich links halten.«

Nachdem er abgebogen war, fügte sie hinzu: »Das ist so aufregend. Ich war noch *nie* nachts auf einem Friedhof. Du?«

»Nein.«

»Dann wird das für uns beide das erste Mal.«

»Sieht ganz so aus.«

»Und noch dazu bei Vollmond.«

»Vielleicht begegnen wir ja einem Werwolf«, sagte Jeff.

»Ich stehe nicht so auf Werwölfe.«

Er drehte den Kopf zu ihr und lächelte. »Du bist eher der Vampirtyp.«

»Absolut«, bekräftigte sie und drückte seinen Oberschenkel. »Würdest du nicht auch gerne einem Vampir begegnen?«, fragte sie.

»Ich fürchte, die Chancen dafür stehen denkbar schlecht.«

»Aber wenn es möglich wäre … du weißt schon?«

»Ich schätze, das wäre ziemlich cool.«

»Und was würdest du dann tun?«

»Um mein Leben rennen.«

Sie lachte, klatschte ihm auf den Oberschenkel und nahm die Hand dann wieder weg. Dort, wo sie bis eben noch gelegen hatte, fühlte sich seine Jeans ganz warm und auch ein wenig feucht an.

»Was würdest *du* denn tun?«, fragte er. »Ihn interviewen?«

»Glaubst du, er würde mich lassen?«

»Wenn du ihn nett bittest.«

»Ich vermute, dass er viel eher daran interessiert wäre, mich in den Hals zu beißen.«

»Höchstwahrscheinlich«, stimmte Jeff ihr zu.

»Oder sie.«

»Guter Einwand. Mir persönlich wäre eine Sie ohnehin *viel* lieber.«

»Mir nicht. Wenn mir schon ein Vampir in den Hals beißt, dann soll es auch ein *Kerl* sein.«

»Tja, dann müssten wir *idealerweise* wohl von zwei Vampiren angegriffen werden, schätze ich – ein Kerl für dich und ein Mädel für mich.«

»Und es müssten Hetero-Vampire sein«, fügte Shannon hinzu.

»Kommen andere denn auch vor?«

»Und *kommen* sie überhaupt?«

Errötend schüttelte Jeff den Kopf. »Ich schätze, das kommt ganz darauf an, welche Bücher man liest«, sagte er.

»Und was ist mit *echten* Vampiren?«, fragte sie.

»Wie meinst du das, mit *echten* Vampiren?«

»Na die, die wirklich da draußen sind.«

Jeff sah sie lächelnd an. »Es tut mir leid, dir das mitteilen zu müssen, Shannon, aber diese Wesen gibt's nicht wirklich.«

»Glaubst du nicht?«

Er kicherte leise. »Ich hoffe, nicht«, antwortete er. »Oh, ich weiß natürlich, dass es ein paar Irre gibt, die sich selbst für Vampire *halten* … Aber ich habe ernste Zweifel an der wahren Existenz dieser Kreaturen. Du weißt schon: ›Untote‹. Die jahrhundertealt werden, sich in Fledermäuse verwandeln oder sich in Nebel auflösen können und all so was. Und die Angst vor Kruzifixen haben … Dieses ganze Zeug eben.«

Shannon erwiderte nichts.

Er sah sie an. Auf diesem Straßenabschnitt befanden sich keine Laternen. Shannon schien komplett aus Schwarz und ein paar grauen Schattierungen zu bestehen.

»Was, wenn ich dir sagen würde, dass ich einer bin?«, fragte sie.

Plötzlich huschte ein eisiger Schauer durch Jeffs Körper. »Bist du nicht«, sagte er.

»Bist du dir da ganz sicher?«

»Ziemlich sicher.«

Sie legte die Hand wieder auf seinen Oberschenkel. Ihre Fingernägel gruben sich in sein Fleisch. Er stöhnte und wand sich.

»*Wie* sicher?«, fragte sie.

»Ich bin mir sicher, dass ich dich schon bei Tageslicht gesehen habe und auch schon ein paarmal im Spiegel. Außerdem habe ich *definitiv* gesehen, wie du richtiges Essen zu dir genommen hast. Wer hätte wohl schon mal davon gehört, dass Vampire Popcorn und M&Ms essen?«

»Hmm. Gute Argumente. Dann musst du wohl recht haben. Ich bin wohl *kein* Vampir.«

»Bist du auch nicht«, beharrte er.

»Anscheinend nicht.«

»Hey, jetzt komm schon. Du machst mich ganz nervös.«

»Du solltest lieber langsamer fahren«, sagte sie. »Die Abzweigung ist gleich hinter der nächsten Kurve.«

Er nahm den Fuß vom Gaspedal. »Bist du dir wirklich sicher, dass du das tun willst?«, fragte er. »Um diese Uhrzeit einem Friedhof einen Besuch abstatten?«

»Ich hab dir Angst gemacht, stimmt's?«

»Ich *weiß*, dass du kein Vampir bist.«

»Wenn du das sagst.«

»Es *gibt* keine Vampire.«

»Natürlich nicht.«

»Und selbst *wenn* sie existieren, was ich nicht glaube, dann kannst *du* unmöglich einer sein. Scheiße, du bist schließlich total *braun gebrannt*.«

»Aber ist meine Bräune auch *echt?*«

»Komm schon, lass es gut sein.«

Jeff trat auf die Bremse und bog auf die Seitenstraße ab. Der alte Asphaltstreifen sah im Mondlicht ganz grau aus. Vom Mittelstreifen war nichts mehr zu erkennen, falls es überhaupt jemals einen gegeben hatte. Die Straßendecke war voller Schlaglöcher und Risse. Unkraut wuchs aus den Spalten. Obwohl Jeff langsam fuhr, schaukelte und hüpfte das Auto kräftig.

»Mach die Scheinwerfer aus«, forderte Shannon ihn auf.

»Ich dachte, du wolltest nicht im Krankenhaus landen.«

»Das Mondlicht ist hell genug.«

Er schaltete die Scheinwerfer aus. »Gott«, stieß er aus und fuhr so langsam weiter, dass er beinahe stehen blieb.

»Schon okay. Hier gibt's sowieso nicht viel, was du rammen könntest.«

»Das will ich hoffen.« Vor dem Auto konnte er fast nichts mehr erkennen. »Das ist echt total strange.«

»Ich finde es cool«, flüsterte Shannon aufgeregt.

»Na ja ... ist es ja auch ... irgendwie.«

»Es ist, als wären wir unsichtbar.« Sie war nur noch eine düstere Silhouette auf dem Beifahrersitz, das Gesicht in völlige Dunkelheit gehüllt.

Jeff grinste sie an und sagte: »Vielleicht können wir uns ja an die Vampire ranschleichen.«

»Nee. Die würden uns kommen hören.«

»Wir könnten hier parken und zu Fuß weitergehen.«

»Und was, wenn wir schnell die Flucht ergreifen müssen?«, gab Shannon zu bedenken.

»Ich dachte, du *wolltest* ein paar Vampiren begegnen.«

»Vampiren: ja. Perversen und Mördern: nein.«

»Ah. Okay.«

»Lass uns lieber direkt am Friedhof parken«, bat sie ihn.

Plötzlich erkannte Jeff, dass man den Friedhof bereits sehen konnte.

Ohne die Scheinwerfer war die Nacht vollkommen vom Mondlicht überflutet. Es schien alles in einen düsteren, blassen Nebel zu hüllen: die rissige, durchlöcherte Straße vor ihnen; das aus dem Asphalt wachsende Unkraut; das Dickicht und die vereinzelten Bäume auf beiden Seiten der Straße; die alte Holzkirche mit den mit Brettern vernagelten Fenstern und dem kaputten Turm; die trostlose, von Unkraut überwucherte Leere des Parkplatzes vor der Kirche und den Friedhof zu seiner Rechten.

Während er den Wagen auf den Parkplatz lenkte, bemerkte Jeff: »Wenigstens steht außer uns kein Auto hier.«

»So weit, so gut«, erwiderte Shannon.

Er steuerte auf den Friedhof zu, ein weites Feld aus Grabsteinen, Grüften und Statuen, verkrüppelten Bäumen, Büschen und langen, vertrockneten Gräsern.

»Ich kann niemanden sehen«, sagte Shannon.

»Ich auch nicht.«

»Das ist *so* cool.«

»Ja.« Jeffs Stimme klang ruhig, obwohl er das Gefühl hatte, sein ganzer Körper würde von zuckenden Krämpfen geschüttelt. »Ich drehe noch um«, sagte er.

»Gute Idee.«

Er vollführte einen U-Turn, setzte dann ein Stück zurück und drehte am Lenkrad, bis die Vorderseite seines Autos direkt auf die Auffahrt zur Straße zeigte. Dann sah er Shannon an. »Ich schätze, jetzt müssen wir wohl aussteigen.«

»Natürlich.«

»Lasset die Spiele beginnen.«

Sie streckte eine Hand aus und strich ihm über die Schulter. »Das wird toll«, versicherte sie ihm.

Sie schnallten sich ab. Als Jeff die Tür öffnete, ging das Licht an der Decke an. »Scheiße«, fluchte er und stieg aus dem Wagen.

Shannon beeilte sich, ebenfalls auszusteigen.

Beide schlossen hastig und geräuschlos ihre Türen. Das Licht im Auto erlosch wieder.

Jeff blieb neben der Tür stehen und sah zu, wie Shannon vorne um den Wagen herumging. Im Mondschein leuchteten ihre weiße Bluse und die weiße Jeans so hell wie Schnee. Ihr blondes Haar, das Gesicht und die Hände waren viel dunkler und kaum zu erkennen.

»So viel zum Thema Überraschungsmoment«, sagte sie lächelnd. Auch ihre Zähne strahlten weiß.

»Ich hab das Innenlicht ganz vergessen.«

»Na, es ist doch sowieso niemand hier.«

»Wahrscheinlich.«

Seite an Seite wandten sie sich dem Friedhof zu.

Jeff erkannte unzählige Gestalten, bei denen es sich durchaus um Menschen hätte handeln können. Einige von ihnen waren allem Anschein nach Statuen, aber andere wurden von einer Kombination aus Büschen, Kreuzen und Schatten geformt ...

»Ich sehe niemanden«, bekräftigte Shannon. »Du etwa?«

»Nein. Aber hier muss es auch tausend mögliche Verstecke geben.«

»Du machst doch keinen Rückzieher, oder?« Während sie ihn das fragte, bewegte sie sich ein Stück zur Seite.

Ihre Arme berührten sich.

»Ich doch nicht«, versicherte Jeff. Dann fügte er hinzu: »Du hast nicht zufällig eine Pistole dabei?«

»Nein. Aber ich habe das hier.« Ihr Arm löste sich wieder von seinem. Sie drehte sich zu ihm, schob die Hand in die Vordertasche ihrer weißen Jeans und zog ein Klappmesser hervor. Mit etwas Mühe holte sie die Klinge heraus. »Siehst du?« Die etwa acht Zentimeter lange Klinge schimmerte silbern.

»Hey, cool.«

»Ich bin eben eine gefährliche Frau.«

»Das sehe ich. Du hast aber nicht zufällig auch noch ein oder zwei Kruzifixe dabei, oder?«

Sie schüttelte den Kopf. »Früher hab ich immer ein Kreuz getragen. Du weißt schon, an so einer goldenen Halskette. Ich hab es nie abgenommen. Nicht mal beim Duschen. Ich dachte immer, in der Sekunde, in der ich es abnehme, erwischt mich ein Vampir. Aber vor ein, zwei Jahren kam mir irgendwann der Gedanke, dass mir das vielleicht sogar *gefallen* würde.«

»Von einem Vampir erwischt zu werden?«

»Ja, du weißt schon. Ich *wollte*, dass es passiert. Deshalb hab ich das Kreuz abgelegt.«

»Du gehörst *wirklich* zu den Gläubigen.«

»Zu den Hoffenden.«

»Aber bisher hattest du kein Glück?«

»Vielleicht ja heute Nacht«, sagte sie. »Schauen wir uns mal um?«

»Okay.«

Shannon klappte das Messer wieder zu, doch anstatt es wieder in die Hosentasche zu stecken, behielt sie es in der rechten Hand.

Sie gingen langsam auf den Friedhof zu.

»Falls es irgendwelchen Ärger gibt«, sagte Jeff, »rennst du direkt zum Auto. Der Schlüssel steckt im Zündschloss ... Nur für den Fall, dass ich es nicht schaffe.«

»Falls es Ärger gibt«, erwiderte Shannon, »bleibe ich an deiner Seite. Wie ich schon sagte: Ich bin eine gefährliche Frau.« Sie nahm Jeff bei der Hand.

Es war das erste Mal, dass die beiden Händchen hielten.

Das Gefühl saugte ihm sämtliche Kraft aus, ließ sein Herz schneller schlagen und vernebelte ihm den Verstand.

Das ist keine große Sache, redete er sich selbst ein. Es ist nur ihre Hand. Beruhig dich wieder.

Nur ihre Hand.

Er drückte sie sanft. Sie drückte zurück, drehte den Kopf zu ihm und lächelte ihn an.

»Mein Herz rast wie verrückt«, gestand sie.

»Meins auch.«

»Das ist *so* gruselig.«

»Ich?«, fragte er.

»Nicht du, *das* hier. Dieser *Totenacker.*«

»Oh. Ja.« Er erkannte, dass sie mitten zwischen den Gräbern standen, was eigentlich keine große Überraschung war. Schließlich waren sie genau darauf zugesteuert, nachdem Shannon seine Hand genommen hatte – nur dass er sich überhaupt nicht mehr daran erinnern konnte, den Friedhof tatsächlich *betreten* zu haben.

Ich muss auf Autopilot gewesen sein, dachte er.

Er warf einen Blick über die Schulter. Sie waren noch nicht sehr weit gekommen. Das Heck seines Wagens befand sich wahrscheinlich nicht mehr als sechs, sieben Meter entfernt. Immerhin waren sie bereits an mehreren Grabsteinen vorbei durch das hohe Gras gestakst.

»Das hier ist doch viel besser als jeder Film, oder?«, flüsterte Shannon.

»Das kannst du laut sagen.«

»Das hier ist *real.* Wir schleichen tatsächlich über einen *Friedhof.*«

Sie zog ihn an der Hand und übernahm die Führung. Sie gingen langsam, stapften durch das trockene Gras, duckten sich unter tief hängenden Ästen hindurch, wichen steinernen Monumenten aus und blieben hin und wieder stehen, um die dunklen Figuren zu betrachten – und sich zu vergewissern, dass es sich tatsächlich um Statuen handelte und nicht um echte Menschen.

Sie wagten sich immer tiefer und tiefer auf den Friedhof vor.

Schon bald war das Auto nicht mehr zu sehen.

Trotzdem gingen sie weiter.

Und fanden sich auf einer vom Mondlicht überfluteten Lichtung wieder, umgeben von mehreren Grüften. Die blassen Steinbauten hatten alle dieselbe Größe und standen in regelmäßigem Abstand voneinander entfernt. Wie es aussah, waren sie absichtlich so errichtet worden, um einen großen Kreis zu bilden. In der Mitte des Kreises, etwa zwölf Meter von den Kammern entfernt, die ihn umgaben, befand sich allem Anschein nach ein mächtiger Steinblock.

»Was ist das denn?«, fragte Jeff.

»Wer weiß? Ich hatte keine Ahnung, dass das überhaupt hier ist. Von der Straße aus kann man es nicht sehen.« Shannon drehte langsam den Kopf. Zuerst dachte Jeff, sie würde die Grüfte bewundern. Dann wurde ihm jedoch bewusst, dass sie sie zählte. »13«, verkündete sie. »Gruselig.«

»Du magst gruselige Sachen doch, oder?«

»Ich liebe sie«, flüsterte Shannon. »Komm, wir schauen uns das mal aus der Nähe an.«

Noch immer Händchen haltend, gingen sie auf das seltsame, klobige Ding in der Mitte der 13 Grüfte zu. Der Steinklotz war ungefähr so hoch, dass er Jeff bis an die Schultern reichte. Oben war er flach, aber an den Kanten abgerundeter und sein Durchmesser betrug rund vier Meter.

»Was glaubst du, was das ist?«, fragte Shannon.

»Ich glaube nicht, dass das ein Brunnen ist. Sieht aus wie … ich weiß auch nicht. Eine Plattform? Eine Bühne?«

»Ein Altar?«, schlug Shannon vor und drückte seine Hand.

»Könnte sein.«

Ein paar Schritte davon entfernt blieben sie stehen.

»Hier müssen sie ihre Menschenopfer darbieten«, vermutete Shannon.

»Höchstwahrscheinlich.«

Sie knuffte Jeff in die Seite. Er knuffte zurück.

»Es sind 13 Vampire, und sie kommen alle aus ihren Grüften und sehen dabei zu«, fuhr sie fort. »Aber das eigentliche Töten übernimmt der König der Vampire.«

»Sie haben einen König? Und wie heißt der?«

»Pete.«

Jeff brach in schallendes Gelächter aus.

»Es ist Blasphemie, über König Pete zu lachen.«

»Oh. Okay. Tut mir leid.«

»Gut. Also, nachdem König Pete dem Opfer die Kehle aufgeschlitzt hat ... und seinen Durst gestillt hat ... überlässt er die Frau den anderen. Sie schwärmen herbei und stürzen sich auf sie. Sie sind ganz wild vor Heißhunger. Ihre Münder bedecken ihren ganzen Körper. 13 Münder, und alle *saugen* an ihr.«

»Wow«, stieß Jeff aus. Er war ganz zittrig und ein wenig atemlos.

»Und natürlich ist sie nackt.«

»Natürlich.«

»Komm mit.« Shannon ließ seine Hand los. Sie steckte das Messer in die Hosentasche, machte einen Schritt vorwärts und legte die Hände auf den Stein.

Dann sprang sie auf, hievte sich hinauf und schwang ein Knie über die Kante. Jeff dachte, dass er ihr vielleicht behilflich sein sollte, aber da sie dies auch hätte falsch verstehen können, ließ er seine Hände, wo sie waren.

Sie krabbelte vorwärts. Als sie sich ein Stück von der Kante entfernt hatte, stand sie auf und drehte sich um. »Hey, das ist toll. Komm rauf.«

»Okay.« Jeff legte die Hände auf den Stein, hielt dann jedoch inne und starrte einfach nur zu Shannon hinauf.

Sie sah einfach wundervoll aus, wie sie dort im Mondlicht stand, die Beine gespreizt und die Hände in die Hüften gestemmt.

»Weißt du, was ich glaube, was das hier mal war?«, fragte er.

»Du meinst, in *echt?*«

»Ja. Ein Podest für irgendeine Statue.«

»Und wie kommst du darauf?«

»Weil ich dich da oben stehen sehe.«

»Ja?« Plötzlich hob sie das rechte Bein, stützte einen Ellenbogen auf dem Knie ab und legte das Kinn auf die Faust.

»Ganz genau.«

»Und was ist dann mit der Statue passiert?«, fragte sie.

»Wahrscheinlich hat man sie abmontiert.«

»Vielleicht weil sie für das grauenvolle, unaussprechliche Böse stand. Die 13 haben sie verehrt.« Sie drehte sich langsam mit erhobenen Armen um. »13 Vampire. Sie haben ihre Gräber rund um die Statue ihres Königs erbaut. Aber die Dorfbewohner sind diesem bösen Kult teuflischer Blutsauger auf die Schliche gekommen und haben sie eines Nachts angegriffen. Sie haben sie alle abgeschlachtet und anschließend die Statue heruntergeholt und zerstört.«

Jeff grinste. »Höchstwahrscheinlich ist es genau *so* passiert.«

»Aber das *Böse* konnten sie nicht zerstören.«

»Weil es allzeit um uns ist.«

»Richtig.«

Er hievte sich ebenfalls auf den Steinblock, krabbelte von der Kante weg und stand auf. »Ich glaube, es war eine Statue von König Pete.«

»Ein Hoch auf König Pete!«, rief Shannon.

Jeff zuckte zusammen.

»Blut ist Leben.«

»Schhh!«

»Was ist denn?«

»Du musst ja nicht gleich so schreien.«

»Hast du Angst?«

»Willst du, dass sie uns rausschmeißen?«

»Wer?«, fragte Shannon.

Jeff zuckte mit den Schultern. »Ich weiß es nicht, aber …«

»Ich glaube, du hast eher Angst, dass ich die Vampire rauslocken könnte«, unterbrach sie ihn.

»Sie wurden von den Dorfbewohnern abgeschlachtet, schon vergessen?«

»Das war doch nur eine erfundene Geschichte. Erkennst du denn keine erfundene Geschichte, wenn du eine hörst? Komm mal her.« Shannon stand in der Mitte des Podests und bedeutete Jeff mit einem Winken, sich zu ihr zu gesellen.

Als er vor ihr stehen blieb, legte sie die Hände auf seine Hüften. »Wenn es hier tatsächlich Vampire gibt … echte Vampire … dann müssen sie mich gehört haben. Glaubst du nicht auch?«

Er schluckte trocken. »Du warst auf jeden Fall laut genug, um Untote aufzuwecken«, versicherte er ihr.

»Dann wissen sie also, dass wir hier sind.«

»Ich schätze, schon.«

»Und sie werden kommen, um uns zu holen.«

»Jeden Augenblick.«

»Sie werden kommen und unsere Hälse aussaugen«, flüsterte sie. Sie schob sich ein Stück vor, schlang die Arme um Jeff und presste sich gegen ihn. Verdutzt und völlig verwirrt legte er seine Arme ebenfalls um sie. Er hatte noch nie zuvor ein Mädchen so gehalten. Er konnte die Wärme ihrer Schenkel fühlen. Er konnte spüren, wie sich ihre Brüste hoben und senkten und wie ihr Atem seitlich an seinem Hals kitzelte. Ihr Haar fühlte sich wunderbar weich auf seiner Wange an und duftete so zart und frisch, dass es beinahe wehtat.

Er streichelte mit den Händen über ihren Rücken. Durch den Stoff ihrer Bluse spürte er weiche Rundungen und Kurven, aber keine Träger.

Sie küsste ihn auf den Hals.

Der Kuss löste Gänsehaut bei ihm aus und er bebte innerlich.

»Genau da werden sie uns erwischen«, flüsterte Shannon und leckte seinen Hals.

Er erschauderte. »Das macht mir Gänsehaut.«

»Mach es auch bei mir, ja?«

Shannon ließ ihn los und auch er löste sich aus der Umarmung. Sie wich einen kleinen Schritt zurück. Mit gesenktem Kopf öffnete sie einen Knopf ihrer Bluse. Dann noch einen. Dann zog sie die Bluse ein Stück nach unten und entblößte ihre linke Schulter. Der Stoff blieb an ihrem Oberarm hängen.

Mit einer schnellen Bewegung des Handgelenks strich sie ihr Haar beiseite.

Vom Ohr bis zum Hals war ihre Haut nun vollkommen nackt, ebenso wie von ihrer Schulter über den Oberarm und bis kurz über den Ellenbogen.

Und auf ihrer Brust, zumindest bis zu der Stelle, an der ein Knopf die Bluse weiter geschlossen hielt.

Ihr linker Busen war nur noch halb bedeckt, der Nippel beinahe zu erkennen, verborgen unter dem weißen Stoff.

Wenn sich der Knopf auch noch öffnet ...

Shannon legte eine Hand um Jeffs Hinterkopf. Die Finger in sein Haar gekrallt, zog sie seinen Kopf zur Wölbung ihres Halsansatzes hinunter. Er küsste sie zärtlich. Ihre Haut fühlte sich weich und warm an.

»Fester«, flüsterte sie.

Er öffnete den Mund, drückte ihn fest auf ihren Hals und ließ die Zunge vor- und zurückgleiten.

Sie stöhnte und rekelte sich.

Während sie sich mit der linken Hand weiter an Jeffs Kopf klammerte, wanderte die rechte an seiner Seite auf und ab, von der Hüfte bis in die Achselhöhle. Plötzlich wurde ihm bewusst, dass seine eigene linke Hand Shannons Schulter packte, so als wollte er sie mit aller Kraft festhalten. Die Rechte hatte er um ihren Oberarm geschlungen, allerdings nicht an der Stelle, an der ihre Haut nackt war.

Er ließ die Hand höher wandern.

Bis zu ihrer bloßen Haut.

Shannon protestierte nicht.

Er streichelte die glatte nackte Haut an ihrem Arm und ihrer Schulter, während er weiter an ihrem Hals leckte und saugte.

Shannon bebte förmlich und rieb sich an ihm.

Jeff musste an die halb nackte Brust denken, nur wenige Zentimeter unterhalb seiner Hand.

Aber er hielt sich zurück.

»Beiß mich«, stöhnte sie.

Er presste die Kanten seiner Zähne auf ihre Haut. Sie fühlte sich fest und elastisch an. Er presste noch ein wenig fester.

»Bis ich blute«, keuchte sie. »Beiß dich durch meine Haut und saug mir das Blut aus.«

»Ich will nicht ...«

»Nein! Warte!« Plötzlich riss sie seinen Kopf an den Haaren zurück. Sie blickte ihm tief in die Augen, schüttelte dann den Kopf und wiederholte: »Warte.« Dann: »Das wird so nichts. Ich bin aber auch dämlich.« Dann gab sie Jeffs Haar wieder frei und zog die Hände zurück.

Im Mondlicht erkannte Jeff einen klebrig-silbernen Speichelfaden an der linken Seite ihres Halses.

»Alles okay mit dir?«, fragte er.

»Ja.«

»Hab ich dir wehgetan?«

»Es war toll«, versicherte sie ihm. »Wir müssen nur unsere Klamotten ausziehen.«

»*Was?*«

Sie öffnete den nächsten Knopf ihrer Bluse. Der Stoff rutschte auf der linken Seite noch weiter hinab und gab ihre Brust frei.

Jeff starrte wie hypnotisiert auf ihren nackten Busen. Er hatte noch nie zuvor einen echten gesehen. Er hatte das Gefühl, ihm würde auch das letzte bisschen Luft aus den Lungen gesaugt. Sein Herz pochte wie wild. Sein Penis wurde steif und drückte sich gegen die Innenseite der Hose.

Shannon hatte inzwischen sämtliche Knöpfe geöffnet und streifte die Bluse ab.

Jeff glotzte sie mit offenem Mund an.

Von ihrer weißen Jeans aufwärts war sie nun völlig nackt.

»Zieh dich auch aus«, forderte sie ihn auf und warf die Bluse an die Kante des Podests.

»Ich … Was ist hier eigentlich los?«

»Wir wollen doch nicht, dass unsere Klamotten hinterher voller Blut sind.«

»Hä?«

Shannon balancierte auf einem Bein, hob das andere hoch und zog ihren Turnschuh aus.

»Was für Blut?«, stammelte Jeff.

»*Unser* Blut.« Sie warf den Turnschuh weg. Er landete neben der Bluse, prallte jedoch ab und fiel über die Kante des Podests. »Jetzt steh doch nicht einfach nur so da.« Sie zog auch die Socke aus und schleuderte sie weg.

Jeff begann, sein Hemd aufzuknöpfen. »Was ist hier los?«, wiederholte er.

»Wir werden es *tun*.« Sie machte sich an ihren zweiten Turnschuh und die zweite Socke.

»*Was* tun?«

»Siehst du hier irgendwo Vampire?«, fragte Shannon und öffnete den Knopf ihrer Jeans.

»Nein.«

»Ich auch nicht.« Sie machte auch den Reißverschluss auf. »Ich glaube nicht, dass sie noch kommen.«

»Wahrscheinlich nicht.«

»Nie ist ein Vampir da, wenn man einen braucht.« Und damit beugte sie sich nach vorne, streifte ihre Jeans ab und stieg aus den Hosenbeinen. Dann ging sie in die

Hocke, griff nach der Jeans, legte sie auf ihren Knien ab und griff in die Hosentasche. »Wir müssen es selbst tun«, sagte sie und holte das Messer heraus. »Jetzt komm schon, zieh dich aus.«

»Wofür ist denn das Messer?«, fragte Jeff und warf sein Hemd weg.

»Damit können wir uns besser schneiden.«

Shannon erhob sich wieder. Sie wandte sich ab und schleuderte die Jeans von sich. Sie flatterte durch die Luft und das Höschen fiel heraus und landete auf der bereits entsorgten Bluse. Die Jeans verschwand hinter dem Rand des Podests. »Puh«, sagte Shannon und drehte sich dann wieder zu Jeff um.

Bleiches Mondlicht bedeckte ihr Haar und Gesicht, Schultern und Brüste. Jede Brust warf einen kleinen Schatten.

So viele Schatten.

So viele verborgene Mulden.

Shannons Bauch war hingegen von Licht überflutet, ebenso wie ihre Hüften. Eine Zunge aus Mondlicht fand den Weg zu dem krausen Haarbüschel zwischen ihren Beinen.

Stöhnend wandte Jeff den Blick von ihr ab.

»Ich helfe dir«, bot Shannon an und ging auf ihn zu. »Hier, halt mal das Messer.«

Sie reichte es ihm. Dann öffnete sie den Reißverschluss seiner Jeans. Sie ging in die Hocke, zog daran und schob die Unterhose gleich mit der Jeans abwärts. Sein erigiertes Glied sprang ihr förmlich ins Gesicht. »Heiliges Kanonenrohr!«, stieß sie aus.

»Tut mir leid.«

»Äh ... behalt den einfach bei dir, ja?«

Er schluckte schwer. »Sicher.«

Sie zog die Hose ganz nach unten, richtete sich dann wieder auf und sagte: »Ich meine, wir sind schließlich nicht hier, um … du weißt schon, es zu treiben.«

»Vielleicht hätten wir unsere Klamotten doch lieber anlassen sollen.«

»Damit sie hinterher voller Blut sind? Meine Eltern sind wahrscheinlich noch wach und warten auf mich, wenn ich nach Hause komme. Die drehen total durch, wenn ich blutüberströmt zur Tür reinkomme. Setz dich. Ich zieh dir noch den Rest aus.«

Jeff setzte sich. Die kalte Steinoberfläche des Podests fühlte sich rau und körnig unter seinem Hintern an. Er lehnte sich zurück, streckte die Beine aus und stützte sich auf den Armen ab.

Shannon ging vor ihm in die Hocke. Sie zog ihm zuerst Schuhe und Socken aus, gefolgt von der Jeans und der Unterhose. Sie sammelte alles ein, drehte sich dann um und schnappte sich auch sein Hemd. Dann ging sie mit all seinen Kleidungsstücken zum Rand des Podests.

Ihre Hüften schwangen ganz sanft hin und her. Im Mondlicht sahen ihre Pobacken cremeweiß aus. Jeff beobachtete, wie sie bei jedem Schritt hüpften – und starrte auf die schattige Ritze dazwischen.

Anstatt ihren eigenen Klamotten und dem Turnschuh auszuweichen, die vor ihr lagen, fegte Shannon alles mit dem Fuß zusammen und schob es über den Rand des Podests.

»Was tust du denn da?«, fragte Jeff.

»Ich mache klar Schiff.« Sie öffnete die Arme und auch Jeffs Klamotten segelten über die Kante. Dann drehte sie sich wieder zu ihm um. »Da unten passiert ihnen nichts.«

»Na schön«, erwiderte er.

»So kriegen sie mit Sicherheit kein Blut ab.« Sie ging auf ihn zu.

Schau sie dir an, schau sie dir an, schau sie dir an. Mein Gott!

Jeffs Mund war völlig ausgetrocknet. Er zitterte und sein Penis war total steif. Es war ihm durchaus ein wenig peinlich, dass ihr der Ständer direkt entgegenragte.

Shannon blieb vor seinen Füßen stehen. »Vielleicht sollten wir es im Stehen tun«, schlug sie vor.

Jeff leckte sich über die Lippen und erwiderte: »Von mir aus.«

Er richtete sich auf.

Es war ein seltsames Gefühl, dort zu stehen, so hoch über dem Boden und ohne Kleider. Mitten in der Nacht. Vor der wunderschönen, nackten Shannon. Auf einem Friedhof. Umgeben von 13 Grüften.

Er drehte sich langsam um, betrachtete die vom Mondlicht beschienenen Grabkammern, die Schatten dazwischen und die blasse, grasbewachsene Lichtung.

Er warf Shannon einen Blick zu und sah, dass sie die Umgebung ebenfalls in sich aufzunehmen schien.

»O mein Gott!«, platzte sie plötzlich heraus. »Wer ist das?«

Jeff blieb fast das Herz stehen. Er wirbelte herum. »Wo?«

»Reingefallen!«

»Gott!« Er drehte sich wieder zu ihr um. »Vielen Dank auch.«

Mit einem leisen Lachen trat sie zu ihm und legte die Hände auf seine Hüften. »Hab ich dir Angst eingejagt?«

»Ja. Ein bisschen.«

»Ich hab nicht wirklich jemanden gesehen«, versicherte sie.

»Ich weiß.«

»Aber mich beschleicht trotzdem dieses komische Gefühl, dass wir beobachtet werden.«

»Ja, ist echt unheimlich«, stimmte Jeff ihr zu.

»Ich zittere am ganzen Körper.«

»Da sind wir schon zwei.«

»Ja?« Sie schob die Hände auf Jeffs Rücken und kratzte ihn sanft mit den Fingernägeln. Gänsehaut breitete sich auf seinem Körper aus. Er erschauderte. An seinen Schulterblättern hielten ihre Hände inne. Sie hielt sich an ihm fest und lehnte sich nach vorne. Ihr Bauch drückte sich gegen seinen Penis. Ihre Nippel berührten seine Brust. Ihre feuchten, geöffneten Lippen streichelten seinen Nacken.

Sie küsste ihn, leckte ihn.

Jeff stöhnte.

Ihr Mund zog sich wieder zurück. »Gib mir das Messer«, bat sie.

Das Messer fühlte sich heiß und rutschig in seiner Hand an. Er öffnete sie nicht. »Ich weiß nicht recht.«

»Du machst doch jetzt keinen Rückzieher, oder?«

»Das ist vielleicht gefährlich.«

»*Natürlich* ist es gefährlich. Aber nicht sehr. Nicht wenn wir vorsichtig sind. Es wird nicht mal besonders wehtun, wenn wir das Messer benutzen.«

»Und was ist mit … Krankheiten?«

»Welche hast du denn?«

»Keine, glaube ich, aber …«

»Ich auch nicht. Komm schon, du willst das doch auch, oder?«

Er hielt zwar nicht viel von der Idee, Vampir zu spielen, aber er wollte unbedingt, dass Shannon ihn wieder berührte. Und wenn das bedeutete, dass er dafür ein bisschen Blut verlieren musste, dann sollte es eben so sein.

»Sicher«, antwortete er.

»Du *klingst* aber nicht sehr sicher.«

»Es ist nur ... Was, wenn du meine Halsschlagader erwischst oder so?«

»Darum haben wir unsere Klamotten doch in Sicherheit gebracht, du Dummerchen.«

Damit brachte sie ihn schließlich doch wieder zum Lachen und stimmte gleich selbst mit ein.

Dann sagte sie: »Das Ganze macht dich ziemlich nervös, was?«

»Ein bisschen.«

»Ich sag dir was: Warum machst *du* nicht den Anfang?«

»Ich dachte, genau darüber haben wir gerade gesprochen.«

»Nein, ich meine, du machst den Anfang und saugst *mich* zuerst. Es hat sich toll angefühlt, als du das vorhin gemacht hast. Ich wollte, dass es gar nicht mehr aufhört, aber dann hab ich mir doch Sorgen um unsere Klamotten gemacht. Und mich wieder an das Messer erinnert. So kommst du an mein Blut ran, ohne mich zu beißen. Nur mit einem oder zwei kleinen Schnitten. Das wird toll«

»Ich will dich aber nicht schneiden.«

»Dann mache ich es eben. Gib mir das Messer.«

Er reichte es ihr. Sie hielt es vor ihren Bauch, senkte den Blick und versuchte, die Klinge auszuklappen. Sie schien einige Mühe damit zu haben. »Meine Hände zittern«, flüsterte sie.

Jeff starrte auf ihren Busen. Er war nur wenige Zentimeter von seiner Brust entfernt. Die dunklen Nippel ragten hervor, als wollten sie nach ihm greifen.

»Na also«, sagte Shannon und zog endlich die Klinge aus dem Griff. Sie rastete mit einem leisen Klicken ein. »Willst du die linke Seite?«, fragte sie und neigte den Kopf nach rechts.

»Von mir aus.«

»Gut.« Mit der linken Hand tastete sie die Seite ihres Halses ab. »Ungefähr hier?«, schlug sie vor.

»Sieht gut aus.«

»Du klingst nicht besonders begeistert.«

»Ich bin begeistert, total begeistert. Ich bin nur nervös. Ich hab vorher noch nie … Blut getrunken. Nur mein eigenes, ein paarmal. Du weißt schon, wenn ich mich geschnitten hatte oder so. Aber noch nie das von jemand anderem.«

»Geht mir genauso. Und jetzt werden wir rausfinden, was es mit der ganzen Aufregung auf sich hat.«

»Okay.«

Sie ließ die Finger an ihrem Hals liegen, um die Stelle zu markieren. Dann hob sie den rechten Arm. Auf Ellenbogenhöhe führte sie den Unterarm vor ihren Hals und berührte mit der Messerspitze die Stelle vor ihrem Mittelfinger.

»Wie ist das?«, fragte sie.

Sie tut es wirklich.

»Gut, schätze ich.«

»Bereit?«

Jeff nahm den Blick von ihrer Hand – von dem Messer, das an ihrem Hals ruhte – und richtete ihn auf ihre linke Brust. Shannon atmete heftig. Die Brust hob und senkte sich mit ihrem bebenden Brustkorb, als sie ein- und ausatmete.

»Jeff? Bist du bereit?«

»Wenn du es auch bist«, antwortete er und hob den Blick wieder.

»Dann los.« Ihre Haut gab unter der Messerspitze nach und umschloss sie sanft, als Shannon zustach. Die Klinge drang nicht tiefer als einen halben Zentimeter ein, vielleicht auch weniger. Als Shannon sie wieder herauszog, blühte ein Blutstropfen auf und begann abwärtszurinnen. »Wie ist das?«, fragte sie.

»Gut.«

»Nein, warte. Noch einen. Es muss schließlich echt aussehen.« Sie stach die Spitze der Klinge erneut in ihren Hals und schnitt sich zwei Zentimeter neben der ersten eine weitere Wunde. Dann beugte sie sich nach unten, legte das Messer neben ihren Füßen ab und richtete sich direkt vor Jeff wieder auf. »Okay«, sagte sie.

Das Blut aus der ersten Schnittwunde rann inzwischen über ihr Schlüsselbein und floss über ihre Brust.

Jeff legte eine Hand auf ihre rechte Schulter, die andere auf die linke Seite, direkt unter den Rippen.

Schon kurz darauf flossen zwei Rinnsale über Shannons Brust.

Jeff starrte wie gebannt darauf.

»Und, tust du es jetzt oder was?«

Er versuchte, wie Lugosi zu klingen, als er erwiderte: »Dein Blut ist so wunderschön anzusehen.«

»Du willst es kosten, nicht wahr?«, fragte Shannon mit zitternder Stimme.

Jeff sah zu, wie die dünnen, dunklen Spuren über ihre linke Brust rannen.

Shannon schüttelte sich. »Das kitzelt«, sagte sie.

Eines der Rinnsale bog zur Seite ihrer Brust ab, während das andere Richtung Nippel tröpfelte.

Jeff ging ein wenig in die Hocke, lehnte sich vor und leckte das Blut von ihrer Brustwarze.

Shannon zuckte zusammen.

Er saugte ihren Nippel in seinen Mund, liebkoste ihn mit der Zunge, tastete ihn mit den Zähnen ab und genoss, wie steif und prall er sich anfühlte.

»Hey.« Sie zog ihn an den Haaren. »Nicht.«

Er zog seinen Mund zurück. »Das Blut«, keuchte er.

»Keine faulen Spielchen.«

»Tut mir leid.«

Sie ließ sein Haar wieder los.

Er erwartete eigentlich, dass sie ihn gleich wieder an den Haaren ziehen würde, als er das Blut von der Seite ihrer Brust schleckte, aber das tat sie nicht. Er leckte die ganze Seite und Unterseite ab, ließ seine Zunge dann über die Vorderseite wieder nach oben wandern und streifte dabei kurz ihren Nippel. Shannon versteifte sich und stöhnte, machte jedoch keinerlei Anstalten, ihn aufzuhalten.

Obwohl er sich schmerzlich danach sehnte, erneut an ihrem Nippel zu saugen, kam er zu dem Schluss, dass er sein Glück lieber nicht herausfordern sollte.

Er ließ daher schweren Herzens von ihrem Busen ab und leckte sich, den Blutspuren folgend, an ihrem Brustkorb aufwärts.

Die Rinnsale führten ihn über die sanfte Wölbung ihres Schlüsselbeins bis zur Quelle. In dem Moment, als er den Mund auf die Wunde presste, schlang er die Arme um Shannon und zog sie ganz dicht zu sich heran. Ihr

Busen presste sich gegen seinen Brustkorb: Ihre rechte Brust war trocken und warm, die linke feucht und kühl. Sein steifer Penis drückte sich gegen ihren Bauch und glitt auf rutschiger Haut aufwärts, bis sich sein kompletter Unterleib eng an ihren Körper schmiegte.

Wohlig erschaudernd rieb er sich an ihr.

Und saugte.

Er saugte, bis er spürte, wie ihr Blut in seinen Mund floss.

Er fragte sich, ob er es wohl schaffen konnte, dass es richtig *spritzte.*

Je energischer er saugte, desto mehr Blut strömte in seinen Mund – und desto lauter stöhnte Shannon, keuchte und rekelte sie sich auf ihm.

Sie dreht total durch, dachte Jeff. Sie *liebt* es.

Ich wette, jetzt wird sie mich nicht mehr aufhalten.

Mit dem rechten Arm umklammerte er ihren Rücken noch fester, während er den linken nach vorne führte und sich ein Stück zur Seite drehte, um zwischen ihren beiden Körpern Platz für seine Hand zu schaffen. Dann legte er sie um ihre rechte Brust.

Sie füllte seine Hand komplett aus.

Der Nippel drückte sich gegen seine Handfläche.

»Nicht«, keuchte sie, rieb sich jedoch weiter wie wild an ihm.

Sie liebt es.

Er drückte ihre Brust. Sie fühlte sich gleichzeitig weich und prall, fest und einfach unglaublich an. Er saugte noch heftiger an ihrem Hals. Blut flutete seinen Mund. Shannon erschauderte und keuchte atemlos.

»Hör auf«, stieß sie aus.

Okay, okay. Ich sollte besser tun, was sie sagt.

Er ließ ihre Brust los und führte die Hand wieder auf ihren Rücken. Dann ließ er sie nach unten wandern. Als er sie auf die weiche Rundung von Shannons rechter Pobacke legte, wimmerte sie und presste sich gegen ihn.

Ja! Es gefällt ihr!

»Jeff!«, schrie sie.

Er ließ auch die andere Hand nach unten gleiten, umfasste ihren Po mit beiden Händen, grub die Finger tief in ihr Fleisch und drückte sie noch fester an seinen Körper, während er sich heftig an ihr rieb und dabei die Zähne in ihren Hals bohrte, saugte und schluckte.

»Nein!«, kreischte sie. »Hör auf! Das tut weh!«

Natürlich tut das weh – ich beiße dich in den Hals!

Ich beiße sie in den Hals!

SCHEISSE!

Er machte den Mund auf und zog seinen Kopf zurück. Über und unter den kleinen Messerwunden an der zarten Wölbung ihres Halses waren die halbmondförmigen Abdrücke seiner Zähne zu erkennen. Tiefe, deutliche Einstiche, so als hätte er sie in ein Stück Käse versenkt.

Innerhalb von Sekundenbruchteilen füllten sich die Wunden mit Blut.

»SCHEISSE!«, brüllte er.

Und dann rammte sich Shannon in *seinen* Hals.

Eine Schmerzwelle schwappte durch seinen Körper. Er schrie auf, verkrampfte sich völlig und verlor den Halt, als Shannon ihre Beine um ihn schlang. Er stolperte rückwärts und drückte sich, die Hände noch immer auf ihrem Hintern, fest an sie.

Dann fiel er.

Er knallte mit dem Rücken auf den Stein. Sein Kopf ragte über den Rand des Podests hinaus und traf nichts als Luft. Er blieb, wo er war, zu benommen, um den Kopf auch nur zu heben.

Im Fallen hatte er Shannons Pobacken losgelassen und seine Arme lagen schlaff an seinen Seiten.

Shannon klammerte sich hingegen noch immer an seinem Hals fest.

Sie saß auf ihm und drehte und wand sich, während sie unaufhörlich saugte.

Grunzend saugte.

Er konnte spüren, wie sich ihre Zähne in sein Fleisch gruben. Spürte, mit welcher Kraft sie saugte. Spürte, wie sein Blut spritzte.

Hörte ihre nassen, schlürfenden Saug- und Schluckgeräusche.

Schließlich gaben ihre Zähne ihn wieder frei und ihr Mund löste sich von ihm.

»Nein. Shannon. Nicht. Hör nicht auf.«

»Gefällt's dir?«

»Gott. Ja. Bitte.«

»Kein Blut mehr. Nicht heute Nacht.«

»Bitte!«

»Nein, nein, nein. Kein Blut mehr.«

Auf Ellenbogen und Knien glitt sie rückwärts und streifte dabei mit den Nippeln ganz zart über seine Brust, den Bauch und die Oberschenkel.

Sie küsste seinen steifen Penis.

Schloss die Lippen um ihn.

Saugte ihn tief in die enge, nasse Höhle ihres Mundes.

Bebte und grunzte, leckte, saugte und streichelte seinen prallen Ständer mit dem glitschigen O ihrer Lippen … und schluckte schließlich.

Kurze Zeit später leckten sie sich gegenseitig sauber. Dann sprangen sie von dem Podest und suchten nach ihren Kleidern. Sie schlüpften in ihre Schuhe, hängten sich den Rest der Klamotten über den Arm und gingen zu Jeffs Auto zurück. Dort verarzteten sie die Wunden an ihren Hälsen mit Pflastern aus Shannons Handtasche. Dann vergewisserten sie sich im Schein des Wageninnenlichts, dass sie auch wirklich sämtliches Blut entfernt hatten. Nachdem sie auch die letzten Spuren abgewischt hatten, zogen sie sich hastig wieder an und rasten in Richtung von Shannons Zuhause davon.

»Ich fürchte, du wirst ein bisschen zu spät kommen«, sagte Jeff.

»Wen interessiert's?«, erwiderte Shannon. »Das war das coolste Date aller Zeiten.«

»Nicht nur das«, stimmte Jeff ihr zu. »Die Vampire haben uns auch nicht erwischt.«

Shannon grinste ihn an. »Glaubst du nicht?«

Der Santa Claus von Halloween

Ich bin in den 50er-Jahren in einem Vorort von Chicago aufgewachsen. Als Kind kam es mir immer so vor, als fiele der erste Schnee des Jahres stets am Abend der Halloweenparty unserer Kirche. An die Party selbst habe ich kaum noch Erinnerungen, außer vielleicht, dass wir Apfelfischen gespielt haben. Aber anschließend, auf dem Weg zurück zu unserem Auto, rieselte der zarte, blasse Schnee immer leise im Licht der Straßenlaternen.

Für gewöhnlich passierte dies eine Woche vor Halloween und der Schnee, der in dieser Nacht fiel, blieb nie lange liegen. Aber es war immer etwas Besonderes, wenn er fiel. Pünktlich zu Halloween war er allerdings jedes Jahr wieder verschwunden.

Als ich noch klein war, hat es an Halloween nie geschneit. Die Halloweennacht war meistens kühl und windig. Blätter flatterten durch die Straßen und die Vorgärten der Häuser. Es lag stets der Geruch von Verbranntem in der Luft, vom Rauch der Blätter, die sich in der letzten Zeit entlang der Rinnsteine angesammelt hatten und die dann verbrannt worden waren. Außerdem schwebte der Rauch der Kamine durch die ganze Nachbarschaft, zusammen mit dem süßlichen Rauch der Kürbislaternen, deren Deckel von den Flammen der Kerzen versengt wurden – und mit dem beißenden Geruch von verbranntem Kork, mit dem wir uns oft die Gesichter schwärzten, bevor wir in die Nacht hinauszogen.

Verbrannter Kork war die bevorzugte Schminke, zumindest was meinen Bruder und mich betraf. Obwohl wir beide bei den Pfadfindern waren, waren wir auf Halloween nie richtig vorbereitet. Bob und ich *freuten* uns zwar immer wie verrückt auf Halloween, aber bei uns zu Hause schien oft Verwirrung darüber zu herrschen, *wann* es nun eigentlich stattfand. Und wenn der »Süßes oder Saures«-Abend dann endlich vor der Tür stand, waren wir nur in den seltensten Fällen startklar.

Die häufigsten Sätze des Tages waren jedes Jahr: »Als was gehen wir zu ›Süßes oder Saures‹?«

»Als was verkleidest du dich?«

»Was ziehst du an?«

Die Antwort lautete für gewöhnlich: »Keine Ahnung, und du?«

Bei Last-Minute-Kostümen für Jungs hatten Landstreicher und Piraten im Allgemeinen die Nase vorn, denn um als eines von beiden »zu gehen«, brauchten wir nichts weiter als ein paar alte Klamotten: einen von Dads alten Hüten und einen Besenstiel mit einem Bündel daran für einen Landstreicher oder ein Kopftuch und einen von Moms Kreolen für einen Piraten. Landstreicher und Piraten trugen beide ein Seil als Gürtel. Und beide waren – natürlich – mit verbranntem Kork geschminkt.

Korken gab es immer im Haus, auch wenn ich mir nicht ganz sicher bin, wo sie eigentlich herkamen. Damals tranken meine Eltern keinen Wein. Wir wohnten in einer zweistöckigen Wohnung, zusammen mit einer Abstinenzler-Großtante und ihrer Cousine, die der Christlichen Abstinenzler-Vereinigung für Frauen angehörte. Doch auch wenn mir die Herkunft der Korken bis heute ein Rätsel ist, war irgendwo im Haus immer einer zu finden.

Wenn wir dann endlich für unsere »Süßes oder Saures«-Tour verkleidet waren, warteten Bob und ich ungeduldig, während Mom das Ende des Korkens anzündete. Sie ließ es eine Weile lang brennen, blies die Flamme dann aus und trug Landstreicher- und Piratenflecken auf unseren Gesichtern auf. Der Korken fühlte sich hart und warm an – manchmal auch zu warm. Er machte trockene Flüstergeräusche auf unserer Haut und roch nach Verbranntem.

Doch auch wenn wir ziemlich oft als Landstreicher und Pirat loszogen – wenn auch nie beide im selben Outfit –, waren unsere Kostüme nicht immer so hastig zusammengestellt.

Hin und wieder zogen wir auch mit Masken und Kostümen los, die wir in einem Laden gekauft hatten. Masken im Stil des Lone Rangers waren kratzig und rochen nach Textil. Gummimasken rochen wie das Innere eines Tennisballs und nach einer Weile waren sie vor Schweiß ganz feucht und klebten fast wie eine zweite Haut am Gesicht – wie die Haut von jemand *anderem*. Sie fühlten sich immer furchtbar heiß an. Von dem elastischen Band, mit dem man die Maske hinten am Kopf festband, taten einem nach einer Weile die Ohren weh und es ziepte an den Haaren.

Außerdem schränkten Masken das Sichtfeld ein. Wer eine Brille trug – wie ich zum Beispiel –, hatte besonders große Probleme. Die meisten Masken passten über einer Brille nicht richtig. Aber selbst wenn man es trotzdem schaffte, die Brille unter der Maske anzubehalten, beschlugen schon nach einer halben Minute die Gläser.

Aber Brille hin oder her, durch eine Halloweenmaske konnte man die »Süßes oder Saures«-Tour durch ein aufregendes »Blinde Kuh«-Element erweitern. Ständig stieß man mit seinen Freunden oder Wildfremden zusammen. Man blieb an Rissen im Bürgersteig hängen und stolperte über Treppenstufen und Bordsteinkanten. Man lief vor fahrende Autos und konnte sich nie ganz sicher sein, wer neben einem ging.

Damals waren in der Nachbarschaft, in der ich aufwuchs, Stürze und Zusammenstöße aufgrund eines beeinträchtigten Sichtfelds wohl die größten Gefahren, die uns an Halloween begegnen konnten. Eltern begleiteten Kinder, die das Laufen bereits gelernt hatten, nur in sehr seltenen Fällen, sofern ältere Brüder oder Schwestern dabei waren, die sich um die Kleinen kümmern konnten. Während die Kinder so unbeaufsichtigt durch die Nacht streiften, blieben die meisten Eltern zu Hause, um an der eigenen Haustür Süßes zu verteilen.

Normalerweise ging ich mit meinem Bruder und drei oder vier Freunden auf Tour. Abgesehen von unseren Kostümen trug jeder von uns eine Einkaufstüte für die eingesammelten Süßigkeiten. Der eine oder andere hatte auch immer eine Taschenlampe dabei. Eier zum Werfen hatten wir jedoch so gut wie nie in der Tasche. Soweit ich mich erinnern kann, hatten wir noch nicht mal Seife dabei, um die Fenster einzuseifen.

Wir waren »brave Kinder«.

Wir begannen in unserer eigenen Nachbarschaft, eilten von Haus zu Haus, rannten scheinbar endlose

Verandastufen hinauf, stolperten dabei nicht selten und drückten auf unzählige von Türklingeln. Wenn sich die Tür dann öffnete, kreischten wir: »Süßes oder Saures!« Allerdings hatten wir nie die Absicht, irgendjemandem »Saures« zu geben.

Nicht dass das jemals nötig gewesen wäre. Wenn die Leute zu Hause waren, öffneten sie die Tür für gewöhnlich auch und ließen Süßes in unsere Tüten fallen, während sie Sätze aufsagten wie: »Na, *ihr* seht aber toll aus!« oder »Und wen wollt ihr darstellen?« oder auch »Oh, du bist ja wirklich richtig gruselig!« Daraufhin riefen wir »Fröhliches Halloween!« und rannten zum nächsten Haus weiter.

Mit jedem Haus, das wir besuchten, wurden unsere Tüten schwerer. Äpfel und Orangen waren am schwersten und – bei den meisten von uns – auch am unbeliebtesten. Manchmal ergatterten wir auch selbst gebackene Kekse oder Brownies – meistens in eine Papierserviette gewickelt, die oben mit einer Schleife zugebunden war –, kleine Hershey's-Schokoladenriegel, unterschiedliche Kaugummis – hin und wieder sogar diese tollen Zigarren, die fast als echt hätten durchgehen können, wenn sie nicht rosa gewesen wären –, Hershey's-Schokoküsse in glitzernder Silberfolie, Packungen mit weißen Bonbon-Zigaretten mit roten Spitzen, haufenweise Toffee und jedes Jahr mindestens einmal knallrote, glänzende Wachslippen.

Diese Lippen aus Paraffin waren unser ganz großer Favorit. Wir wussten nie genau, ob wir sie essen oder tragen sollten, deshalb taten wir beides. Zuerst trugen wir sie für eine Weile, alberten damit herum und klimperten mit den Wimpern. Dann aßen wir die Dinger. Während ich auf den Lippen kaute, fragte ich mich immer, ob sie auch wirklich zum Essen *gedacht* waren. Sie schmeckten jedenfalls süß, wie Zuckerkerzen.

Manchmal warfen die Leute auch ein paar Münzen in unsere Tüten, meist kam dabei jedoch nicht besonders viel zusammen – ein paar Pennys hier und da. Aber wir sammelten jedes Mal immerhin so viel Kleingeld ein, dass unsere Tüten ein fröhliches Klimpern von sich gaben, wenn wir über die Bürgersteige rannten, von Bordsteinkanten hüpften oder auf der Straße hinfielen.

Wir begannen mit unserem »Süßes oder Saures«-Streifzug stets in der Nähe unseres Hauses, weiteten unsere Runde aber schon bald auf die Häuserblocks rundum aus. Wir vergrößerten unseren Radius immer weiter, bis die Leute, die in der jeweiligen Gegend wohnten, für uns alle Fremde waren.

Wenn wir in einer dieser Gegenden landeten, war der Abend immer schon weit vorangeschritten und unsere Beutetüten waren schwer. Die industriell gefertigten Kostüme aus dünnem, stinkendem Plastik waren hier und da bereits zerrissen. Ein paar von uns hatten ihre Masken längst auf den Kopf hochgeschoben, zumindest bis zum Ende der nächsten Treppe, wenn wir wieder an einer Tür klingelten. Der verbrannte Kork auf den Gesichtern der Landstreicher und Piraten war vom Schweiß ganz verlaufen und völlig verschmiert. Nur die härtesten Piraten trugen noch ihre Kreolen. Die Ohren taten von den Riemen der Masken weh, die Füße waren wund und die Hände schmerzten von den mit Süßigkeiten beladenen Tüten.

Außerdem kam uns die Umgebung dort beinahe unheilschwanger vor.

»Denkt ihr, wir sollten besser wieder umkehren?«

»Nein, wir haben noch Zeit.«

»Ich weiß nicht, ist schon ziemlich spät.«

»Machen wir noch einen Block.«

»Weiß überhaupt irgendeiner, wo wir sind?«

»Wir müssen einfach nur denselben Weg zurückgehen, auf dem wir hergekommen sind.«

»Was, wenn uns ein paar große Kinder begegnen?«

Wir hatten schon oft gehört, was die großen Kinder mit den kleineren machten, wenn sie sie bei »Süßes oder Saures« in die Finger bekamen. Auch wenn es uns selbst noch nie passiert war, hatte man uns erzählt, dass sie manchmal Eier nach den Kleineren warfen. Oder ihre Tüten mit den Süßigkeiten klauten. Wir hatten sogar schon Geschichten darüber gehört, dass die Großen Foltermethoden wie »Brennnessel« oder »Bauchklatschen« anwandten. Vor beiden hatten meine Freunde und ich eine Heidenangst ... auch wenn uns das natürlich nicht davon abhielt, sie hin und wieder selbst anzuwenden.

»Falls es irgendwelche Schwierigkeiten gibt, rennen wir einfach wie der Teufel.«

Da ich nicht unbedingt zu den Schnellsten in unserer Gruppe gehörte, erfüllte mich diese Lösung nie mit allzu großer Zuversicht.

»Vielleicht sollten wir doch lieber wieder zurückgehen.«

»Nur noch einen Block.«

»Aber was, wenn ...?«

»Angsthase, Pfeffernase.«

Diese letzten Häuserblocks waren immer die besten. Wir waren müde, uns tat alles weh, aber wir wagten uns immer weiter auf unbekanntes Gebiet vor, obwohl uns langsam die Zeit davonlief. In immer mehr Häusern brannte kein Licht. Die Gesichter der Kürbislaternen waren düster, die Kerzen vom Wind ausgeblasen oder abgebrannt.

Jeden Moment konnten wir von einem Mob älterer Kinder angegriffen werden. An jeder Tür konnten wir einem Fremden begegnen, der mehr im Sinn hatte, als nur Süßigkeiten zu verteilen.

Wir hatten schon einige Geschichten gehört.

Geschichten von Männern mit Möbeln aus Knochen und Lampenschirmen aus Haut, auf deren Herd in der Küche die Lebern kleiner Kinder in der Pfanne brutzelten.

Außerdem hatten unsere Eltern uns vage vor Männern gewarnt, die gewisse »Dinge« mit kleinen Jungen und Mädchen anstellten. Niemand hatte mir je gesagt, worum es dabei genau ging. Aber wenn es so schlimm war, dass die Erwachsenen nicht darüber sprechen wollten, dann musste es wirklich grauenvoll sein.

Aber was konnte wohl noch grauenvoller sein, als bei lebendigem Leib gehäutet, aufgefressen und zu Möbeln verarbeitet zu werden?

Ich wollte es gar nicht wissen.

Und irgendwie auch doch wieder.

Ich näherte mich jedem neuen Haus mit einer Mischung aus Todesangst und gespannter Aufregung. Je älter und dunkler das Haus war, desto besser.

In diesem letzten Häuserblock, in den letzten Stunden der Halloweennacht, als ich noch ein kleiner Junge war, näherten wir uns dem ältesten und dunkelsten Haus von allen.

»Lasst es uns bei dem da versuchen!«

»Bist du verrückt?«

»Kommt schon!«

»Es wird sowieso niemand die Tür aufmachen.«

»Ich glaube nicht, dass da jemand zu Hause ist.«

»Ich glaube nicht, dass da überhaupt noch jemand *wohnt.*«

»Der Schuppen ist total verfallen.«

»Vergessen wir's einfach.«

»Vielleicht sollten wir jetzt doch wieder zurückgehen.«

»Angsthase, Pfeffernase.«

»Mom und Dad werden uns umbringen.«

»Nein, werden sie nicht.«

»Wohl.«

»Es ist wirklich schon ziemlich spät.«

»Das hier ist das letzte.«

»Versprochen?«

»Großes Indianerehrenwort.«

Und so marschierten wir durch das hohe Gras und stiegen die hölzernen Stufen hinauf. Der Boden der Veranda knarrte unter unseren Schuhen. Unsere Tüten knisterten und klimperten. Wir blieben reglos vor der Fliegengittertür stehen.

»Ich weiß nicht, ob das wirklich eine so gute Idee war.«

»Ja, wir sollten wieder verschwinden.«

»Angsthasen.« Er drückte auf die Türklingel.

»Hey, schaut mal.«

Wir konnten ins Haus sehen. Auf der anderen Seite der Fliegengittertür schien die richtige Haustür sperrangelweit offen zu stehen.

»O Mist.«

»Schhh.«

Im Inneren des Hauses, am Ende eines langen dunklen Flurs, war ein flackernder Schein zu erkennen.

»O Mist.«

Ein Mann trat in den Flur, eine Kerze in der Hand. Ich kann mich nicht mehr daran erinnern, wie er aussah. Ich kann mich an gar nichts mehr erinnern, was ihn betraf … außer dass er mir eine Heidenangst einjagte.

Niemand rief »Süßes oder Saures«.

Wir wirbelten herum und rannten davon. Wir rannten durch einen Block nach dem anderen. Er bekam keinen von uns in die Hände.

Wahrscheinlich war er nur ein ganz normaler Typ.

Aber für einen Moment *war* er der Boogeyman, der durch den Flur kam, um uns zu schnappen.

In seinem Haus standen Möbel aus Knochen und es gab Lampenschirme aus Haut und in der Bratpfanne brutzelte Menschenleber. Er war eines dieser unendlich bösen und Furcht einflößenden Ungeheuer, die »Dinge« mit kleinen Jungen und Mädchen anstellten.

Wenn wir nicht so schnell weggerannt wären …

Wer weiß schon, was er uns dann angetan hätte?

Unaussprechliche Dinge.

Aber vielleicht hätte er auch Süßigkeiten in unsere Tüten fallen lassen und uns ein fröhliches Halloween gewünscht.

Wir werden es nie erfahren.

Aber eines weiß ich.

Er hat dieses spezielle Halloween mit etwas viel Besserem als Süßigkeiten bereichert – besser als Hershey's-Schokoküsse, rosa Kaugummizigarren oder knallrote Wachslippen. Er hat mir einen eiskalten Angstschauer über den Rücken gejagt.

Ein echter Boogeyman, wenn auch nur in unserer Vorstellung.

Der Santa Claus von Halloween.

Die Hütte im Wald

Nach Sonnenuntergang gehe ich nicht mehr raus. Ich verriegle die Fensterläden, verbarrikadiere die Tür und setze mich ganz nah ans Feuer. Wenn es wollte, könnte es trotzdem reinkommen, da bin ich mir sicher.

Bisher hat es aber noch keinen Versuch unternommen.

Ich lebe in ständiger Angst vor jener Nacht, in der es schließlich so weit ist, denn die morschen Fensterläden der Blockhütte und die unverschlossene Tür ohne Scharniere werden einem Angriff dieses grässlichen Wesens keinesfalls standhalten.

Wenn ich könnte, würde ich fliehen … aus der Hütte und aus diesen trostlosen Hügeln … würde in der Menschenmenge und dem Lichtermeer einer Großstadt untertauchen und nie wieder einen Fuß in die Wildnis setzen. Aber ich wage es nicht.

Wissen Sie, ich muss mich ganz auf die Kraft meiner eigenen Füße verlassen, und selbst wenn ich den Fluchtversuch schon im ersten Morgengrauen starten würde, befürchte ich, dass mich die Nacht einholen würde, während ich noch durch die endlose dicht bewaldete Wildnis haste.

Und *es* würde mich verfolgen.

Natürlich könnte ich Glück haben und ein Versteck

für die Nacht finden. Eine Jagdhütte zum Beispiel oder eine andere Blockhütte wie diese. Oder ich könnte auf eine Straße stoßen, von wo aus mich ein freundlicher Autofahrer an einen sicheren Ort mitnehmen könnte.

Falls es in der Umgebung eine solche Straße oder Hütte geben sollte, habe ich sie jedenfalls noch nicht entdeckt.

Von Zeit zu Zeit habe ich den fragwürdigen Schutz der Hütte im Morgengrauen verlassen und bin auf der Suche nach einem Nachbarn, einer verlassenen Behausung oder einer Straße durch die Wälder gestreift. In jede Himmelsrichtung bin ich gegangen ... allerdings nie länger als sechs Stunden am Tag.

Bestimmt kennen Sie die Rätselfrage: »Wie tief kann ein Hund in den Wald hineinlaufen?«

Und die Antwort lautet natürlich: »Nur bis zur Mitte, denn danach läuft er schon wieder hinaus.«

Genau wie solch ein Hund komme ich mir vor.

Ich weiß, dass ich vor Einbruch der Dunkelheit wieder in der Hütte sein muss, und kann deshalb nur die Hälfte der Strecke zurücklegen, die ich am Tag schaffen könnte.

Seit Wochen sitze ich hier fest und seither habe ich meinen Aktionsradius erweitert, indem ich immer schneller laufe. Neulich bin ich sogar im ersten Sonnenlicht losgerannt, um so viel Strecke wie möglich zu schaffen. Ich rannte bis zur Erschöpfung, ging dann ein kleines Stück und rannte wieder los. Auf diese Art und Weise kam ich etwa doppelt so weit wie sonst.

Aber ich fand keinen Zufluchtsort weit und breit. Auch keine Straße.

Nach etwa einem halben Tag bin ich umgekehrt.

Gütiger Gott – leider nicht früh genug.

Erschöpft, wie ich war, eilte ich zurück, musste aber bald erkennen, dass ich es kaum vor Einbruch der Nacht zur Hütte schaffen würde.

Die Erkenntnis traf mich wie ein Todesurteil.

Schlimmer noch. Kriminelle werden bei uns gnädig gehängt, auf dem elektrischen Stuhl hingerichtet oder erschossen, aber sie werden nicht von den Füßen gerissen und in den Fängen einer monströsen Kreatur verschleppt, von riesigen Schwingen fortgetragen, um schließlich ein so unsagbar grausames Schicksal zu erleiden, dass ich den bloßen Gedanken daran nicht ertrage.

Immerhin hatte ich Arthurs doppelläufige Schrotflinte. Die würde die Kreatur wohl kaum töten – dafür aber mich. Ich habe mir geschworen, die Waffe eher gegen mich selbst zu richten als zuzulassen, dass mich das Monster erwischt.

Mit dem tröstenden Gedanken an einen erlösenden Flintenschuss setzte ich meinen Weg zur Hütte fort. Der Wettlauf mit der Zeit hatte kurz nach Mittag begonnen. Ich schlug mich durchs Dickicht, watete durch Flüsse, überquerte Abgründe, quälte mich steile Pfade hinauf, stolperte Hänge hinab, manchmal stürzte ich auch. Ich hielt zwar nicht so oft an, um eine Pause einzulegen, wie mein Körper es verlangte, aber dennoch öfter als ratsam.

Am späten Nachmittag färbte sich das Sonnenlicht satt golden und warf lange Schatten voraus. Früher habe ich diese Tageszeit wegen ihrer unergründlichen melancholischen Schönheit besonders geliebt. Jetzt erfüllt sie mich mit Angst und Schrecken, denn sie kündigt den bevorstehenden Sonnenuntergang an … und die Dunkelheit …

und das schreckliche flügelschlagende Wesen, das aus dem Nachthimmel zu mir herabstoßen will.

Bald brach die Dämmerung herein, unmerklich und düster, grau und blau. Meine Beine fühlten sich an wie steinerne Säulen, meine Arme waren bleiern, meine Hände kaum in der Lage, das Gewehr zu halten. Die Lunge brannte und das Herz drohte zu zerspringen. Und trotzdem rannte ich weiter, immer weiter.

Als die Nacht sich schließlich über die Hügel legte, sah ich die Hütte in der Ferne.

Mit letzter Kraft stolperte ich voran und rang nach Atem. Ich ließ den Wald hinter mir und hastete über die Lichtung. Näher. Immer näher kam ich der Hütte. Dann hörte ich den Schrei des gottlosen Biests und das Schlagen seiner enormen Flügel. Als ich hochschaute, sah ich es durch die Nacht rauschen und sein massiger Körper verdunkelte die Sterne.

Es war nicht hinter mir her. Nicht in dieser Nacht.

Es hatte zweifellos andere Grausamkeiten im Sinn.

Aber es wird wiederkommen. Wenn nicht heute Nacht, dann morgen oder übermorgen. Es wird niemals zulassen, dass ich diesen Ort lebend verlasse.

Es braucht, was ich habe.

2

Meinen Schwager Arthur Addison hat es zuerst erwischt. Trotz seines entsetzlichen Schicksals kann ich mir eine gewisse ironische Genugtuung nicht verkneifen. Immerhin hatte er uns gegen unseren Willen in diese Wildnis begleitet.

Ich hatte mich auf ein paar Tage trauter Zweisamkeit mit meiner frischgebackenen Ehefrau gefreut … nicht auf ein Dreiergespann mit ihrem Bruder.

Allerdings konnten wir ihn nicht davon abhalten, denn die Hütte gehörte zur Hälfte ihm. Sie war seit gut einem Jahrhundert in Familienbesitz und wurde von einer Generation zur nächsten vererbt, bis sie schließlich nach dem plötzlichen Tod der Eltern bei einem Zugunglück in den Besitz von Emily und Arthur überging.

Obwohl ihnen die Blockhütte gehörte, waren sie noch nie dort gewesen. Ihr Vorfahr, Garrett Addison, hatte das Gebäude offenbar in der unwegsamsten und einsamsten Gegend errichtet, die er finden konnte, um sich … na ja, niemand weiß genau, wem oder was er sich dort entziehen wollte. Er war wohl der »komische Kauz« der Familie. Selbst seine Frau und die drei Kinder, die er in Providence zurückließ, waren augenscheinlich froh, verlassen worden zu sein.

Ich habe weder Zeit noch Muße, die Geschichte von Garretts Hütte ganz aufzurollen. Es sei nur so viel gesagt, dass ihr Standort letztlich bekannt wurde und spätere Generationen die Hütte daraufhin besucht und fotografiert haben. Sie wurde immer weiter vererbt und schließlich kamen meine Frau und ihr Bruder in ihren Besitz.

Ich fand, das sei der ideale Ort, um zwei Wochen lang Abstand zu gewinnen, bevor ich meiner Sammlung düsterer Gruselgeschichten, an der ich während der vergangenen zwei Jahre gearbeitet hatte, den letzten Schliff geben wollte.

Als ich Emily dieses kleine Abenteuer vorschlug, sagte sie: »Tolle Idee! Das machen wir!«

Kurz darauf bekam Arthur irgendwie Wind von unserem Vorhaben. »Ihr seid ja verrückt«, fand er. »Die alte Hütte ist ja beinahe unzugänglich.«

Als junger Mann hatte ihr Vater einmal einen Ausflug dorthin unternommen und wäre wegen der weiten Strecke und des unwegsamen Geländes beinahe auf halbem Weg umgekehrt. Doch er hielt durch und erreichte schließlich die Hütte, blieb dann aber nur eine einzige Nacht und beeilte sich, wieder nach Hause zu kommen.

»Er hat uns nie erzählt, was in dieser Nacht passiert ist«, erklärte Arthur, »aber er hat uns davor gewarnt, jemals dorthin zu gehen. Es wäre wahrscheinlich klug, seine Warnung ernst zu nehmen.«

»Aber Arthur«, entgegnete Emily, »das ist doch schon Jahre her. Ich kann mir zwar nicht vorstellen, was Vater so sehr erschreckt hat, aber das wird so viele Jahre später doch sicher kein Problem mehr sein.«

Arthur ließ nicht locker und wandte ein, ein solcher Ausflug sei anstrengend, mühsam und höchstwahrscheinlich sogar gefährlich. Aber wir waren nicht davon abzubringen. Letzten Endes sagte Arthur: »Na gut, wenn ihr unbedingt zu dieser gottverlassenen Hütte gehen müsst, dann gehe ich eben mit.«

»Sei doch nicht albern«, antwortete Emily.

»Keine Widerrede. Ich lasse dich doch nicht einfach in so einer Gegend rumspazieren, ohne dass dich jemand beschützt außer Dexter.« Er rümpfte die Nase, als hätte mein Name einen fauligen Geruch.

»Ich kann sehr gut für Emilys Wohlergehen sorgen«, teilte ich ihm mit.

»Papperlapapp.«

In Anbetracht seiner Größe und Gewaltbereitschaft beherrschte ich mich, ihm die Nase einzuschlagen.

Emily versuchte mehrmals, ihm die Sache auszureden, aber ohne Erfolg. Ohne ihn konnten wir allerdings auch nicht einfach losziehen. Abgesehen davon, dass ihm die Hütte zur Hälfte gehörte, war Arthur nämlich der Einzige, der einen detaillierten Lageplan besaß. Er ließ nicht zu, dass wir einen Blick darauf erhaschen konnten.

Eigentlich war ich drauf und dran, das Ganze abzublasen, aber Emily war so neugierig auf diese Hütte und die Gegend geworden, dass man ihr den Ausflug nicht mehr ausreden konnte.

»Es wird toll werden, Schatz«, versicherte sie mir.

»Arthur ist ein Idiot.«

»Ach, er ist einfach nur ein bisschen zu besorgt um mich. Er ist schließlich mein großer Bruder.«

»Aber ich wollte eben gerne mit dir allein sein.«

»Ich weiß, Schatz, ich finde es ja auch schade, aber Arthur hat mir hoch und heilig versprochen, uns allein zu lassen, wenn wir möchten.«

»Na wunderbar. Wir sind also dazu verdammt, ihn um Erlaubnis zu fragen.«

»So schlimm wird es schon nicht werden. Wirklich nicht.«

»Dann übernimmst *du* das aber. Ich habe nämlich keine Ahnung, wie ich ihn bitten soll, mal kurz zu verschwinden, damit ich mit seinem kleinen Schwesterchen den Liebesakt vollziehen kann.«

Sie lachte süß und sagte: »Ich übernehme die Aufgabe, ihn zu verscheuchen.«

Und dieses Versprechen sollte sie wahrlich halten.

3

Wir waren mit dem Zug bis nach Brattleboro gefahren und hatten dort ein Taxi gemietet, mit dem wir uns so nah, wie die Straßen es erlaubten, zur Hütte fahren ließen. Der Fahrer sollte uns in 14 Tagen an genau derselben Stelle wieder abholen. Dann studierte Arthur zum x-ten Mal die Karte, und wir begannen unseren Marsch. Jeder trug einen Rucksack mit Kleidung, Ausrüstung und Verpflegung für unser Abenteuer. Zusätzlich schulterte Arthur eine ziemlich große Schrotflinte und schlenderte so den Waldweg entlang.

Von der Straße bis zur Hütte brauchten wir fünf Tage. Obwohl wir alle erschöpft waren, Muskelkater hatten und unter Mückenstichen, Kratzern, blauen Flecken und Blasen litten, beendeten wir unsere Reise ohne größere Zwischenfälle. Wir fühlten uns in der völligen Einöde allerdings immer unbehaglicher und nachts schreckten uns seltsame Geräusche auf.

Im Nachhinein wundert mich das. Zweifellos hatte die Kreatur uns bemerkt. Damals war uns noch nicht klar, was die nächtlichen Geräusche zu bedeuten hatten, aber jetzt weiß ich, dass sie das Schlagen riesiger Flügel und unheimliche Wut- oder Freudenschreie waren.

Warum es uns nicht angegriffen hat, weiß ich nicht. Wahrscheinlich hatte es seine Gründe, uns ungestört zur Hütte reisen zu lassen. Vielleicht *wollte* es, dass wir dorthin gelangten.

Als wir abgekämpft und zerschlagen ankamen, waren wir nicht in der Verfassung, sofort weiterzureisen. Ich glaube nicht, dass wir ansonsten auch nur eine einzige Nacht in der Hütte verbracht hätten.

Von außen sah sie ein bisschen klapprig und marode aus, aber das war ja kein Wunder. Immerhin war das Gebäude seit vielen Jahren verlassen. Wir hatten sogar mit Schlimmerem gerechnet.

Insgesamt sah die Hütte aber intakt aus, bis auf die Eingangstür. Sie war aus den Angeln gerissen und lag ein Stück weiter drinnen flach auf dem Boden.

Von der Veranda aus betrachteten wir die Tür.

»Wie das wohl passiert ist?«, fragte sich Emily.

»Vielleicht wollte ein Bär rein«, mutmaßte Arthur.

»O Gott.«

»Keine Angst.« Arthur nahm seinen Rucksack ab und stellte ihn auf der Veranda ab. »Zweifellos ist unser Eindringling längst weg. Aber trotzdem.« Er entsicherte die Flinte. »Wartet hier«, sagte er und betrat die Hütte.

Nach wenigen Schritten hatte ihn die Dunkelheit bereits verschluckt.

»Sei bloß vorsichtig«, rief Emily ihm nach.

»Alles in Ordnung. Aber hier riecht es ziemlich modrig. Nach Tod, fürchte ich.« Einen Augenblick später flackerte ein Streichholz auf. Der Lichtschein beleuchtete Arthur in einer entfernten Ecke. Er stand mit dem Rücken zu uns und hielt das Streichholz in der erhobenen Hand zwischen Daumen und Zeigefinger.

»Ich hab's ja gesagt.«

»Arthur, was ist da?«, fragte Emily.

»Ein Kerl.«

»Ein *was?*«

»Ein toter Kerl.«

»O Gott.«

»Nur fehlt ihm leider die Birne.«

»Was?«, fragte ich.

»Komm rein und schau's dir selbst an, Dexter. Ist doch genau dein Ding, genau wie der Quatsch, den du so gerne schreibst. Oder hast du etwa Angst, das Ganze mal in natura zu erleben?«

Ich trat über die Schwelle, aber Emily packte mich am Arm.

»Ich sehe nur kurz nach. Warte hier«, beruhigte ich sie.

»Sei vorsichtig, Schatz.«

Während ich durch den Raum ging, erlosch Arthurs Streichholz. Dunkelheit umhüllte mich. Ich blieb stehen und sagte: »Ich kann nichts sehen.«

Arthur kicherte leise. »Immer der Nase nach, mein Lieber, immer der Nase nach.«

»Arthur«, rief Emily missbilligend vom Eingang aus.

Wieder kicherte er. Kurz darauf flackerte ein weiteres Streichholz auf. Ich eilte zu Arthur, der die Flamme mit seiner Pfeife aufsaugte. Das Tabakaroma vermischte sich schnell mit dem Gestank von verrottetem Fleisch.

Als ich bei ihm ankam, brannte die Flamme noch.

Auf dem Fußboden, genau vor einem Schaukelstuhl, lagen die Überreste eines menschlichen Körpers. In seiner merkwürdigen pseudobritischen Art hatte Arthur diese Person einen Kerl genannt. Falls Arthur nicht ungleich versierter in Anatomie war als ich, war die Annahme, dass es sich hierbei um einen Mann handelte, pure Hypothese – oder Wunschdenken. Die Kleider hingen in Fetzen. Ebenso das Fleisch. Außer Knochen war nicht mehr viel übrig und der Schädel war nicht vorhanden.

Während ich den abscheulichen Fremden anstarrte, erlosch Arthurs Pfeife. Mit einem Mal fehlte der süße

Pfeifenqualm und der Gestank erschlug mich. Heftig würgend rannte ich zum Ausgang. Emily machte einen Satz zur Seite. Ich sprang von der Veranda. An der frischen Luft konnte ich den Brechreiz so weit unterdrücken, dass ich mich wenigstens nicht vor meiner Frau erbrechen musste.

Arthur war sichtlich belustigt. Die nächsten zehn Minuten verbrachte er damit, unverhohlen zu kichern, mich kopfschüttelnd zu betrachten und Kommentare abzugeben wie: »Empfindlicher Magen, was, Dexter?« Währenddessen entfernte er den Kadaver aus der Hütte. Er trug ihn mit bloßen Händen hinaus, und dazu musste er mehrmals gehen. Die Knochen warf er in eine dicht bewachsene Schlucht etwa 30 Meter entfernt.

Als das erledigt war, grinste er uns an und rieb sich die Hände wie jemand, der gerade einen ordentlichen Stoß Feuerholz gehackt hat. »Das war's.«

»Aber wo ist der Kopf von dem armen Mann?«, fragte Emily.

»Ich befürchte, den hat er irgendwo verloren.«

»Vielleicht ist er noch in der Hütte.«

»Da ist es furchtbar dunkel«, fügte ich hinzu.

»Ich werde die Fensterläden öffnen«, sagte Arthur. »Ein bisschen frische Luft könnte nicht schaden. Ist muffig da drin. Und das ist ziemlich ungesund.« Lachend schlenderte er die Verandatreppe hinauf und betrat die Hütte.

Nach einiger Zeit kam er wieder raus. »Keine Spur von einem Kopf.«

»Ich glaube nicht, dass ich heute Nacht da drin schlafen werde«, sagte Emily.

4

Dann besprachen wir, ob wir alle wieder umkehren sollten. Ich war dafür. »Lasst uns abhauen, solange es noch hell ist«, argumentierte ich. Und solange wir noch unsere Köpfe auf den Schultern haben, dachte ich, behielt den Gedanken aber für mich, um nicht feige zu erscheinen.

»Aber mein lieber Freund, wir sind doch gerade erst angekommen.«

»Da lag ein toter Mann in der Hütte«, erinnerte ich ihn und übernahm damit die These, dass es sich bei dem Toten um einen Mann handelte, obwohl es dafür keinen Anhaltspunkt gab. »Allem Anschein nach ist er nicht sehr alt geworden und ich möchte Emily unter keinen Umständen dem aussetzen … was immer es auch sein mag … was diesen armen Mann *zerstört* hat.«

»O Dexter, er ist doch schon ewig tot«, entgegnete Arthur.

»Ewig wohl nicht. Er hatte noch Fleisch an den Knochen.«

»Nicht der Rede wert«, grinste Arthur.

Emily drückte meinen Arm und flüsterte: »Ich bin geschafft, Schatz. Wir alle. Außerdem wird es bald dunkel. Lass uns zumindest heute Nacht hierbleiben. Wir können unter freiem Himmel schlafen, und wenn wir dann morgen frisch und ausgeruht sind, entscheiden wir, ob wir bleiben oder ob wir uns auf den Rückweg machen.«

»Bravo! Die Stimme der Vernunft«, jubelte Arthur.

»Ich bin trotzdem der Meinung, dass wir nicht hierbleiben sollten«, protestierte ich.

Kichernd klopfte mir Arthur mit seinen dreckigen Händen auf die Schulter. »Keine Angst, mein Junge, ich passe auf dich auf.«

5

Es war mitten in der Nacht und ich schlief tief und fest, als mich Emily im Schlafsack nebenan am Arm schüttelte und wisperte: »Dexter! Dexter!«

»Was ist los?«

»Hörst du das?«

Ich lauschte und hörte ein leises, schwerfälliges *wapp … wapp … wapp*, wie der gemächliche Schlag riesiger lederner Flügel. Während unserer Reise hatten wir dieses Geräusch oft gehört, aber es war immer weit entfernt gewesen.

Jetzt war es ganz in der Nähe und kam immer näher.

Ich legte eine Hand auf Emilys Schulter und flüsterte: »Nicht bewegen. Nicht sprechen.«

»Ich muss Arthur warnen.«

Wir drei hatten unsere Schlafsäcke vor der Hütte ausgebreitet, aber Arthur hatte sich circa zehn Meter weiter unten hingelegt, um uns etwas Privatsphäre zu gönnen.

Im hellen Mondlicht konnte ich seinen Umriss erkennen. Es sah nicht so aus, als starrte er nach oben.

Der Flügelschlag der Kreatur wurde immer lauter.

»Gütiger Gott!«, murmelte Emily.

Ich rief: *»Arthur! Am Himmel!«*

Er richtete sich kerzengerade auf und schnaufte.

Wir alle starrten gebannt in den Himmel.

Obwohl ich in Richtung der klatschenden Geräusche

blickte, konnte ich kaum mehr als die dunklen Umrisse der Bäume erkennen. Dann brach etwas durch die oberen Äste.

»Beim Jupiter!«, schrie Arthur und griff nach seinem Gewehr.

Das Kreischen des Monsters zerriss mir das Trommelfell.

Ein riesiger schwarzer Schatten senkte sich auf Arthur.

KRAWUMM!

Der Blitz seines Gewehrfeuers erhellte die Nacht … erhellte Arthur und die Kreatur.

Emily schrie. Arthur feuerte den zweiten Lauf ab. In der Dunkelheit, die folgte, vermochte ich nicht zu erkennen, was mit ihm passierte.

Schluchzend und zitternd klammerte sich Emily an mich.

Etwas später rappelten wir uns auf, fest aneinandergeklammert. Wir stolperten zu Arthurs Schlafsack. Seine Flinte lag am Boden, aber von ihm fehlte jede Spur.

6

Emily und ich verbrachten den Rest der Nacht in der Hütte. Immer wieder stopfte ich Arthurs Pfeife, um den restlichen Gestank zu überdecken und nicht einzuschlafen. Wir hatten die Hütte so fest verrammelt wie irgend möglich. Die Fensterläden geschlossen, die Tür in den Rahmen gelehnt und diverse Möbelstücke davorgeschoben.

Emily lag auf dem Boden, den Kopf auf meinem Schoß. Ich saß gegen die Wand gelehnt und hatte Arthurs Gewehr griffbereit.

Während der langen, scheinbar endlosen Stunden bis Sonnenaufgang ging mir eine Menge durch den Kopf. Unter anderem kam mir auch der Gedanke, dass mein Wunsch in Erfüllung gegangen war, mit Emily in der Hütte allein zu sein … ohne Arthur. Ironie des Schicksals, dachte ich, jetzt, da er weg war, verspürte ich nicht den leisesten Hauch von Romantik. Ich zog sogar in Betracht, dass mein »Wunsch« Arthurs Unglück herbeigeführt haben könnte. Bei dieser Vorstellung fühlte ich mich eine Zeit lang wirklich schuldig. Aber schließlich wurde mir klar, dass ich nicht die Macht hatte, ein derartiges Wesen auf Arthur zu hetzen. Ich wusste auch, dass Arthur uns gar nicht erst begleitet hätte, wenn ich irgendeine Kontrolle über sein Schicksal gehabt hätte. Selbst dann wäre er jetzt noch sicher in Providence.

Während der langen Nacht hatte ich genug Zeit, mir zu wünschen, Emily und ich wären selbst in Providence geblieben. Wir hatten ja vom Ruf der Hütte gewusst. Wie spielende Kinder hatten wir die Gefahr ignoriert und waren trotzdem aufgebrochen.

Wie sehr ich mir wünschte, die Zeit zurückdrehen zu können, die offensichtlichen Warnungen in der Vergangenheit dieses verfluchten Ortes zu beachten und ihm geflissentlich fernzubleiben. Aber wir konnten die Zeit nicht zurückdrehen. Wir saßen hier fest.

Kurz nachdem die ersten grauen Lichtstrahlen den Sonnenaufgang ankündigten, überkam mich der Schlaf.

An meine Träume kann ich mich nicht erinnern, ich weiß nur, dass sie entsetzlich waren und ich schreiend aufwachte.

Emily lag neben mir und nahm mich in die Arme, beruhigte mich mit zärtlichen Worten und Berührungen.

»Es ist alles in Ordnung, Schatz«, murmelte sie. »Es war nur ein böser Traum. Jetzt ist alles wieder gut. Alles ist gut.«

»Wir … wir müssen hier weg.«

»Das werden wir auch.« Emilys warme Finger streichelten meine Wange. »Wir machen uns sofort auf den Weg. Sobald wir Arthur gefunden haben.«

»Aber Arthur … das Biest hat ihn mitgenommen.«

»Das wissen wir nicht.«

»Es hat ihn mitgenommen, Schatz.«

»Vielleicht. Aber keiner von uns hat es mit ihm wegfliegen sehen. Ich habe jedenfalls nichts dergleichen gesehen. Du vielleicht? Wir waren beide vom Blitz der Gewehrschüsse geblendet. Wir wissen nur mit Sicherheit, dass sich die Kreatur auf Arthur gestürzt hat und dass wir ihn danach nicht mehr finden konnten.«

Ich schaute meiner geliebten Frau in die Augen und sagte: »Ich bin mir sicher, dass es ihn verschleppt hat.«

»Vielleicht ist er weggerannt und hat sich im Wald versteckt.«

»Aber er ist nicht wiedergekommen.«

»Vielleicht hat er sich verirrt oder verletzt. Vielleicht braucht er dringend Hilfe.«

Doch ich war überzeugt, dass er tot im Bauch dieses Monsters lag.

»Wir können nicht einfach verschwinden. Nicht bevor wir alles versucht haben, was in unserer Macht steht, um ihn zu finden.«

»O mein Schatz«, sagte ich.

Als sie die Angst in meinen Augen sah, küsste sie mich sanft. »Es kann gut sein, dass Arthur vergangene Nacht gestorben ist.«

Ich war froh und traurig zugleich, diese Worte zu hören, zeigten sie doch, dass Emily ihren gesunden Menschenverstand nicht verloren hatte.

»Das ist … sehr wahrscheinlich.«

»Wenn das der Fall ist, müssen wir seinen Leichnam finden und ihn von diesem verfluchten Ort wegbringen.«

»Wir werden nicht …«

»Wir können hier nicht ohne ihn fortgehen.«

Gütiger Gott, dachte ich.

7

Wir räumten die Tür frei, nahmen sie aus dem Rahmen und traten hinaus in die Sonne. Da wir wenig über das Wesen des geflügelten Monsters wussten, konnte ich nicht davon ausgehen, dass es nur nachtaktiv war. Daher trug ich Arthurs Gewehr und lauschte, während wir die unmittelbare Umgebung absuchten.

Von der Kreatur war nichts zu hören und zu sehen.

Auch nicht von Arthur.

Wir untersuchten den Boden in der Nähe seines verlassenen Schlafsacks. Nichts Ungewöhnliches, nicht einmal Blutstropfen.

Emily kniff die Augen zusammen und starrte in den Wald. »Er ist irgendwo da draußen. Ich weiß es.«

»Aber der Wald ist … er ist riesig, Schatz. Wir müssten womöglich tagelang suchen, ohne …«

»Wir werden ihn finden. Ich bin mir ganz sicher. Wir müssen ihn einfach finden.«

»Und dabei unser eigenes Leben riskieren?«

»Wenn es sein muss.«

»Aber Schatz … glaubst du denn, dass Arthur gewollt hätte, dass du … dass du von diesem Biest gefressen wirst … weil du seinen Leichnam finden wolltest?«

»Ich bin mir jedenfalls sicher, dass er nicht als Aas hier in der Wildnis zurückgelassen werden wollte.«

Um sie nicht zu verärgern, nickte ich zustimmend.

»Dann werden wir ihn also finden.«

8

Und wir fanden ihn. Nach unserer anfänglichen Suche hielt ich Wache, während Emily etwas zu essen machte.

Wir waren spät aufgestanden. Es war daher weit nach Mittag, als wir uns zur zweiten Suche aufmachten. Wir blieben dicht beieinander und umrundeten die Hütte in einer immer größer werdenden Spirale.

Mir erschien die Suche aussichtslos. Und außerdem leichtsinnig. Wir hätten uns in Sicherheit bringen und vor Sonnenuntergang so viel Strecke wie möglich zurücklegen sollen … nicht im Kreis laufen – in der Hoffnung, Arthurs sterbliche Überreste zu finden.

Wir stießen am späten Nachmittag auf ihn. Man kann nicht sagen, dass wir ihn gefunden haben. Im Gegenteil, er hat uns gefunden.

Als wir uns durch den dichten Wald schleppten, hielten wir die Köpfe gesenkt. Meistens blickten wir auf den Boden direkt vor uns, einerseits, um Arthurs Körper zu entdecken, und andererseits, um nicht gegen Bäume zu laufen, über Wurzeln oder heruntergefallene Äste zu stolpern oder uns auf andere Art und Weise zu verletzen.

Wir haben Arthur überhaupt nicht gesehen.

Als wollte er Emilys Behauptung unterstreichen, dass er nicht hier zurückgelassen werden wollte, hatten sich Arthurs Finger in Emilys Haar verfangen, als sie unter ihm vorbeiging.

»Ach Mist«, murmelte sie.

Ich war ein paar Schritte vorausgegangen, schaute gerade in dem Moment zurück, als sie nach oben griff, um ihre Haare aus einem tief hängenden Zweig zu befreien.

Sofort sah ich, dass es sich nicht um einen Zweig handelte, sondern um die gekrümmten Finger einer menschlichen Hand.

Noch bevor ich Emily warnen konnte, berührte sie die Hand und schrie auf. Sie stolperte rückwärts. Eine Strähne blonder Haare blieb für einen Augenblick in der Hand hängen und löste sich dann.

Emily fiel auf den Rücken.

Wir starrten beide zu der Hand hinauf.

Sie gehörte zu einem muskulösen behaarten Arm, der durch die Gabelung eines starken Astes etwa zwei Meter über dem Waldboden ragte und so steif wie der Ast selbst zu sein schien.

9

Emily hatte sich an die Hoffnung geklammert, ihren Bruder lebendig zu finden. Beim Anblick seines Arms zerplatzte diese Hoffnung. Sie richtete sich auf, blieb aber zitternd und schluchzend auf dem Boden sitzen, und Tränen liefen ihr übers Gesicht. Ich rannte zu ihr und nahm sie in die Arme.

Nach einiger Zeit fasste sie sich so weit, dass sie sprechen konnte. »Würdest du … würdest du ihn da runterholen? Bitte?«

»Natürlich.«

Also ließ ich Emily wimmernd auf dem Boden zurück und kletterte auf den Baum. Ich schaute nicht hin, bevor ich auf dem Ast stand, auf dem Arthur lag. Er lag sozusagen mit dem Gesicht nach unten … nein. Sein aufgerissener und mit Kleidungsfetzen bedeckter Rücken zeigte nach oben. Aber er hatte gar keinen Kopf. Der Rest seines Körpers schien unversehrt, wenn auch schrecklich entstellt und zerkratzt.

Weiter oben im Baum zeugten mehrere gebrochene Äste von seinem Sturz. Zunächst hatte ich es für möglich gehalten, dass Arthur auf der Flucht vor der Kreatur bis ganz oben in den Baum geklettert war, bevor es ihm den Kopf abgerissen hatte und er heruntergefallen war.

Später wurde mir allerdings klar, dass es sich nicht im Geringsten so abgespielt hatte. Die geflügelte Kreatur hatte vielmehr beim Flug über die Wipfel einfach den Griff gelöst und Arthurs enthaupteten Körper achtlos fallen lassen.

»Ist es Arthur?«, fragte Emily von unten, obwohl sie es sehr wohl wusste.

»Ich fürchte, ja.«

»Ist er … tot?«

»Ich … ja. Ich werde ihn hinunterbringen, aber … vielleicht solltest du nicht hinsehen. Er ist … er sieht schlimm aus.«

»Ich gehe ein Stück weg.«

Sie drehte sich um, und als sie langsam loslief, rief ich ihr nach: »Geh nicht zu weit, Schatz.«

Dann kroch ich auf den Ast, um Arthur zu Boden zu lassen. Zunächst scheute ich mich, ihn anzufassen. Aber Arthur selbst hätte mich ausgelacht und sich über meine Zimperlichkeit mokiert. Er hätte den Job an meiner Stelle mit Freuden übernommen. Dieser Gedanke gab mir Kraft – und durchaus auch Genugtuung.

Einmal bei der Arbeit, konnte ich Arthur schnell befreien: Ich drehte ihn zur Seite und die Erdanziehung erledigte den Rest. Er war ein stämmiger Mann gewesen und der Körper landete mit einem ziemlichen Schlag auf dem Boden. Ich gebe zu, ich habe gelächelt, aber bei Emilys Aufschrei verging mir das Lächeln.

Sie war gar nicht weggegangen, sondern hatte sich in der Nähe versteckt und zugesehen.

Jetzt rannte sie mit ausgestreckten Armen kreischend auf Arthur zu. Es sah aus, als würde sie auf die Knie fallen und ihn in die Arme nehmen wollen, aber plötzlich blieb sie stehen. Sie stand über ihm, Arme ausgestreckt, Knie gebeugt, Rücken gebückt, Kopf gesenkt und schnappte nach Luft.

»Arthur?« Sie kauerte sich hin, als wartete sie auf eine Antwort. »Arthur, wo ist dein Kopf?«

Mir zog sich der Magen zusammen.

»Arthur, was hast du denn mit deinem Kopf gemacht?«

»Emily?« Obwohl sie nicht auf meine Stimme reagierte, redete ich weiter. »Ich fürchte, die Kreatur hat ihn … mitgenommen.«

So stand sie noch eine Weile über Arthur, gebückt wie ein Wrestler vor dem Angriff, und bewegte sich kaum, bis auf ein leichtes Heben und Senken von Rücken und Schultern, wenn sie nach Luft schnappte. Und dann, als spräche sie mit Arthur, sagte sie: »So geht das einfach nicht.«

Schließlich richtete sie sich auf, ließ die Arme sinken und sah hinauf zu mir. Der Ausdruck in ihren Augen ließ mir das Blut in den Adern gefrieren.

»Wir müssen Arthurs Kopf finden.«

»Aber …« Der Wahnsinn in ihrem Blick zeigte, dass sie entschlossen war, den ganzen Wald abzusuchen. »Wir werden ihn nicht finden, mein Schatz.«

»Wir *müssen.*«

»Wir werden ihn nie finden, weil das Monster ihn sicher … gefressen hat.«

Mit ruhiger, eiskalter Stimme sagte Emily: »Dann müssen wir das Monster töten und Arthurs Kopf aus seinem Bauch schneiden.«

10

Nie zuvor hatte ich eine derart wilde, verrückte Wut bei Emily gesehen – auch bei keinem anderen Menschen. Zitternd kletterte ich vom Baum.

Emily griff meinen Arm. Sie funkelte mich an und sagte: »Heute Nacht! Wir legen uns auf die Lauer und dann …«

»Ich finde, wir sollten besser *abhauen,* Schatz.«

Ihr Griff wurde fester. Ihre Nägel krallten sich in meine Haut.

»Wenn du willst, dann geh, Dexter! Ich gehe erst, wenn das Monster, das meinem Bruder *das* angetan hat, tot ist und ich Arthurs Kopf in den Händen halte.«

Ich starrte sie nur an.

»Bist du dabei?«

»Ich glaube wirklich …«

Und dann verstummte ich. Obwohl ich wusste, dass die Trauer Emily den Verstand geraubt hatte, wusste ich doch auch, dass ich ihre Liebe für immer verlieren würde, falls ich nicht bei ihr blieb und die Kreatur bekämpfte.

»Wir werden bleiben. Wir werden es töten.«

Kaum hatten diese Worte meine Lippen verlassen, da presste sie ihre darauf und küsste mich mit wilder, leidenschaftlicher Hingabe, umarmte mich, und bald fanden wir uns, von Leidenschaft überwältigt, auf der Erde wieder, gar nicht weit von Arthur entfernt.

Absoluter Irrsinn, dachte ich.

Aber auch absolut großartig, und Arthur beschwerte sich nicht.

11

In dieser Nacht breitete Emily ihren Schlafsack vor der Hütte aus, an genau derselben Stelle, an der Arthur die Nacht zuvor gelegen hatte. Es war Emilys Plan. Ich fand ihn leichtsinnig. Obwohl ich von Zeit zu Zeit behutsam versucht hatte, sie von ihrem Vorhaben abzubringen, war sie entschlossener denn je.

Niemals werde ich mir verzeihen, dass ich sie nicht zurückgehalten habe. Zwar hatte ich das Schlimmste befürchtet, aber ich habe mir eingeredet, dass wir es vielleicht überleben würden. Die Alternative, Emily gewaltsam zurückzuhalten, hätte mich ihre Liebe gekostet. Aber wie viel besser wäre es gewesen, ihre Liebe zu verlieren, als …

Lassen Sie mich der Reihe nach erzählen.

Kurz nach Sonnenuntergang nahmen wir unsere Positionen ein. Sie lag auf dem Schlafsack unter einer Decke und umklammerte einen Dolch. Ich lag einige Meter von ihr entfernt ausgestreckt auf dem Boden, Arthurs Gewehr lag auf mir und mein Körper war ganz mit Blättern und Zweigen bedeckt – eine Tarnung, die ich aus den Berichten des Apachenhäuptlings Geronimo kannte.

Ich wusste sehr wohl, dass das Gewehr Arthur nicht einmal gerettet hatte, als er es aus nächster Nähe auf das geflügelte Monster abfeuerte. Aber ich hatte die leeren Patronenhülsen untersucht und festgestellt, dass die Flinte nur mit schwachem Vogelschrot geladen war. Arthur war also bestens darauf vorbereitet gewesen, Raben vom Himmel zu schießen, nicht aber ein Monster von der Größe eines Flugzeugs.

In seinem Gepäck hatte ich noch andere Packungen gefunden, viele davon mit starker Buckshot-Schrotmunition. Einige enthielten massive Bleigeschosse. Ich hatte zwei der kugelbestückten Hülsen in die Flinte gesteckt und meine Taschen mit weiterer Munition gefüllt. Die schwerere Munition war unsere Chance. Oder besser gesagt ein Hoffnungsschimmer.

Endlos lange lag ich auf dem Rücken und wartete. Ich beruhigte mich, indem ich mir einredete: *Natürlich hat der Vogelschrot das verdammte Biest nicht verletzt. Aber diese Kugeln werden es tun. Die Kugeln werden es wegblasen, es umpusten. Dazu sind sie gemacht. Nur ein Idiot würde auf so eine Kreatur mit Vogelschrot losgehen. Was hat sich Arthur nur gedacht? Hätte er seine Flinte richtig geladen, wäre er jetzt immer noch bei uns.*

Ich wiederholte das immer und immer wieder, in der Hoffnung, ich würde irgendwann selbst daran glauben.

Ich hoffte, dass ich recht behalten würde, aber ich zweifelte daran.

Während wir in der Stille der Nacht lagen, stellte ich mir immer wieder vor, wie ich aufspringen, die Blätterschicht beiseitewerfen und zu Emily rennen würde, sie am Arm packen und auf die Füße zerren würde. Dabei würde ich schreien: *Genug von diesem Wahnsinn! Wir übernachten in der Hütte und beim ersten Lichtstrahl verschwinden wir aus dieser gottverlassenen Gegend.* Ich stellte mir vor, wie Emily sich wehren und ich sie grob an den Schultern schütteln würde. *Genug! Ich werde nicht zulassen, dass wir unser Leben nur wegen Arthurs verdammtem Kopf wegschmeißen – einem Kopf, dessen Wert schon fragwürdig war, als er noch auf seinem Hals saß!*

Aber vielleicht werden die Kugeln es diesmal aufhalten, sagte ich mir. Oder vielleicht ist das Monster heute Nacht anderswo unterwegs, irgendwo weit weg, und wir kommen ungeschoren davon.

Als meine Kräfte langsam zur Neige gingen und ich nahe dran war, aufzuspringen und den Plan zu verwerfen, hörte ich das leise *wapp … wapp … wapp* des Flügelschlags.

»Arthur?«, fragte Emily.

»Ich höre es. Wir haben noch Zeit. Sollen wir zur Hütte rennen?«

»Niemals.«

Das Klatschen der Flügel wurde lauter und lauter.

Mit sanfter, lockender Stimme rief Emily: »Komm her, Schätzchen, komm zu Emily.«

Einen Augenblick lang dachte ich, sie spräche mit mir. Stille. Dann das Geräusch splitternder Äste, als die

Bestie durch die oberen Baumwipfel auf uns niederstieß. *Wapp … wapp*, wie Bootssegel im Sturm.

Ich richtete mich auf, legte an, entsicherte beide Läufe und richtete die Flinte gen Himmel – er war vom schwarzen Umriss des Monsters vollkommen verdeckt.

Ich feuerte beide Läufe ab.

KRAWUMM! KRAWUMM! Das Mündungsfeuer erhellte die Nacht wie ein Blitz. In diesem Licht sah ich das Biest – seine roten Augen, den bedrohlichen Schnabel.

Dann Finsternis. Völlige Finsternis.

Emily schrie.

O mein Gott! Hat es sie erwischt?

Vom Lichtblitz noch ganz blind, knickte ich den Lauf der Flinte und schleuderte die verbrauchten Patronen aus den Kammern. Mit zitternden Händen legte ich zwei neue Patronen ein. Eine fiel mir in den Schoß, aber die andere rutschte in den Lauf. Da ich keine Zeit mehr hatte, ließ ich die Flinte zuschnappen und entsicherte.

Emilys Stimme kam nicht mehr vom Boden, wo ihr Schlafsack lag.

Also zielte ich in Richtung ihrer Stimme. Nach oben.

Und schoss.

Im Licht des Mündungsfeuers sah ich Emily in den Klauen des Monsters zappeln und strampeln – und das Messer in dessen Brust rammen, während es sie in die Nacht schleppte.

Die Finsternis verschlang die beiden.

Doch sogar über das Dröhnen in den Ohren, das Kreischen der Bestie und die flatternden Geräusche ihrer gigantischen Flügel hinweg konnte ich Emily schreien hören: »Stirb! Los! STIRB!« Diese Worte brüllte sie unablässig, bis ihre Stimme leiser wurde und schließlich erstarb.

12

Am nächsten Tag durchkämmte ich den Wald.

Verzweifelt hoffte ich, dass Emily das Biest tödlich verletzt hatte und irgendwie entkommen war.

Ich fand keine Spuren von Emily oder der Bestie.

13

In der nächsten Nacht war ich der Köder.

Ganz allein lag ich auf Emilys Schlafsack vor der Hütte und wartete, das Gewehr der Länge nach auf mir unter der Decke versteckt. Ich machte mir keine Illusionen mehr, was das Gewehr anging. Doch vielleicht musste ich die Bestie *an genau der richtigen Stelle* treffen.

Spätnachts hörte ich das *wapp … wapp … wapp* näher kommen. Mein Herz raste und ich entsicherte die Flinte.

Entweder bekomme ich meine Rache oder die Bestie bekommt mich!

Als die flatternden Geräusche näher kamen, erwartete ich, dass das Biest durch die Äste brach. Aber nichts passierte.

Hoch über den Baumwipfeln segelte es und verdunkelte den Mond.

Ich zielte, schloss die Augen, um mich vor der Nachtblindheit zu schützen, und feuerte einen einzelnen Schuss ab.

Durch den ohrenbetäubenden Knall der Explosion drang ein gellendes Kreischen. Ich öffnete die Augen und sah gerade noch, wie das Biest im Mondlicht zusammenzuckte.

Etwas fiel hinab. Es löste sich unter ihm, sodass ich annahm, ich hätte tatsächlich eine empfindliche Stelle getroffen und es würde jetzt das fallen lassen, was es gerade in den Krallen hatte.

Als ich nach oben starrte, sah ich *zwei* Gegenstände zu Boden fallen.

Das Monster krümmte sich und wirbelte herum, als wollte es sie auffangen.

Ich schoss ein zweites Mal.

Der zweite Schuss schien es umzustimmen. Es schwang sich auf und flatterte davon.

14

Am nächsten Morgen suchte ich die Umgebung der Hütte ab, bis ich beide Objekte gefunden hatte.

Während ich mein abscheuliches Abenteuer niederschreibe, liegen sie nebeneinander vor mir auf dem Tisch.

Es sind längliche Zylinder, etwa 30 Zentimeter hoch, aus einem seltsamen metallischen Material, das ich noch nie gesehen habe. Die Zylinder glänzen silbern. Beide haben Deckel … Deckel, die sich leicht aufschrauben und entfernen lassen … die ich aber niemals wieder öffnen werde.

Falls ich noch einmal einen Fluchtversuch aus dieser gottlosen Gegend unternehmen sollte, werde ich die beiden Zylinder mitnehmen.

Wenn ich überlebe, werde ich beide immer bei mir haben. Emily würde das so wollen; der Himmel weiß, dass sie nicht von ihrem Bruder getrennt werden wollte.

Wenn mir meine Flucht aber nicht gelingt, werde ich zweifellos auch in einem solchen Zylinder enden. Dann sind wir zu dritt.

Der Gedanke daran ist unerträglich.

Das Schlimmste ist nicht, dass Emily tot ist. Auch nicht, dass eine abscheuliche Kreatur sie enthauptet hat. Nicht einmal, dass ihr Gehirn herausgenommen und in diesen bizarren Zylinder gesteckt wurde. Das Schlimmste ist die Wärme, die ich fühle, wenn ich die Gefäße mit den Gehirnen von Emily und ihrem Bruder in der Hand halte. Ich fühle die kribbelnden Vibrationen und ich weiß mit absoluter Sicherheit, dass *ihre Gehirne weiterleben.*

Boo

Meine allerletzte »Süßes oder Saures«-Tour absolvierte ich zusammen mit meinem Freund Jimmy und seinen Schwestern Peggy und Donna. Peggy, Jimmys kleine Schwester, hatte auch zwei ihrer Freundinnen dabei, Alice und Olive. Außerdem zog Olives großer Bruder Nick mit uns von Haus zu Haus. Donna, Jimmys ältere Schwester, hatte das Kommando.

Wir waren alle verkleidet, abgesehen von Donna.

Donna war 16 und fand, sie sei schon zu alt, um sich zu verkleiden. Deshalb ging sie als sie selbst. Sie trug ein cremefarbenes Karohemd, eine blaue Jeans und Turnschuhe.

Peggy ging als Peter Pan. Als ich sie in dem grünen Elfenkostüm und der Kappe mit der Feder sah, rief ich sofort: »Peter Pan!« Aber sie korrigierte mich. »Nicht *Peter* Pan, *Peggy* Pan.«

Eine ihrer Freundinnen, ich weiß nicht mehr, ob es Olive oder Alice war, trug ein Tutu inklusive Diadem und hielt einen Zauberstab mit einem Stern an der Spitze in der Hand. Das andere Mädchen steckte in einem gekauften E. T.-Kostüm. Oder vielleicht war sie auch Yoda. Ich bin mir nicht ganz sicher.

An Nick kann ich mich hingegen noch genau erinnern. Er war 14 und damit ein Jahr älter als Jimmy und ich. Sein Kostüm sollte einen Jedi-Krieger darstellen. Er trug einen schwarzen Overall, einen schwarzen Umhang und schwarze Galoschen. Keine Maske, keinen Helm. Wir wussten nur, dass er als Jedi-Krieger ging, weil er es uns gesagt hatte. Und weil er ein »Lichtschwert« dabeihatte: eine an einer Taschenlampe befestigte Plastikröhre.

Jimmy ging als »die Mumie«. Donna und ich hatten gefühlt mehrere Stunden damit zugebracht, ihn in ein weißes Bettlaken einzuwickeln, das wir in schmale Streifen geschnitten hatten. Die Streifen befestigten wir mit Stecknadeln an Jimmys weißer langer Unterhose. Es dauerte ewig. Es hätte mich wahnsinnig gemacht, wenn Donna nicht gewesen wäre. Hin und wieder pikte sie Jimmy mit einer der Nadeln, nur damit uns nicht langweilig wurde. Aber irgendwann waren wir fertig und hatten Jimmy in eine echt gut aussehende Mumie verwandelt.

Mein Kostüm war simpel. Ich ging als Huck Finn. Ich trug einen Strohhut, ein altes Flanellhemd und eine blaue Jeans. Über einer Schulter hing ein Stück Wäscheleine, das ich an zwei meiner Gürtelschlaufen festgeknotet hatte, damit es aussah wie ein primitiver Hosenträger aus Seil. Das i-Tüpfelchen war die Maiskolben-Pfeife, die mein Dad mir für den Abend geliehen hatte.

So sah also unsere kleine Truppe aus.

Jimmy und ich, Donna und Peggy, Alice und Olive und Nick.

Wir waren zu siebt.

Abgesehen von Donna hatten wir jeder eine Papiertüte für die eingesammelten Süßigkeiten dabei. Donna hatte stattdessen eine Taschenlampe. Die meiste Zeit hielt sie sich hinter uns. Normalerweise ging sie nicht mal mit bis zur Tür, sondern wartete auf dem Bürgersteig, während wir klingelten, »Süßes oder Saures!« riefen und unsere Tüten für die süße Beute aufhielten.

In den ersten zwei Stunden lief an diesem Abend alles ganz normal. Wenn man mal davon absah, dass Nick hin und wieder austickte, uns mit seinem Lichtschwert auf den Kopf oder den Hintern haute und verkündete: »Die dunkle Seite übernimmt die Macht!« Nach einer Weile begannen sich Jimmys Bandagen jedoch zu lösen und hingen herunter. Irgendwann stolperte E. T. – oder Yoda –, fiel hin, schürfte sich das Knie auf und heulte ganz furchtbar. Ansonsten lief jedoch alles nach Plan. Wir sammelten reiche Beute ein und wagten uns immer weiter auf unbekanntes Gebiet vor.

Es war bereits sehr spät, als wir ein Haus erreichten, das ganz und gar nicht so aussah wie die anderen in der Nachbarschaft. Während die meisten hell erleuchtet waren und Kürbislaternen auf der Veranda standen, war dieses Haus stockdunkel. Während die Rasenflächen und Sträucher in den Vorgärten der anderen perfekt gepflegt waren, schien dieses Haus in einem wahren Dschungel aus hohen Gräsern, wilden Büschen und düsteren Bäumen verborgen zu sein. Außerdem wirkte es viel älter als die umstehenden Häuser. Es verfügte über drei Stockwerke – nicht über zwei wie die anderen – und war aus Holz gebaut, nicht aus Ziegelsteinen. Es wirkte wie aus einem anderen Jahrhundert.

Die Häuser links und rechts daneben schienen ungewöhnlich weit entfernt zu stehen, so als hätten ihre Erbauer Angst gehabt, dem Haus zu nahe zu kommen.

Obwohl Nick für gewöhnlich nicht wieder auf den Bürgersteig zurückkam, sondern von einem Haus zum nächsten durch die Vorgärten abkürzte, wobei er wie wild mit seinem Lichtschwert herumfuchtelte und von Peggy, Olive und Alice verfolgt wurde, überlegte er es sich diesmal anders. Auch die drei kamen auf den Bürgersteig zurück und gesellten sich wieder zu Jimmy, Donna und mir.

»Was ist *das* denn für ein Haus?«, fragte Nick.

»Ein *gruuuuuuseliges*«, erwiderte Olive oder Alice, welche von beiden auch immer die Gute-Fee-Ballerina war.

»Sieht nicht so aus, als ob da jemand wohnt«, fand Donna.

»Vielleicht ist es wie das Haus der Munsters«, scherzte ich.

»Ich denke, wir sollten es lieber auslassen«, fand Donna.

»Hey, nein!«, protestierte Jimmy. »Wir können es nicht auslassen. Das ist bisher das beste!«

Ich konnte ihm da zwar nur zustimmen, hätte es aber niemals geschafft, Donna zu widersprechen.

Sie schüttelte den Kopf und ihr Pony wippte auf ihrer Stirn hin und her. »Mir gefällt das einfach nicht. Außerdem wäre es sowieso nur Zeitverschwendung. Es ist niemand da. Hier kriegt ihr nichts Süßes. Wir können genauso gut gleich …«

»Man kann nie wissen«, unterbrach Jimmy sie. »Vielleicht haben sie nur vergessen, das Licht anzuschalten.«

»Ich finde, Donna hat recht«, sprang ich ihr bei. »Ich glaube nicht, dass da jemand zu Hause ist.«

Jimmy schüttelte den Kopf. Inzwischen waren sämtliche Bandagen von seinem Kopf gefallen und baumelten wie Stoffketten um seinen Hals. »Aber *wenn* in so einem

Haus jemand wohnen würde«, wandte er ein, »würdet ihr ihn dann nicht gerne kennenlernen? Oder sie? Vielleicht ist es ja auch eine unheimliche alte Frau. Stellt euch das doch nur mal vor: eine verrückte alte Hexe oder ein absonderlicher Einsiedler oder so was. Wer weiß.«

Eine Weile standen wir einfach nur da und starrten auf das dunkle alte Haus – zumindest auf das, was wir durch die Büsche und Bäume erkennen konnten, auch wenn das nicht besonders viel war.

Der Anblick jagte mir trotzdem einen eiskalten Schauer über den Rücken.

»Ich finde, wir sollten weitergehen«, bekräftigte Donna.

»Du hast das Kommando«, grummelte Jimmy. Seine Eltern hatten ihm eingebläut, auf Donna zu hören, aber er klang definitiv enttäuscht.

Donna holte tief Luft und seufzte. Es fühlte sich gut an, ihr dabei zuzusehen.

»Es ist wahrscheinlich sowieso verlassen«, sagte sie. Nach einer kurzen Pause fügte sie jedoch hinzu: »Na schön, versuchen wir's.«

»HURRA!«, grölte Jimmy begeistert.

»Diesmal gehe ich voraus. Wer will mit?«

Die drei Mädchen hüpften auf und ab und kreischten: »Ich! Ich will mit! Ich! Ich, ich, ich!«

Nick erhob sein Lichtschwert und sagte: »Ich komme mit, um dich zu beschützen, Prinzessin Donna.«

»Sicher. Wenn's Schwierigkeiten gibt, zerlegst du sie mit deinem Lichtschwert einfach in Scheiben«, sagte ich.

»Nimm *dies!*«, rief Nick und rammte mir das Schwert in den Schritt.

Er stach noch nicht einmal besonders hart zu, aber das Rohr erwischte mich voll in den Eiern. Ich stieß ein Grunzen aus, biss die Zähne zusammen und musste meinen ganzen Willen aufbringen, um mich nicht zusammenzukrümmen.

»Erwischt!«, triumphierte Nick.

Donna schlug ihm mit der Taschenlampe auf den Kopf. Nicht sehr fest, aber immerhin so stark, dass die Birne erlosch. Nick schrie *»AU!«*, ließ das Lichtschwert und die Tüte mit den Süßigkeiten fallen, klatschte beide Hände an seinen Kopf, beugte sich vornüber und wankte im Kreis.

»Oh, jetzt mach aber mal halblang«, sagte Donna genervt. »Ich hab dich ja kaum berührt.«

»Das *sage* ich!«, jammerte er.

»Von mir aus, das interessiert mich einen Scheiß.«

Die Ballerina-Gute-Fee-Prinzessin schnappte erschrocken nach Luft.

»Böses Wort!«, platzte E. T. oder Yoda heraus.

Peggy machte sich fast in die Hose, schien jedoch zu ahnen, dass sie lieber nicht über Nicks Missgeschick lachen sollte, und klatschte schnell eine Hand auf ihren Mund.

Jimmy schien eher um mich besorgt zu sein als um Nick, klopfte mir auf den Rücken und fragte: »Alles in Ordnung, Kumpel?«

»Alles gut«, keuchte ich.

Donna kam zu uns, schaute mir in die Augen und fragte: »Hat er dich böse erwischt?«

Ich schnitt eine Grimasse und zuckte mit den Schultern.

»Voll auf die Zwölf«, verkündete Jimmy.

Ich warf ihm einen Blick zu.

Aber anstatt ihn zu töten, wie ich es beabsichtigt hatte, schien ihn der Blick nur noch mehr anzutreiben. »Donna ist ausgebildete Rettungsschwimmerin, weißt du? Sie kann Erste Hilfe und das alles. Soll sie sich das mal näher anschauen?«

»Halt die Klappe!«, blaffte ich ihn an.

»Hör auf damit, Jimmy«, sagte sie.

»Sie könnte dir zum Beispiel einen Kuss auf ...«

Ich schlug ihm auf den Arm. *»Hey!«*, rief er und rieb die Stelle.

»Okay, okay«, ging Donna dazwischen. »Jetzt beruhigen wir uns alle mal wieder. Keine Schläge mehr. Wie geht's dir, Matt?«, fragte sie mich.

»Gut, denke ich.«

»Nick?«, fragte sie.

Er stand in der Nähe und tastete seinen Schädel ab. »Ich hab 'ne Beule.«

»Tja, das ist Pech, aber du hast es ja so gewollt.«

»Hab ich nicht.«

»Du hast meine verdammte Taschenlampe kaputt gemacht«, beschwerte sich Donna.

Jimmy und ich lachten. Peggy Pan auch.

E. T. oder Yoda kreischte: »Böses Wort!«

»Du solltest keine Leute auf den Kopf hauen«, knurrte Nick. »Damit kannst du Hirnschäden verursachen.«

»Nicht bei dir!«, erwiderte Jimmy. »Du hast keins.«

»Das reicht jetzt«, sagte Donna. »Was ist nun? Schauen wir uns dieses Haus aus der Nähe an oder nicht?« Aber ohne überhaupt auf eine Antwort zu warten, verließ sie den Bürgersteig und marschierte auf das unheimliche alte Haus zu.

Ich folgte ihr unter Schmerzen. Bei jedem Schritt hatte ich das Gefühl, eine kleine Hand würde meine Eier zerquetschen. Ich ließ mich davon jedoch nicht aufhalten und als wir die Verandatreppe erreichten, hatten sich die Schmerzen beinahe erledigt.

Donna blieb stehen und drehte sich um. Sie hielt noch immer die Taschenlampe hoch, obwohl sie nicht mehr funktionierte. Sie legte den Zeigefinger der anderen Hand auf ihre Lippen.

Wenige Sekunden später hatten sich alle vor ihr versammelt, reglos und mucksmäuschenstill.

Donna nahm den Finger wieder vom Mund. Sie zeigte auf jeden von uns und zählte uns durch wie ein Busfahrer, der eine Schulklasse nach einem Ausflug wieder nach Hause fährt. Als sie fertig war, flüsterte sie: »Okay, sechs.«

»Sieben«, korrigierte ich sie.

Sie drehte mir den Kopf zu. Es war Vollmond und ich konnte ihr Gesicht ziemlich genau erkennen. Sie hob eine Augenbraue.

»Mit dir«, flüsterte ich.

»Oh. Okay. Richtig.« Dann fügte sie etwas lauter hinzu: »Okay, im Augenblick sind wir zu siebt. Lasst uns hoffen und beten, dass wir *immer noch* zu siebt sind, wenn wir wieder von hier verschwinden.«

Ihre Worte ließen mich erschaudern.

Eins der Mädchen gab ein Wimmern von sich.

»Ich will wieder zurück«, jammerte eins von ihnen. Vielleicht dasselbe, das gewimmert hatte. Ich weiß nicht, ob es Alice oder Olive war. Aber es war nicht Peggy Pan.

Peggy Pan flüsterte: »Angsthase.«

Jimmy kicherte.

Ich sah den Ausdruck auf Donnas Gesicht und erkannte, dass sie uns nur Angst einjagen wollte.

Oder nicht *uns,* sondern *ihnen.*

Nick hatte sie wütend gemacht und sie war auch kein allzu großer Fan von Olive oder Alice, deshalb hatte sie wohl beschlossen, das Leben für die drei ein bisschen aufregender zu gestalten.

»Falls jemand zurückgehen und auf dem Bürgersteig auf uns warten will«, verkündete Donna, »dann ist das völlig in Ordnung. Wahrscheinlich ist das sogar eine gute Idee. Wer weiß schon, was passiert, wenn wir gleich da raufgehen und an der Tür klingeln?«

Eins der Mädchen wimmerte wieder.

»Du versuchst doch nur, uns Angst einzujagen«, sagte Nick. Im Licht des Vollmonds konnte ich das höhnische Grinsen auf seinem Gesicht sehen. »Aber einem Jedi kann man keine Angst einjagen.«

»Ich finde nur«, fuhr Donna fort, »dass jeder wissen sollte, worauf er sich einlässt. Ich wollte das eigentlich gar nicht erwähnen, aber … Ich habe von diesem Haus gehört. Ich weiß, was hier passiert ist. Und ich weiß auch, dass es *nicht* verlassen ist.«

»Klar, sicher«, murmelte Nick.

Mit gesenkter Stimme fuhr Donna fort: »Hier wohnt ein Verrückter. Ein Verrückter namens … Boo. Boo Ripley.«

Ich hätte fast laut gelacht, biss mir aber auf die Zunge.

»Boo *wer?*«, fragte Jimmy.

Ich schnaubte und stieß ihm den Ellenbogen in die Seite.

»Au!«

»Schhh!«, zischte Donna. »Oder wollt ihr, dass Boo uns hört?« Sie warf den anderen einen warnenden Blick zu und legte die Stirn leicht in Falten. »Als er gerade mal acht Jahre alt war, hat Boo seine Mom und seinen Dad mit einem Beil zerlegt … und sie verspeist. Einfach aufgefuttert. Schmatz, schmatz.«

»Hat er nicht«, sagte Nick.

»Ich will nach Hause.«

»Halt die Klappe«, schnauzte Nick.

»Aber Boo war damals noch ein kleiner Junge und seine Mom und sein Dad waren sehr groß. Obwohl er Tag und Nacht und Nacht und Tag von ihnen futterte, schien er nie alles aufessen zu können. Boos Mom war eine große Katzenliebhaberin. Im Haus lebten ungefähr ein Dutzend Katzen, die furchtbaren Gestank verbreiteten. Irgendwann beschloss Boo, seine Eltern an die Katzen zu verfüttern. Tag und Nacht, Nacht und Tag futterten und futterten Boo und die Katzen. Schließlich hatten sie auch den letzten Happen von Boos Mom und Dad verputzt. Und wisst ihr was?«

»Was?«, fragte Peggy Pan. Sie klang richtig amüsiert.

»Ich will das nicht hören!«, heulte das Tutu-Mädchen.

»Halt den Rand, Winzling«, blaffte Nick sie an.

»Boo und den Katzen«, fuhr Donna fort, »schmeckten seine Mom und sein Dad so gut, dass sie jegliches Interesse an anderem Essen verloren. Von jenem Moment an aßen sie nur noch Menschenfleisch. Rohes Menschenfleisch. Und wisst ihr was?«

»Was?«, fragten Peggy Pan und ich unisono.

»Sie wohnen immer noch hier in diesem Haus. Jede Nacht verstecken sie sich in der Dunkelheit, schauen aus den Fenstern und warten auf Besucher.«

»Das denkst du dir doch alles nur aus«, sagte Nick.

»Sicher, wenn du meinst.«

»Tut sie *nicht,* Mann«, entgegnete Jimmy.

»Wahrscheinlich sind sie auch gerade in diesem Moment oben im Haus und beobachten uns, lecken sich die Lippen und *beten,* dass wir die Stufen hochsteigen, über die Veranda gehen und an der Tür klingeln. Weil sie *sehr* hungrig sind. Und wisst ihr was?«

»WAS?«, fragten Peggy Pan, Jimmy und ich einstimmig.

Mit tiefer, zitternder Stimme antwortete Donna: »Am allerliebsten essen sie ... KLEINE MÄDCHEN WIE EUCH!«, schrie sie und stürzte sich auf Alice und Olive.

Die beiden kreischten, wirbelten herum und rannten davon, als ginge es um ihr Leben. Yoda oder E.T. wedelte beim Rennen mit den Ärmchen über dem Kopf und die Feentänzerin fuchtelte mit ihrem Zauberstab herum, als wollte sie Fledermäuse verscheuchen. Eine von ihnen stürzte, landete im Gebüsch und fing an zu weinen.

»Scheiße!«, brüllte Nick und rannte hinter ihnen her. Sein Lichtschwert hüpfte dabei auf und ab.

»Böses Wort!«, rief Jimmy ihm nach.

Donna rieb sich die Hände. »Meine Güte«, sagte sie. »Was ist denn in *die* gefahren?«

»Keine Ahnung«, sagte ich.

»Was für ein Haufen Angsthasen«, fand Peggy Pan.

»Ich kann diesen Nick nicht ausstehen«, sagte Jimmy. »Er ist *so* ein Arsch.«

»Böses Wort«, schalt Donna ihn scherzhaft.

Wir lachten, alle vier.

»Kommt jetzt, Leute«, fügte sie dann hinzu und stapfte die Stufen zur Veranda hinauf. Wir eilten ihr hinterher.

Ich werde mich immer daran erinnern, wie wir diese Stufen hinaufstiegen, auf die dunkle Veranda traten und zur Tür gingen. Selbst in dem Moment, als es passierte, wusste ich, dass ich es niemals vergessen würde. Es war einer dieser Augenblicke, in denen man denkt: *Besser wird's niemals werden.*

Ich stand dort draußen, in der windigen, wundervollen Oktobernacht, die ebenso süße wie mutige Peggy Pan, meinen besten Kumpel Jimmy und Donna an meiner Seite. Ich war schwer in Donna verliebt. Ich war in sie verliebt, seit ich ihr zum ersten Mal begegnet war. Ich bin bis heute in sie verliebt und werde sie für den Rest meines Lebens lieben.

In jener Nacht war sie 16, wunderschön und keck, unschuldig, voller Leben und Rachedurst. Sie hatte Nick eine verpasst und auch Alice und Olive ziemliche Angst eingejagt. Und gleich würde sie an der Tür des unheimlichsten Hauses klingeln, das ich jemals gesehen hatte. Am liebsten wäre ich auch schreiend davongerannt. Ich wollte vor Freude schreien. Ich wollte meine Arme um Donna schlingen und sie nie wieder loslassen. Gleichzeitig hätte ich am liebsten losgeheult.

Losgeheult, weil das alles so Furcht einflößend und herrlich und wunderschön war – und weil ich wusste, dass es nicht ewig so bleiben würde.

So ist das immer mit den besten Zeiten im Leben. Sie tun weh, weil man weiß, dass sie enden werden.

Aber ich schätze, das ist mit ein Grund, warum sie etwas so Besonderes sind.

»Dann wollen wir mal«, flüsterte Donna.

Sie hob die Hand, um an die Tür zu klopfen, aber Jimmy packte sie am Handgelenk. »Diese Geschichte von Boo und den Katzen«, flüsterte er, »die hast du dir doch ausgedacht, oder?«

»Was glaubst du denn?«

»Okay.« Er ließ ihre Hand wieder los.

Sie klopfte an die Tür.

Nichts.

Ich drehte mich ein Stück zur Seite. Hinter den Büschen und Bäumen im Vorgarten beobachteten Nick und die Mädchen uns vom Bürgersteig aus.

Donna klopfte noch einmal. Dann flüsterte sie: »Ich glaube wirklich nicht, dass hier noch jemand wohnt.«

»Das hoffe ich«, flüsterte ich zurück.

Donna streckte den Arm aus und zog an der Fliegengittertür. Sie schwang auf uns zu und quietschte dabei in den Angeln.

»Was *machst* du denn da?«, zischte Jimmy.

»Gar nichts«, erwiderte Donna. Sie versuchte ihr Glück an der Haustür. »Verdammt«, murmelte sie.

»Was?«, fragte ich.

»Abgeschlossen.«

Oh, dachte ich. *Was* für ein Jammer.

In der Holztür war etwa auf Augenhöhe ein kleines Fenster eingelassen. Donna lehnte sich Richtung Tür, legte die Hände um ihr Gesicht und spähte hinein.

Spähte und spähte und sagte kein Wort.

»Kannst du irgendwas sehen?«, fragte Jimmy.

Donna nickte kaum merklich.

»Was? Was ist da drin?«

Sie machte einen Schritt zurück, ließ die Arme sinken, drehte sich mit dem Rücken zur Tür und antwortete ganz leise: »Ich denke, wir verschwinden jetzt lieber von hier.«

Peggy Pan seufzte.

»Scheiße«, stieß Jimmy aus.

Mit einem Mal war mir eiskalt und es kribbelte mich am ganzen Körper.

Wir überließen Donna die Führung, hielten uns dicht hinter ihr und stiegen leise wieder die Verandatreppe hinunter. Als sie unten ankam, dachte ich schon, sie würde losrennen, aber das tat sie nicht. Sie stakste einfach langsam durch das hohe Gras.

Ich schaute mich noch ein paarmal zu der Veranda um. Sie war immer noch dunkel. Niemand schien uns zu verfolgen.

Als sie in den Schatten einiger Bäume in der Mitte des Gartens trat, verschwand Donna fast völlig. Wir anderen eilten zu ihr. Mit gedämpfter Stimme fragte Jimmy: »Was hast du gesehen?«

»Gar nichts«, antwortete sie.

»Hast du wohl«, sagte Peggy Pan.

»Nein, ich meine …« Sie blieb stehen.

Wir vier standen still in der Dunkelheit. Wir befanden uns zwar nicht weit von Nick und den Mädchen entfernt, die noch immer auf dem Bürgersteig auf uns warteten, aber eine Gruppe hoher Sträucher versperrte die Sicht auf sie.

»Na schön«, begann Donna. »Aber das muss unter uns bleiben. Sie sind weggelaufen, deshalb haben sie auch kein Recht, es zu hören, okay?«

»Klar«, versicherte ich.

Peggy Pan nickte.

»Von mir erfahren sie nichts«, flüsterte Jimmy.

»Okay«, sagte Donna. »Also … Es war *richtig* dunkel in dem Haus. Zuerst konnte ich überhaupt nichts sehen. Aber dann habe ich eine Treppe erkannt. Und *auf* der Treppe war etwas. Es saß auf halber Höhe der Stufen und es schien mich direkt anzustarren.«

»Was war es?«, fragte Peggy Pan gebannt.

»Ich bin mir nicht ganz sicher, aber ich glaube, es war eine Katze. Eine weiße Katze.«

»Na und?«, fragte Jimmy.

Ich war selbst ein wenig enttäuscht.

»Ich glaube, sie saß bei jemandem auf dem Schoß«, fuhr Donna fort.

»O Gott!«

Peggy Pan stieß ein fiepsendes Wimmern aus. Oder vielleicht war ich es auch selbst.

»Er trug dunkle Kleidung, glaube ich. Ich konnte ihn nicht wirklich erkennen. Oder sie. Alles, was ich sehen konnte, war dieses Dunkel auf der Treppe.«

»Und woher weißt du dann, dass überhaupt jemand da war?«, fragte Jimmy.

»Die Katze war weiß.«

»Na und?«

»Jemand hat sie gestreichelt.«

»Lass uns von hier verschwinden«, sagte Jimmy.

Donna nickte.

»Aber vergesst nicht: kein Wort zu Nick, Alice oder Olive. Wir sagen einfach, dass nichts passiert ist.«

Damit waren wir alle einverstanden und Donna führte uns aus dem Dickicht der Bäume. Im Schein des Mondlichts gingen wir um die Büsche herum und gesellten uns zu Nick und den beiden Mädchen.

»Und, was ist passiert?«, fragte Nick.

Wir zuckten mit den Schultern und schüttelten den Kopf. »Nicht viel«, antwortete Donna. »Wir haben angeklopft, aber es war niemand zu Hause.«

Mit spöttischem Grinsen fragte Nick: »Du meinst, *Boo* und seine *Katzen* waren nicht zu Hause?«

Donna grinste ebenfalls. »Du hast diese Geschichte

doch nicht *geglaubt,* oder? Es ist *Halloween.* Ich hab sie mir ausgedacht.«

Nick setzte einen finsteren Blick auf. Die Ballerina-Feen-Prinzessin wirkte sehr erleichtert und Yoda oder E. T. seufzte hinter der Maske.

»Gute Geschichte«, sagte ich.

»Danke, Matt«, erwiderte Donna.

»Können wir noch ein bisschen ›Süßes oder Saures‹ machen?«, fragte Peggy Pan.

Donna zuckte mit den Schultern. »Es wird langsam spät. Und wir sind *ziemlich* weit weg von zu Hause.«

»Bitte!«, bettelte Peggy Pan.

Ihre kleinen Freundinnen begannen auf und ab zu hüpfen. *»Bitte! Bitte, bitte, bitte! O bitte! Biiiitteeee!«*

»Was meinst du, Nick?«

»Sicher, warum nicht?«

»Jungs?«, fragte Donna Jimmy und mich.

»Klar!«

»Klar!«

»Okay«, lenkte Donna ein. »Wir machen noch ein bisschen weiter. Aber höchstens noch zwei Blocks.«

»Juhuuu!«

Die Mädchen setzten sich sofort in Bewegung, rannten auf dem Bürgersteig zum nächsten Haus – ein *normales* Haus –, kürzten über den Rasen ab und flitzten ein halbes Dutzend Stufen zu der hell erleuchteten Veranda hinauf. Nick folgte ihnen. Auch Jimmy und ich rannten den anderen hinterher. Als die Tür von einem älteren Mann geöffnet wurde, der eine Schüssel voller Süßigkeiten im Arm hielt, hatten Jimmy und ich die Veranda ebenfalls erreicht. Donna wartete am Fuß der Treppe.

Alles lief wieder normal.

Fast.

Wir eilten von Haus zu Haus, bis wir das Ende des Blocks erreichten. Dort überquerten wir die Straße und steuerten auf das Eckhaus des nächsten Blocks zu. Als wir uns auch nach diesem erfolgreichen Beutezug wieder auf dem Bürgersteig versammelten und gerade zum nächsten Haus weiterziehen wollten, rief Donna, die ein Stück zurückgefallen war: »Wartet mal kurz, ja? Kommt wieder zurück!«

Also kehrten wir alle wieder um. Noch während wir zu Donna zurückrannten, die auf dem Bürgersteig wartete, hob sie eine Hand, den Zeigefinger ausgestreckt, und zeigte damit auf jeden von uns – wie ein Busfahrer, bevor er eine Schulklasse nach einem Ausflug wieder nach Hause fährt.

Schließlich hatte sie fertig gezählt.

»Sieben«, verkündete sie.

»Das ist richtig«, sagte ich und blieb vor ihr stehen.

»Sieben, mich nicht eingeschlossen«, fügte sie hinzu.

Ich wirbelte herum. Da stand Jimmy, die jammervolle Mumie, deren Bandagen nur noch in Fetzen herunterhingen und teilweise über den Boden schleiften. Nick, der Jedi-Krieger mit dem Lichtschwert. Und Peggy Pan neben der Ballerina-Feen-Prinzessin und Yoda oder E. T. Und – als Schlusslicht, aber nur wenige Schritte hinter den Mädchen – *noch jemand anders.*

Er hatte eine Einkaufstüte dabei, wie jeder andere auf ›Süßes oder Saures‹-Tour, war jedoch größer als die Mädchen, größer als Nick, größer als jeder von uns. Er trug einen dunklen Cowboyhut, einen schwarzen Regenmantel und Jeans. Unter dem Hut trug er irgendeine eigenartige Maske. Zuerst konnte ich nicht erkennen, was es war. Aber als er näher kam, sah ich, dass es sich um rote Kopftücher zu handeln schien. Sie bedeckten seinen kompletten Kopf mitsamt dem Hals. An den Augen waren ausgefranste runde Löcher in den Stoff geschnitten und über dem Mund ein Schlitz.

Ich hatte keine Ahnung, was er darstellen sollte.

Ich hatte keine Ahnung, wie lange er schon mit uns von Haus zu Haus zog, auch wenn er aufgetaucht sein musste, *nachdem* wir dem dunklen alten Haus den Rücken gekehrt hatten.

Hat er sich uns *dort* angeschlossen?, fragte ich mich.

Donna sprach ihn direkt an: »Ich glaube nicht, dass wir dich *kennen*.« Obwohl sie freundlich und ruhig klang, bemerkte ich die Anspannung in ihrer Stimme.

Der Fremde nickte, erwiderte jedoch nichts.

Die Mädchen, die ihn offensichtlich zum ersten Mal bemerkten, entfernten sich ein paar Schritte von ihm.

»Wo kommst du denn auf einmal her?«

Er hob einen Arm. Als er zeigte, sah ich, dass seine Hand in einem schwarzen Lederhandschuh steckte.

Er zeigte hinter uns. In die Richtung des dunklen alten Hauses ... und vieler anderer Häuser.

»Und wer bist du?«, wollte Donna wissen.

»Killer Joe«, antwortete er.

Alice und Olive wichen noch einen Schritt zur Seite, aber Peggy Pan ging wieder ein Stück auf ihn zu. »Aber du wirst uns doch nicht umbringen, oder?«, fragte sie.

Er schüttelte den Kopf.

»Cooles Kostüm«, sagte Jimmy.

»Danke«, sagte Killer Joe.

»Und wer bist du wirklich?«, fragte Donna.

Killer Joe zuckte mit den Schultern.

»Wie wär's, wenn du mal die Maske abnimmst?«, schlug sie vor.

Er schüttelte den Kopf.

»*Kennen* wir dich?«, fragte Jimmy.

Ein weiteres Schulterzucken.

»Willst du mit uns auf ›Süßes oder Saures‹-Tour gehen?«, fragte Peggy Pan.

Er nickte. Ja.

Donna schüttelte den Kopf. Nein. »Erst wenn wir wissen, wer du bist.« Ihre Stimme klang nun nicht mehr ganz so ruhig und freundlich. Außerdem sprach sie lauter als vorher. Und atmete schwer.

Sie hat Angst.

Und sie war nicht die Einzige.

»Es tut mir leid«, sagte sie, »aber du musst uns entweder zeigen, wer du bist, oder wieder verschwinden. Okay? Wir haben kleine Kinder dabei und … und wir wissen nicht, wer du bist.«

»Er ist Killer Joe«, erklärte Nick.

»Das wissen wir«, sagte Jimmy.

»Aber er ist ganz allein«, sagte Peggy Pan. »Er sollte nicht ganz allein auf ›Süßes oder Saures‹-Tour gehen.« Sie stellte sich direkt vor ihn, packte ihn am Ärmel seines Regenmantels und legte den Kopf in den Nacken.

»Peggy«, rief Donna. »Geh weg von ihm. Sofort.«

»Nein!«

Killer Joe zuckte wieder mit den Schultern, zog dann sanft seinen Arm aus Peggys Griff, drehte sich um und begann, ganz langsam und mit gesenktem Kopf davonzutrotten.

Und plötzlich wurde mir klar, was für ein armer Kerl er war. Ein *großer,* möglicherweise ziemlich seltsamer

Junge, sicher. Aber trotzdem ein Junge ohne Freunde, der sein Bestes versuchte, um am Halloweenabend ein bisschen Spaß zu haben. Und jetzt hatten *wir* ihn auch noch weggescheucht.

Mir schnürte sich tatsächlich die Kehle zu.

Peggy Pan klang richtig verzweifelt, als sie rief: »Tschüss, Killer Joe!«

Im Weggehen, noch immer mit gesenktem Kopf, hob er eine Hand, um ihren Abschiedsgruß zu erwidern.

»Komm wieder zurück!«, rief Donna plötzlich.

Er blieb stehen. Hob den Kopf. Drehte sich langsam um und zeigte mit dem behandschuhten Zeigefinger auf sich selbst.

»Ja, du«, bestätigte Donna. »Es ist okay. Du kannst mit uns kommen. Aber wir sind für heute Abend fast fertig.«

Killer Joe kam zurück, ein leichtes Federn im Schritt.

Obwohl er seine seltsame und ziemlich verstörende Kopftuchmaske nie abnahm und uns nie sagte, wer er war, blieb er für den Rest des Abends bei uns, zog mit uns von Haus zu Haus und forderte »Süßes oder Saures«.

Bevor er aufgetaucht war, waren wir kurz davor gewesen, aufzugeben und nach Hause zu gehen. Aber obwohl er kaum ein Wort sagte – meist nur ein knurrendes »Süßes oder Saures«, wenn die Haustür geöffnet wurde –, war er so eigenartig, freundlich und *vergnügt*, dass wir einfach nicht aufhören konnten.

Nach einer Weile wollte ich der Bande gerade zum nächsten Haus folgen, als Donna rief: »Matt?«

Ich kehrte um und ging zu ihr zurück.

Sie packte mich am Unterarm und sagte leise: »Was hältst du von dem Typen?«

»Er amüsiert sich prächtig.«

»Vertraust du ihm?«

Ich zuckte mit den Schultern.

»Ich nicht«, sagte Donna. »Ich meine, er könnte schließlich *sonst wer* sein. Ich finde es total seltsam, dass er seine Maske nicht abnehmen wollte. Ich hab Angst, dass er irgendwas vorhat.«

»Warum hast du ihn dann mit uns kommen lassen?«

Nun zuckte sie mit den Schultern. »Ich schätze, er hat mir leidgetan. Wie dem auch sei, wahrscheinlich ist er schon in Ordnung. Aber wie wär's, wenn du ihn auch ein bisschen im Auge behältst? Ich meine, vielleicht hat er's ja auf die Mädchen abgesehen oder so. Man kann schließlich nie wissen.«

»Ich lasse ihn nicht aus den Augen«, versprach ich.

»Danke.« Sie drückte meinen Arm. »Nicht dass wir groß was unternehmen könnten, *falls* er irgendwas versucht.«

»Ich weiß nicht«, erwiderte ich. »Aber eins kann ich dir versichern: Ich werde nicht zulassen, dass er Peggy irgendwas antut. Oder dir.«

Sie lächelte und drückte erneut meinen Arm. »Sicher. Wir überlassen ihm einfach Alice und Olive.«

»Aber wir *ermutigen* ihn dazu, sich Nick zu schnappen.«

Donna lachte. »Du bist schrecklich.«

»Du auch«, erwiderte ich.

Dann schloss ich mich wieder den anderen an, behielt Killer Joe jedoch genau im Auge, während wir von Tür zu Tür zogen.

Manchmal berührte er uns. Gab uns einen freundlichen Klaps. Aber nie mehr, als ein Freund es getan hätte. Ich begann langsam, ihn als Kumpel zu betrachten, ermahnte mich jedoch selbst, wachsam zu bleiben.

Schließlich rief Donna uns zu sich. »Es ist jetzt *wirklich* schon spät«, begann sie. »Ich denke, wir sollten es für heute gut sein lassen.«

Seufzen und Stöhnen.

»Nur noch ein Haus!«, bettelten die Mädchen. *»Bitte, bitte, nur noch ein Haus! Biiitteee!«*

»Na schön«, gab Donna nach. »Aber nur noch eins.«

»Juhuuu!«, quietschten Olive und Alice.

Killer Joe wackelte mit seinem verhüllten Kopf und klatschte in die Hände. Seine Handschuhe gaben dabei ein dumpfes Geräusch von sich.

Wir machten uns alle auf den Weg zu unserem letzten Haus an diesem Abend. Es war ein zweistöckiges Backsteingebäude.

Das Licht auf der Veranda war nicht eingeschaltet, aber in einem der oberen Fenster war ein weicher Schimmer zu erkennen.

Abgesehen von Donna versammelten wir uns alle auf der Veranda. Sie wartete wie so oft am Fuß der Treppe.

Peggy Pan drückte auf die Türklingel. Olive und Alice standen neben ihr, der Rest von uns hinter ihnen. Ich stand zwischen Jimmy Mumie und Killer Joe.

Niemand öffnete die Tür.

Peggy drückte noch ein paarmal auf den Knopf.

»Schätze, es ist niemand zu Hause«, sagte ich.

»Jemand *muss* aber da sein«, erwiderte Peggy. »Das hier ist das letzte Haus. Jemand *muss* zu Hause sein.«

Olive und Alice skandierten: *»Süßes oder Saures! Süßes oder Saures! Aufmachen! Süßes oder Saures!«*

Killer Joe stand schweigend da. Er schien sich leicht

hin und her zu wiegen, so als würde er Musik lauschen, die nur in seinem Kopf spielte.

»Vielleicht sollten wir doch besser aufgeben«, fand Jimmy.

»Nein!« Peggy Pan drückte unermüdlich auf die Klingel.

Plötzlich flog die Holztür auf.

Wir brüllten wie aus einem Mund: *»SÜSSES ODER SAURES!«*

Eine alte Frau im Bademantel blinzelte uns an.

»Wisst ihr Kinder denn nicht, wie spät es ist?«, fragte sie. »Es ist fast *elf Uhr*. Habt ihr den *Verstand* verloren, um diese Zeit noch bei jemandem an der Tür zu klingeln?«

Wir standen alle nur schweigend da.

Mir wurde ein wenig übel.

Die alte Frau hatte wässrige Augen und zerzaustes weißes Haar. Sie musste um die 80 sein. Mindestens.

»Tut uns leid«, murmelte ich.

»Na, das sollte es auch. Verdammte Gören.«

»Süßes oder Saures?«, versuchte Peggy Pan es mit leiser, hoffnungsvoller Stimme.

»NEIN! VON EUCH BEKOMMT HIER VERDAMMT NOCH MAL KEINER WAS SÜSSES, NOCH NICHT MAL WAS SAURES, IHR VERFLUCHTER HAUFEN ARSCHLÖCHER! UND JETZT VERSCHWINDET VERDAMMT NOCH MAL VON MEINER VERANDA!«

Killer Joe steckte eine Hand in die Tasche seines Regenmantels und riss mit der anderen die Fliegengittertür auf.

Die Frau im Haus brüllte: *»HEY, DU KANNST NICHT ...!«*

Killer Joe warf sich über die Türschwelle und die Frau taumelte rückwärts, allerdings nicht schnell genug. Ich erhaschte nur einen flüchtigen Blick auf das Beil, das Joe mit seinem schwarzen Lederhandschuh umklammerte. Dann schwang er es nach vorne und rammte es tief in die Stirn der alten Frau.

Das war alles, was ich sah.

Ich glaube, ich sah mehr als die anderen. Im nächsten Moment rannten wir alle davon.

Wir waren etwa einen Block entfernt – zwei der Mädchen kreischten noch immer –, als ich kurz durchzählte.

Sieben.

Mit Donna.

Ohne Killer Joe.

Killer Joe war damals immer noch im Haus, als wir losrannten.

Wir sahen ihn nie wieder. Er wurde nie identifiziert, nie festgenommen.

Das war vor langer Zeit.

Danach bin ich nie wieder auf »Süßes oder Saures«-Tour gegangen. Genauso wenig wie Donna, Jimmy oder Peggy. Ich weiß nicht, was Nick, Alice und Olive taten, aber es ist mir auch egal.

Heute habe ich selbst eine Tochter. Es würde mir in der Seele leidtun, wenn ihr das seltsame, wundervolle und Furcht einflößende Vergnügen des Verkleidens und Von-Haus-zu-Haus-Ziehens in der Halloweennacht entginge.

Süßes oder Saures …

Manchmal ist eine Halloweennacht das Beste im Leben.

Manchmal auch nicht.

Judy sieht das genauso.

»Ach, was soll's?«, sagte sie. »Gehen wir mit ihr und zeigen ihr, wie's gemacht wird.«

Judy ist nicht Donna, aber … sie ist auf ihre eigene Weise wundervoll – und ich habe ja noch meine Erinnerungen.

Die Badewanne

»Hallo?«

»Rate mal, wer dran ist, Kenny.« Sie hauchte mit ihrer laszivsten Stimme ins Telefon, und die war – das wusste sie ganz genau – geradezu lächerlich lasziv.

»Ich muss nicht raten.«

»Was treibst du?«

»Nicht viel. Abhängen. Und du?«

»Ich liege im Bett.«

»Ja?« Joyce hörte sein heiseres Lachen. »Bist du krank?«

»Ich hab auf jeden Fall Fieber«, antwortete sie. »Mir ist ganz heiß. So heiß, dass ich mich splitternackt ausziehen musste. Ich hab wirklich *keine* Ahnung, was mit mir los ist.«

»Wie hoch ist deine Temperatur denn?«

»Ich weiß es nicht, Kenny. Ich hab nicht mal genug Kraft, aufzustehen und das Thermometer zu holen. Warum kommst du nicht hier vorbei und bringst deins gleich mit? Du weißt schon, das große zwischen deinen Beinen.«

Einen Moment lang herrschte Stille, dann fragte Ken: »Und was ist mit Harold?«

»Oh, mach dir seinetwegen keine Gedanken.«

»Das hast du beim letzten Mal auch gesagt, und da hätte er uns fast erwischt.«

»Ja, aber heute Abend sind wir wirklich sicher. Das kann ich dir garantieren. Er ist nach New York geflogen und kommt erst Sonntagabend wieder zurück.«

»Seit wann ist er denn weg?«

»Du hast ja wirklich überhaupt keine Nerven.«

»Ich will nur keinen Ärger.«

»Schön. Er ist heute Morgen los. Und du musst dir auch keine Sorgen machen, dass er seinen Flug verpasst haben könnte. Er hat mich erst vor ein paar Minuten aus seinem Zimmer im Marriott angerufen. Er ist über 4000 Kilometer entfernt. Ich bin mir ganz sicher, dass nicht der Hauch einer Gefahr besteht, dass er uns überraschen könnte.«

»Und woher weißt du, dass er nicht aus einer Telefonzelle um die Ecke angerufen und nur *behauptet* hat, er sei im New York Marriott? Vielleicht ist er ja auch im Brentwood Chevron.«

»Bist du jetzt auch noch paranoid?«

»Warum rufst du nicht im Hotel an? Vergewissere dich einfach kurz, dass er tatsächlich eingecheckt hat, und dann rufst du mich wieder an. Wenn er wirklich dort ist, wie er behauptet, dann komme ich sofort zu dir.«

Joyce seufzte. »Na schön, wenn's denn sein muss.«

»Ich warte direkt neben dem Telefon.«

Nachdem Ken das Gespräch beendet hatte, rollte Joyce sich zur Seite, legte den Hörer wieder auf die Gabel, schwang die Beine über die Bettkante und setzte sich auf.

So was Lästiges.

Harold war in New York, genau wie er es gesagt hatte. Sie hatten ihn für seinen ekelhaften Roman für einen Bram Stoker Award nominiert und er würde sich ganz sicher nicht die Chance entgehen lassen, sich in seinem

Ruhm zu sonnen. Heute Abend würde er in der Gästelounge mit Joe und Gary, Chet und Rick und all den anderen Schnaps saufen, sich wie ein widerlicher Idiot aufführen und sich dabei blendend amüsieren. An Joyce würde er ganz sicher keinen einzigen Gedanken verschwenden.

Aber selbst wenn er Verdacht schöpfte – selbst wenn er nicht die geringste Lust gehabt hätte, mit diesen anderen Schriftstellern einen draufzumachen, und selbst wenn er nicht nominiert gewesen wäre –, er hätte *niemals* den Mumm gehabt, nur so zu tun, als wäre er nach New York geflogen, um sich dann wieder ins Haus zu schleichen und sie mit Ken in flagranti zu ertappen.

Er war und blieb nun mal ein feiger Trottel.

Er war so ein Weichei. Selbst wenn er sie zufällig mit Ken beim Vögeln erwischt hätte, wäre er wahrscheinlich nur rot angelaufen, hätte gar nichts gesagt und wäre einfach wieder verschwunden.

Es war wirklich albern, dass Ken sich seinetwegen überhaupt Sorgen machte.

Was glaubte er denn? Dass Harold ihn erschießen würde? Harold hatte Todesangst vor Knarren. Er würde vermutlich noch nicht mal eine benutzen, um sein eigenes Leben zu retten, ganz davon zu schweigen, dass er dem Liebhaber seiner Frau das Hirn wegpusten würde. Und ohne Waffe hätte Harold gegen Ken nicht den Hauch einer Chance.

Ken war ein 130 Kilo schwerer Riese, der nur aus Muskelpaketen bestand und Harold außer Gefecht setzen konnte, ohne auch nur einen einzigen Schweißtropfen zu vergießen.

Joyce wartete noch eine Weile, griff dann wieder zum

Telefonhörer und gab Kens Nummer ein. Er nahm schon nach dem ersten Klingeln ab.

»Hallo?«

»Selber hallo, Großer.«

»Ist er dort?«

»Laut Rezeption hat er heute Abend um sechs Uhr eingecheckt.«

»Ja dann – ich bin schon unterwegs.«

»Ich lasse die Haustür offen. Komm einfach rein – mal sehen, wie schnell du mich findest.«

»Ciao«, sagte er.

»O nein. Sag das nicht. Das sagt Harold auch immer. Das ist so peinlich und gewollt lässig.«

»Wir sehen uns in zehn Minuten.«

»Viel besser. Bis gleich.«

Sie legte auf, stellte sich vor den Schrank und holte ihren Morgenmantel aus Satin heraus. Dann beschloss sie jedoch, sich nicht damit aufzuhalten. Ihr war tatsächlich heiß. Obwohl sie bis zur Haustür an mehreren Fenstern vorbeigehen musste, war es eher unwahrscheinlich, dass sie jemand dabei beobachten würde. Sie hatten keine unmittelbaren Nachbarn und dank der Hecken war es unmöglich, das Haus von der Straße aus zu sehen.

Joyce verließ das Schlafzimmer mit zügigen Schritten und genoss das sanfte Gefühl der Luft, die über ihre Haut strich. Ihre Brüste hüpften sanft auf und ab, als sie die Treppe hinunterging.

Unten angekommen, sah sie ihr dunkles Spiegelbild im Fenster neben der Haustür.

Sie stellte sich vor, wie sie ein Spanner von draußen beobachtete, und spürte einen leichten Schauer. Es war jedoch kein Angstschauer, wie ihr bewusst wurde. Als spezielle Zugabe für ihren eingebildeten Voyeur fuhr sie mit den Daumen über ihre hervorstehenden Nippel. Die Berührung brachte ihren Atem zum Zittern.

Sie entriegelte die Tür.

Ihr Herz klopfte wie wild und sie zitterte noch stärker, als sie mit dem Gedanken spielte, die Tür zu öffnen und auf die Veranda hinauszutreten. Dort auf Ken zu warten. Im Mondlicht, draußen im Freien, gestreichelt von der warmen nächtlichen Brise.

Ein andermal. Vielleicht könnten sie später am Abend gemeinsam hinausgehen. Aber nicht jetzt. Joyce hatte sich bereits entschieden, wie sie Ken begrüßen wollte, und ihr blieb nicht mehr viel Zeit.

Sie huschte durchs Haus und löschte sämtliche Lichter, bevor sie wieder nach oben eilte und auch das Licht im Flur ausschaltete. Nun war es im ganzen Haus dunkel, abgesehen vom Schlafzimmer.

Joyce trat hinein, betätigte den Schalter, der auch die Nachttischlampen ausknipste, und ging dann vorsichtig über den Teppichboden ins Bad. Sie schaltete das Licht ein, allerdings nur für den kurzen Moment, den sie benötigte, um das Streichholzbriefchen zu finden und eins der Streichhölzer anzuzünden.

Sie schloss die Tür und legte den Schalter wieder um. Dann hielt sie die Flamme an den Docht der ersten Kerze. Für den Moment genügte das. Sie schüttelte das Streichholz aus.

Die einsame Flamme der Kerze flackerte in den Spiegeln, mit denen sämtliche Wände und die Decke verkleidet waren. Das Badezimmer schimmerte in sanftem, weichem Licht.

Joyce lächelte.

Harold hat seine verfluchte Wanne, ich habe meine hübschen Spiegel.

Als sie das Bad renoviert hatten, hatte Joyce sich eine geräumige, versenkte Badewanne gewünscht. Harold hatte jedoch auf diesem weißen Ungetüm bestanden. Jetzt stand das grässliche, uralte Ding mit seinen Tigerfüßen mitten im Raum. Wie ein Ausstellungsstück. Und Harold genoss es wahrlich, es zur Schau zu stellen. Er führte seine Freunde ständig nach oben ins Badezimmer, damit sie die Monstrosität bewundern konnten, während er ihnen die lange, langweilige Geschichte erzählte, wie er das Teil beim Verkauf einer Villa in Hollywood ergattert hatte. Angeblich hatte sich irgendeine dämliche Schauspielerin aus der Stummfilmzeit in der Wanne die Pulsadern aufgeschlitzt. *Hier fiel ihr letzter Vorhang,* wie Harold gerne sagte. *In dieser Badewanne.*

Was für ein Volltrottel, dachte Joyce, während sie sich über die Wanne beugte und den Wasserhahn aufdrehte. Das Wasser schoss heraus. Als es sich angenehm warm anfühlte, steckte sie den Gummistöpsel in den Abfluss. Dann richtete sie sich wieder auf und wischte die nasse Hand am Oberschenkel ab.

Wenigstens hab ich meine Spiegel bekommen, dachte sie.

Sie hatte sich mit seiner dämlichen Badewanne aus dem Spukhaus einverstanden erklärt und er sich mit ihren Spiegeln.

Joyce bewunderte sich darin, während sie durchs Badezimmer ging und weitere Kerzen anzündete.

Das flackernde sanfte Licht brachte ihre Augen zum Leuchten und ihr rötliches Haar glänzte und schimmerte. Ihre Haut sah dunkel und golden aus. Als auch die letzte Kerze brannte, legte Joyce die Streichhölzer beiseite, streckte sich und drehte sich langsam mit hoch ausgestreckten Armen um.

Sie war von Spiegel-Joyces umgeben und sie alle funkelten geheimnisvoll. Sie betrachtete ihre glatten, durchgedrückten Rücken, die in einer perfekten Kurve zu ihren Pos hinabführten. Blickte auf die samtigen Unterseiten ihrer Schenkel, die schlanken, wohlgeformten Waden und die zarten Knöchel. Sie drehte sich langsam im Kreis, senkte die Arme und verschränkte die Finger hinter dem Kopf. Die anderen Joyces taten es ihr nach. Sie hatten so wunderbar lange, elegante Hälse. Schatten bedeckten die Mulden ihrer Kehlen und die Wölbungen ihrer Schlüsselbeine. Ihre Brüste waren straff und honigfarben und erstrahlten in einem noch tieferen Goldton. Darunter traten die Rippen vielleicht ein wenig zu sehr hervor. Zumindest war Harold dieser Ansicht. »Warum isst du denn nicht?«

Dieser Mistkerl.

Ich bin perfekt, so wie ich bin.

Sie ließ die Hände abwärtswandern und genoss die Berührung, erregt vom Anblick all der anderen Joyces, die ihre Brüste streichelten, sanft ihre Nippel drückten und die Hände über ihre Rippen gleiten ließen – die im Übrigen vollkommen in Ordnung waren, vielen Dank –, über ihre flachen, weichen Bäuche, immer tiefer, bis sich die Daumen in feine, schimmernde Haarlöckchen gruben.

Wenn Ken jetzt hereinkäme und mich so sähe, dachte sie, dann würde er sich sofort auf mich stürzen. Er würde mir gar keine Chance lassen, die Wanne zu erreichen.

Sie huschte zur Badewanne hinüber. Das Wasser stand bereits hoch. Sie drehte den Hahn zu und horchte, fragte sich, ob Ken womöglich bereits im Haus war. Sie hörte jedoch nur ihren eigenen schnellen Herzschlag, ihren abgehackten Atem und das leise Tropfen des Wassers aus dem Hahn.

Ken könnte direkt vor der Badezimmertür stehen.

Sie hielt sich am hohen Wannenrand fest und schwang ein Bein darüber. Heißes Wasser umspülte ihren Fuß. Es war beinahe *zu* heiß. In den Spiegeln sah sie zu, wie die anderen Joyces in die Wanne stiegen, sich an beiden Seiten festhielten und sich langsam absenkten. Schließlich waren nur noch ihre Köpfe und Schultern zu sehen.

Joyce rutschte ein Stück nach vorne. Sie lehnte sich zurück und ihr Hintern quietschte auf dem Porzellan. Als sie bis zum Kinn untergetaucht war, bremste sie, indem sie die Knie hob und die Fußsohlen flach auf den Wannenboden presste.

Das verfluchte Ding war einfach zu lang. Sie konnte sich nie richtig darin ausstrecken und die Füße am Ende abstützen, um den Kopf aus dem Wasser zu halten. Was wiederum bedeutete, dass sie sich nie richtig entspannen konnte. Sie musste die Füße immer aufgestellt lassen. Entweder das, oder die Beine so weit spreizen, dass sie sich gegen den Rand der Wanne drückten.

Es nervte.

Aber es gab immerhin einen verdammten Silberstreifen am Horizont: Die verfluchte Wanne hatte genau die richtige Größe zum Ficken. Selbst der riesige Ken passte hinein.

»Wir werden es direkt in deiner geliebten Wanne treiben«, murmelte sie. »Wie gefällt dir *das,* Harold?«

Joyce wartete, genoss die Wärme des Wassers und streichelte sich selbst. Die Deckenspiegel reflektierten das

Kerzenlicht in die Badewanne. Sie beobachtete, wie sich ihre Hände bewegten und wie sich ihr Körper wohlig im Wasser rekelte.

Als sie eine der Bodendielen knarren hörte, zuckte sie zusammen.

Er ist hier!

Im Schlafzimmer?

Sie rutschte ein wenig nach hinten, bis sie aufrecht saß, und legte die Arme auf dem Rand der Badewanne ab. Sie wollte perfekt aussehen, wenn er hereinkam, und die Spiegel bestätigten ihr, dass dies der Fall war. Das Wasser verhüllte sie vom Bauch abwärts wie schillernder Nebel. Ihre Arme, Schultern und Brüste glänzten nass.

Sie drehte die Augen zur Badezimmertür.

Warum braucht er denn so lange?, wunderte sie sich. Dann hörte sie leise, gedämpfte Schritte.

Es waren definitiv Schritte.

Was, wenn es gar nicht Ken ist?

Ein Schauer kroch über Joyces Wirbelsäule. Sie spürte, wie sich eine kribbelnde Gänsehaut auf ihrem ganzen Körper ausbreitete.

Es hätte schließlich jeder einfach so ins Haus spazieren können.

Aber es muss Ken sein.

Muss *es nicht.*

Aber wenn das da draußen wirklich ein Fremder ist, denkt er vielleicht, das Haus sei verlassen. Vielleicht findet er mich gar nicht. Vielleicht ...

Die Tür flog auf.

Joyce schnappte vor Schreck nach Luft.

Ken trat ins Badezimmer, als würde er bei einem Bodybuilding-Wettbewerb auf die Bühne stolzieren.

Er hatte sich seiner Klamotten entledigt – und sich am ganzen Körper eingeölt.

»Du bist es«, flüsterte sie.

Er begann zu posieren. Er drehte sich hin und her, nahm jedes Mal eine neue Pose ein und hielt dann wieder inne. Er bewegte sich mit langsamer, anmutiger Eleganz. Seine Muskeln spannten sich an und zuckten. Joyce sah ihm zu, völlig atemlos. Sie hatte schon öfter gesehen, wie er das tat, aber noch nie im flackernden Gold des Kerzenscheins.

Er sah wundervoll und eigenartig zugleich aus. Ein wunderschönes, haarloses Ungeheuer aus tanzenden Muskeln und Sehnen.

Als er auf die Wanne zukam, musste Joyce den Kopf nicht drehen. Sie konnte ihn in einem der Spiegel beobachten und zusehen, wie er sich nach unten beugte, die Hände ausstreckte und ihre Brüste damit umfing. Sie berührten sie jedoch nur einen Augenblick lang. Dann machte er einen Satz rückwärts, spannte den Bizeps an und verdrehte den Oberkörper.

Er blickte sie flirtend über die Schulter hinweg an und stellte sich wieder an den Rand der Badewanne. Er hob die Arme, winkelte sie an und ließ die Muskeln auf seinem Rücken und die prallen Rundungen seines Pos spielen. Joyce lächelte, als er seinen Hintern hüpfen ließ, eine Seite nach der anderen. Sie hob eine Hand und streichelte eine der öligen Pobacken.

Ken schlug ihre Hand sanft beiseite, so als würde er sich beleidigt fühlen. Er stampfte von der Wanne weg, drehte sich dann jedoch wieder um und stolzierte zu ihr zurück. Er stemmte die Hände in die Hüften und drückte die Knie durch. Sein steifer Penis wackelte nur wenige

Zentimeter von ihrem Gesicht entfernt auf und ab. Ken hüpfte noch näher. Joyce drehte sich zu ihm, rollte sich auf die Hüfte und hielt sich mit beiden Händen am Badewannenrand fest. Ihre Brüste pressten sich gegen die kalte Porzellanwand. Sie öffnete den Mund. Er strich über ihre Lippen, machte sie heiß, drang jedoch nicht in sie ein. Dann tänzelte er wieder rückwärts.

»Hör auf damit«, keuchte sie. »Komm her. Ich will dich *in* mir.«

Er kam wieder zur Badewanne zurück, blickte auf Joyce hinunter und flüsterte: »Du siehst zum Anbeißen aus.«

»Du bist auch nicht so übel.«

»Willst du wirklich, dass ich in die Wanne steige?«

»Hier drin ist jede Menge Platz.«

»Das Bett wäre trotzdem bequemer.«

»Aber nicht so aufregend.«

Er zuckte mit seinen massigen Schultern, beugte sich nach unten, hielt sich am Wannenrand fest und stieg hinein. Er stand vor Joyces Füßen, blickte auf sie hinab, drehte dann langsam den Kopf und betrachtete sich in den Spiegeln.

»Hör auf, dich selbst zu bewundern, und fick mich endlich.«

Er sank vorsichtig auf die Knie und zuckte ein wenig zusammen, als seine Hoden ins heiße Wasser eintauchten. Auch Joyce glitt wieder in die Wärme hinab. Schließlich war sie bis zum Hals umhüllt und ihre Füße berührten Kens rutschige Oberschenkel.

»Du willst mich doch wohl nicht oben, oder?«

»Natürlich will ich das.«

»Willst du ertrinken?«

»Ich will zermalmt werden.« Sie hob einen Fuß aus dem Wasser und streichelte ihn. »Ich will dich auf mir spüren. Ich will fühlen, wie mir dieser wunderschöne, mächtige Körper den Verstand aus dem Leib vögelt.«

Er nickte stöhnend. Dann sagte er: »Aber wir lassen das Wasser ab.«

»Schön, aber mach schnell.«

Er griff hinter sich und Joyce hörte ein kurzes, saugendes Gurgeln, gefolgt vom sanften Rauschen des Wassers im Abflussrohr.

Sie spreizte die Beine. Ken kroch langsam vorwärts. Er ließ die Hände über Joyces Schenkel gleiten, streichelte ihre Hüften und den Bauch und ließ die Finger an ihrem Rippenbogen aufwärtswandern. Dann legte er sie um ihre Brüste und drückte sie zärtlich. Sie nahm eine Hand aus dem Wasser und schloss sie um seinen Penis.

»Rein«, hauchte sie.

Seine Hände glitten an ihren Seiten abwärts. Er stützte sich über ihr auf und senkte das Gesicht ins Wasser ab. Mit der Zunge liebkoste er ihren rechten Nippel, züngelte und drückte. Er öffnete den Mund und Joyce spürte seine Lippen auf ihrer Brust. Er saugte. Er saugte sie tief in seinen Mund.

»Gott!«, schrie sie. Sie ließ seinen Schwanz los und krallte sich an seinem Rücken fest.

Er zog sich zurück und tauchte nach Luft schnappend aus dem Wasser auf. Sein triefendes Gesicht lächelte sie kurz an, bevor es wieder abtauchte. Sie spürte seine Lippen auf ihrer anderen Brust. Wie ein weicher, formbarer Ring umfassten sie den Nippel und bildeten ein dichtes Siegel. Diesmal saugten sie jedoch nicht. Diesmal bliesen sie. Wie ein Kind, das Furzgeräusche auf seinem

Arm machte. Lippen, Luft und Wasser vibrierten auf Joyces Nippel. Bläschen stiegen an die Oberfläche.

Keuchend schob sie Kens Kopf weg.

»Hab ich dir wehgetan?«, fragte er.

»Nein. Nur … hör damit auf und fick mich … *jetzt!*«

Er wankte hin und her und versuchte, sich wieder in Position zu bringen. Joyce wurde bewusst, dass ihm der Größenunterschied Probleme bereitete. Und das Wasser. Ken hatte immer noch Angst, er könnte sie ertränken.

Plötzlich setzte er sich auf den Fersen ab, packte Joyce unter den Achseln, zog sie aus dem Wasser, hob sie hoch, ließ sie auf seinen Schoß sinken und pfählte sie förmlich.

Sein Prügel rammte sich tief in sie hinein.

Sie stieß einen Schrei aus, erschauderte vor Erregung und klammerte sich an seiner Brust fest, während ihr Körper unter heftigen Spasmen bebte.

Aber auch Ken wurde von Krämpfen geschüttelt.

Er kippte nach vorne und drückte Joyce nach unten. Ihr Rücken klatschte ins Wasser und knallte dann gegen den Boden der Badewanne, bevor ihr Kopf mit einem dumpfen Schlag gegen die Wand prallte. Lichter explodierten vor ihren Augen und Wasser strömte über ihr Gesicht.

Als die Explosion der Lichter wieder erstarb, wurde ihr bewusst, dass sie noch immer unter Ken lag. Ihr Kinn ruhte auf seiner Schulter.

»Gott«, keuchte sie. »Du hast mir wehgetan.«

Er entschuldigte sich nicht.

Er sagte gar nichts.

Dann wurde ihr klar, dass er es nicht konnte. Sein Kopf befand sich direkt neben ihrem, mit dem Gesicht im Wasser. Der Wasserspiegel sank, allerdings nur langsam. Die Hitze umschloss Joyces Kopf wie eine warme Kapuze. Nur ihr Gesicht ragte noch in die Luft.

Kens Gesicht musste völlig untergetaucht sein.

Er wird ertrinken!

»Ken!«

Er rührte sich nicht.

Er produzierte auch keine Luftblasen. Und er atmete nicht. Seine Brust drückte sich fest gegen Joyces Busen. Sie spürte ihren rasenden Herzschlag. Ob *sein* Herz noch schlug, konnte sie nicht sagen.

Sie war zwar unter seinem schweren Körper eingeklemmt, aber ihre Arme waren frei. In dem Moment, als sie beide umgekippt waren, hatte Joyce die Arme um ihn geschlungen. Nun ballte sie die Fäuste und trommelte damit auf seinen Rücken.

»Ken! Ken, wach auf!«

Er schläft nicht, du Idiotin.

»Ken! Heb den Kopf hoch! Ken!«

Sie bearbeitete seinen Rücken weiter mit den Fäusten. Die Schläge klangen dumpf und fleischig. Joyce hatte keine Ahnung, ob das Trommeln irgendetwas nützte, aber sie hatte ähnliche Szenen schon öfter in Arztserien im Fernsehen gesehen. Außerdem fühlte es sich, wenn auch auf eigenartige Weise, irgendwie gut an. Mit jedem Schlag schickte sie eine kleine Erschütterung durch seinen Körper, so als würde sie im Supermarkt auf eine Wassermelone klopfen. Durch diese Erschütterungen vibrierte Ken auf ihr und die Vibrationen lösten wiederum ein angenehmes Kribbeln in ihr aus.

Durch die Schläge zuckte sogar sein Penis ein bisschen. Er steckte noch immer tief in ihr. Noch immer erigiert.

»Ich *weiß*, dass du mir nur was vorspielst«, sagte sie schließlich. »Jetzt komm schon. Tote Typen haben keinen Steifen.«

Er regte sich nicht.

»Komm schon, Ken. Das ist nicht komisch. Ich hab mir den verfluchten Kopf gestoßen. Außerdem hast du mir echt Angst eingejagt. Ich dachte, du wärst tot oder so.«

Er bewegte sich immer noch nicht.

»Na schön. Du hast es ja so gewollt.« Sie rammte ihm den langen Nagel ihres Zeigefingers in den Rücken und spürte, wie er in seine Haut eintauchte. Ken zuckte noch nicht einmal.

Eisige Kälte kroch durch Joyces Eingeweide und ihr wurde ganz übel.

»O mein Gott«, stotterte sie.

Sie stieß mit dem Kopf gegen seine Schläfe. Er ließ sich ganz leicht bewegen, also schubste sie mit dem Wangenknochen sein Ohr an. Sein Kopf schwang zur Seite, kippte dann nach hinten und knallte wieder auf ihr Gesicht, so als wollte er ihr die Kopfnuss zurückzahlen.

»Scheiße!«

Er ist tot! Der Mistkerl ist *tot!*

Joyce drehte und wand sich unter seinem schrecklich massigen Gewicht.

Das wird nicht ganz einfach, dachte sie.

Sie holte tief Luft und setzte zum Angriff an. Sie bäumte sich auf, verdrehte ihren Körper, zog und zerrte an Ken, trat und zappelte mit den Füßen gegen den Boden der Badewanne und krallte sich mit den Händen an den Rändern fest. Aber es gelang ihr einfach nicht, ihn von sich herunterzurollen. Sie konnte ihn nicht hochheben. Sie konnte nicht unter seinem Körper herausschlüpfen.

Trotz all ihrer Bemühungen gelang es ihr kaum, ihn zu bewegen.

Irgendwann war sie zu erschöpft, um es noch weiter zu versuchen. Sie lag unter ihm, schlaff und verschwitzt, die Arme an den Seiten, und hatte alle Mühe, überhaupt zu atmen.

Beruhige dich, ermahnte sie sich selbst.

Sicher. Mich beruhigen. Auf mir liegt eine verdammte Leiche. Ganz davon zu schweigen, dass …

Daran darfst du noch nicht mal denken.

Es muss irgendeinen Ausweg geben.

Einen schnellen *Ausweg.*

Schalte dein Hirn ein. Schalte dein Hirn ein.

Das Problem – das Riesen*problem – ist diese verdammte Wanne. Wir sind darin gefangen. Offensichtlich.*

Wenn wir es doch nur im Bett getrieben hätten! Dann hätte ich ihn einfach von mir runterrollen können …

Ja, wenn. Aber das nützt dir jetzt auch nichts.

Wenn er nur nicht auf mich draufgefallen wäre, das trifft es wohl eher.

Was ist bloß mit ihm passiert? Ein Herzinfarkt? Ein Blutgerinnsel? Wer weiß? Wen interessiert's? Der Typ war mit Steroiden vollgepumpt. Wahrscheinlich war sein Körper einfach total im Arsch.

Und jetzt bin ich *total im Arsch.*

Zum ersten Mal, seit sie auf den Rücken geknallt und unter Ken gefangen war, bemerkte Joyce den Spiegel über ihnen. Sie starrte hinein.

Kein Wunder, dass sie feststeckte: Sie konnte kaum etwas von sich sehen. Nur ihr Gesicht und die Beine waren zu erkennen. Der Rest von ihr war unter Kens massigem Körper verborgen. Joyce hob die Arme. Sie kamen unter Kens Achseln in ihr Blickfeld. Sie wirkten so winzig.

Ihre Beine sahen genauso nutzlos aus. Wunderschöne, nutzlose Beine, deren Knie in die Luft zeigten. Sie wurden von Kens dicken Schenkeln gegen die Wände der Badewanne gepresst und waren so weit gespreizt, dass es richtig wehtat.

Joyce testete ihre Beweglichkeit und stellte fest, dass sie die Knie strecken konnte. Sie könnte versuchen, die Beine auszustrecken, sie aufzustellen und sich hochzuhieven.

Schon als sie die Beine nur ein kleines Stückchen bewegte, schien Ken seine Position in ihr zu verlagern und wie ein Entdecker noch tiefer in sie einzudringen.

Sie ließ sich davon jedoch nicht aufhalten. Sie betrachtete ihre Beine im Spiegel und testete noch einmal, wie beweglich sie waren. Sie stellte fest, dass sie ganz gut um sich treten konnte, allerdings hauptsächlich von den Knien abwärts. Es gelang ihr jedoch nicht, die Beine zusammenzubringen. Sosehr sie es auch versuchte, sie wurden von Kens Körper weiter hart gegen die Wände der Badewanne gepresst.

Vielleicht …

Sie hob ihr rechtes Bein hoch, hakte die Wade über der Badewannenkante fest, drückte den rechten Ellenbogen gegen den Boden und versuchte, sich hochzuhieven und sich zu drehen, in der Hoffnung, Ken so von sich herunterzurollen. Aber sie konnte ihn auch dadurch nicht bewegen.

Okay, das funktioniert nicht. Aber irgendetwas muss *funktionieren.*

Sie ließ das Bein wieder sinken und versuchte, sich zu entspannen.

Ich kann doch nicht wirklich für immer hier feststecken.

Während er *immer noch* in mir *feststeckt.*

Zumindest dagegen sollte ich doch etwas unternehmen können, dachte sie.

Sie schob die rechte offene Handfläche in die enge Ritze zwischen ihrem und Kens Bauch. Seine Haut fühlte sich auf ihrem Handrücken ganz glitschig an. Sie schob sie nach unten. Die Becken der beiden schienen förmlich miteinander verhakt zu sein und bremsten Joyces Fingerspitzen aus. Sie versuchte, ihn seitlich von ihrem Schritt aus zu erreichen. Keine Chance.

»Großartig«, murmelte sie.

Joyce schrie und kickte und stieß und drehte und wand sich, wild entschlossen, Ken von sich zu schieben, aus sich heraus. Sie wusste, dass sie es schaffen konnte – sie musste es und sie konnte es. Mütter waren schließlich auch in der Lage, ein ganzes Auto hochzuheben, wenn eins ihrer Kinder unter einem Rad eingeklemmt war, richtig? Dann konnte sie doch wohl auch Ken hochheben. Sie würde es tun. Sie würde ihn beiseiteschieben und aus der Wanne klettern.

Als ihr bewusst wurde, dass sie es *nicht* konnte, fing sie an zu weinen.

Einige Zeit später begannen die Kerzen allmählich zu erlöschen. Eine nach der anderen flackerten sie, flammten noch ein letztes Mal hell auf und erstarben schließlich. Joyce blieb in der Dunkelheit zurück.

Soll mir nur recht sein, dachte sie zuerst. Hier gibt's sowieso nichts zu sehen, außer einem toten Typen, unter dem ich feststecke.

Allerdings hielt dieses Gefühl nicht sehr lange an.

Allmählich machte sich die Angst in ihr breit.

Ein toter Typ. Eine Leiche. *Ich bin unter einer Leiche gefangen.*

Was, wenn er anfängt, sich zu bewegen?

Es ist doch nur Ken, sprach sie sich Mut zu. Es ist weder ein verfluchter Ghoul noch ein Zombie oder ein Geist, es ist nur Ken. Und er ist tot, hinüber. Er wird sich ganz sicher nicht *bewegen.*

Aber mal angenommen, er tut es doch? Mal angenommen, er ist auf Rache aus? Ich bin schließlich diejenige, die ihn umgebracht hat.

Er hatte einen Herzinfarkt oder so. Es war nicht deine Schuld.

Aber vielleicht sieht er das ganz anders.

Scheiße! Er sieht gar nichts. Er ist tot! Außerdem ist er glücklich gestorben. Was für ein Tod, stimmt's? Er ist gekommen und gegangen.

Sie hörte ein Lachen. Ein Hauch von Wahnsinn schwang darin mit.

Er ist nicht gekommen, erinnerte sie sich selbst.

Coitus interruptus crepierus.

Sie lachte erneut.

Dann verstummte sie und das Lachen gefror in ihrer Kehle, als sie sich vorstellte, wie Ken den Kopf hob, sie mit toten Lippen auf den Mund küsste, flüsterte »Ich hab noch was zu erledigen« und sich dann in sie hineinrammte.

Erst als der Morgen dämmerte, schwand ihre Angst ein wenig und sie schlief schließlich ein.

Als sie wieder erwachte, schmerzend und verschwitzt, war ihr Hintern ganz taub, die Beine leblos. Sie spannte die Muskeln an, trat um sich und wackelte hin und her, so gut sie konnte. Schon bald floss das Blut wieder durch ihren Körper. Ihr Po und die Beine brannten. Es fühlte sich an, als würde sie von Tausenden von Nadeln gepikt.

Es ging ihr wieder etwas besser – und dann bemerkte sie den Geruch.

Der Spiegel über ihr enthüllte seine Ursache. Unter Kens Füßen hing ein fetter brauner Haufen über dem Rand des Abflusses.

»Scheiße«, stieß sie aus.

Sie schloss die Augen.

Reg dich nicht über Kleinigkeiten auf, ermahnte sie sich.

Denk nach. Denk nach.

Okay. Es ist Samstag. Wenn er seinen Flug nicht verpasst oder so, dann kommt Harold morgen Abend wieder nach Hause. So gegen sieben. Damit habe ich noch über einen Tag, um hier rauszukommen. Sonst erlebt mein Göttergatte die Überraschung seines Lebens.

Wie gefällt dir diese *Horrorgeschichte, Harold? Warum schreibst du* die *nicht auf, hm? Vielleicht gewinnst du dafür ja auch einen verfluchten Preis.*

Das wird nicht passieren. Ich werde mich längst aus dieser beschissenen Lage befreit haben, bevor er hier aufkreuzt.

Klar.

Und wie?

Ich könnte Ken von mir runterspülen.

Sie dachte eine Weile darüber nach. Wenn sie die Badewanne füllte, würde er sich dann nicht mit dem steigenden Wasser von ihr heben? Sicher würde er das.

Aber ich ertrinke dabei vielleicht. Wenn ich allerdings lange genug die Luft anhalten kann ...

Sie hob die Beine, streckte sie aus und versuchte den Wasserhahn zu erreichen, kam jedoch noch nicht einmal in die Nähe.

So viel zu dieser *grandiosen Idee.*

Es muss eine Möglichkeit geben. Es muss ...

»Geh runter von mir!«, kreischte sie und schlug auf die Leiche ein. Die Totenstarre hatte bereits eingesetzt und Kens Körper war völlig steif. Er fühlte sich sogar noch schwerer an als zuvor. Schließlich zwang die Erschöpfung Joyce, aufzugeben.

Es *gibt* keine Möglichkeit, gestand sie sich ein.

Ich werde unter dieser gottverdammten Leiche feststecken, bis Harold nach Hause kommt.

Dann weinte sie, sehr lange. Anschließend döste sie ein. Als sie wieder aufwachte, fühlten sich ihr Hintern und die Beine wieder genauso taub an wie zuvor, aber ihre schreckliche Verzweiflung war verflogen. Sie war einfach nur noch resigniert.

»Wenn eine Vergewaltigung unausweichlich ist«, murmelte sie, »dann entspann dich und genieße es wenigstens.« Was für ein Arschloch hat sich das bloß ausgedacht?, fragte sie sich.

Das ist nicht das Ende der Welt, sprach sie sich innerlich Mut zu. Es mag vielleicht das Ende meiner Ehe sein, aber das ist sowieso kein großer Verlust. Harold wird morgen wieder nach Hause kommen und mich hier rausholen.

Das Ganze ist zwar furchtbar und widerwärtig, aber ich werde deswegen nicht sterben.

Etwas später am Nachmittag wurde der Gestank noch schlimmer, als sich ihre eigenen Ausscheidungen zu Kens gesellten.

Mit der hereinbrechenden Dunkelheit kehrte auch die Angst wieder zurück.

Joyce lag vollkommen still, wagte kaum zu atmen und wartete darauf, dass Ken sich doch noch rührte. Oder etwas sagte.

Joyce.

Was?

Ich hab Huuuunger.

Sie stellte sich vor, wie er den Kopf drehte, sich zu ihrem Hals hinunterneigte und sie biss.

Plötzlich spürte sie tatsächlich, wie er sich bewegte, und stieß ein Kreischen aus. Sie schrie, bis sich ihre Kehle ganz rau anfühlte und schrecklich brannte.

Sie musste sich selbst davon überzeugen, dass Ken *nicht* wieder zum Leben erwacht war. Die Tatsache, dass er sich bewegt hatte, hatte höchstwahrscheinlich eine ganz natürliche Ursache. Verwesung zum Beispiel. Austretende Gase. Sehnen oder Muskeln, die weich wurden. Es war widerlich. Ekelhaft. Aber er erwachte definitiv nicht wieder zum Leben. Er würde nicht anfangen, mit ihr zu reden. Er würde sie nicht beißen. Er würde sie nicht bumsen.

Sie musste nur noch diese Nacht überstehen.

Als sie kurz darauf gerade am Einnicken war, gab Ken ein Stöhnen von sich.

Joyce erschrak. Sie wurde ganz steif und Gänsehaut breitete sich auf ihrem Körper aus.

Das sind nur entweichende Gase, versuchte sie sich selbst zu beruhigen.

Er tat es erneut und sie wimmerte leise.

»Hör auf damit!«, winselte sie. »Hör auf. Geh runter von mir. Bitte.«

Sie bearbeitete ihn in wilder Verzweiflung zum wiederholten Mal mit den Fäusten, blieb dann jedoch schluchzend unter ihm liegen und betete, dass die Sonne bald wieder aufgehen würde.

Als das erste graue Licht der Morgendämmerung ins Badezimmer fiel, verflüchtigte sich Joyces Panik ein wenig und sie schloss die Augen.

Es ist Sonntag.

Harold wird heute wieder nach Hause kommen. Er wird gegen sieben Uhr hier sein. Bevor es dunkel wird.

Ich muss nicht noch mal eine Nacht unter Ken durchstehen.

Völlig erschöpft fand sie in den Schlaf.

Das Schrillen des Telefons schreckte sie auf.

Wer ist das? Vielleicht hatte jemand in der Nacht ihre Schreie gehört und rief nun an, um sich zu vergewissern, dass es ihr gut ging.

Und wenn ich nicht drangehe …

Nein, keine Chance.

Es hat mich niemand schreien gehört. Wahrscheinlich ist es nur eine Freundin, die ein bisschen quatschen will. Oder irgendein Verkäufer.

Das Klingeln erstarb.

Oder Harold. Harold ruft an, um mir mitzuteilen, dass er seinen Flug verpasst hat, umgebucht wurde oder beschlossen hat, noch einen oder zwei Tage länger in New

York zu bleiben, um sich mit seinem Agenten oder seinem Verleger zu treffen.

»Nein«, murmelte sie. »Nein, bitte. Harold, komm wieder nach Hause. Das musst du, bitte.«

Ich stehe das nicht noch mal eine Nacht durch.

Es ist alles in Ordnung, sagte sie sich. Er wird kommen. Er wird kommen.

Nur noch ein paar Stunden, dann ist er hier.

Sie fragte sich, ob Harold es überhaupt schaffen würde, sie von Ken zu befreien. Wahrscheinlich nicht. Er war so ein Schwächling. Vielleicht würde er sogar die Feuerwehr rufen müssen. *Es tut mir so leid, dass ich Sie damit behellige. Aber meine Frau steckt wohl leider in der Badewanne fest. Wie es scheint, hat sie es mit diesem Muskelpaket getrieben und der Typ hatte 'nen Herzinfarkt oder so.*

Die Vorstellung brachte sie zum Lachen, aber das Lachen tat ihr in der Brust weh. Und was noch schlimmer war: Es schüttelte sie durch und Kens Penis wackelte in ihr hin und her.

Sie stöhnte.

Das Ganze ist ganz und gar nicht komisch, dachte sie.

Aber auch wenn Harold mich hier nicht rausholen kann, schaffen es die Feuerwehrleute auf jeden Fall. Das wäre zwar ein bisschen peinlich, aber was soll's? Wenigstens bin ich dann wieder frei.

Joyce sah vor sich, wie sie den Flur hinunterrannte, splitternackt, während die Feuerwehrmänner schockiert nach Luft schnappten, dabei aber vielleicht auch ein kleines bisschen angetörnt waren. Sie stellte sich vor, wie sie in das andere Badezimmer rannte, in dem sich die Dusche befand.

Zuerst würde sie reichlich kaltes Wasser trinken. Ihren ausgetrockneten Mund damit füllen. Trinken, bis sich ihr Bauch aufblähte.

Dann würde sie sich die längste Dusche in der Geschichte gönnen. Sich einseifen und schrubben, bis nicht einmal mehr der Hauch einer Spur von Kens toten Berührungen an ihr klebte. Sie würde alles abspülen. Auch seinen Tod.

Und anschließend: Cocktails. Wodka Tonic. Mit im Glas klackernden Eiswürfeln. Und einem Spritzer Zitrone. Sie würde trinken, bis ihr Kopf voller weicher, warmer Watte war.

Dann: Steak zum Abendessen. Ein dickes Stück blutig gebratenes Filet Mignon, von der Flamme geküsst.

Das werde ich mir allerdings selbst zubereiten müssen. Harold wird sicher nicht in der Stimmung sein, für mich zu kochen. Wenn er überhaupt hierbleibt.

Bei dem Gedanken an das Steak lief ihr das Wasser im Munde zusammen. Ihr knurrte der Magen.

Ich kriege bald was zu essen, tröstete sie sich. Schon in ein paar Stunden … Sofern vorhin nicht doch Harold angerufen hat, um mir zu sagen, dass er noch nicht nach Hause kommt.

Er war es nicht.

Bitte, er war es nicht.

Er wird kommen. Er wird kommen.

Er kam.

Joyce, die noch immer ihren Tagträumen nachhing, nahm jedoch nicht das Geringste wahr, bis plötzlich die Badezimmertür aufschwang.

»Harold!«

»Joyce?«

Sie hörte seine schnellen Schritte auf dem Fliesenboden. Dann blickte er auf sie herunter. Und auf Ken. Mit einem Mal wurde Harold ganz grau im Gesicht – es hatte fast dieselbe Farbe wie Kens Rücken. Ihm klappte die Kinnlade herunter.

»Hol mich hier raus!«

Er runzelte die Stirn.

»Mein Gott, schnell! Ich bin seit Freitagnacht unter ihm eingeklemmt.«

»Du kannst nicht aufstehen?«

»Wäre ich noch hier, wenn ich es könnte?«

»Gott, Joyce.«

»Setz endlich deinen faulen Hintern in Bewegung und hilf mir hier raus!«

Er starrte nur weiter in die Badewanne und schüttelte ungläubig den Kopf.

»Harold! Hol mich hier raus!«

»M-hm. Sicher.«

Er drehte sich um und ging davon.

»Ciao«, sagte er. Dann knallte die Badezimmertür zu.

Harold flog nach Maui und entspannte sich eine Woche lang am Strand, las von seinen Freunden verfasste Horrorromane und speiste in edlen Restaurants. Er gaffte hübschen Frauen nach, hielt sich jedoch von ihnen fern. Er brauchte nicht noch mehr betrügerische Schlampen in seinem Leben.

Nach seiner Rückkehr betrat er erholt das Haus und rief: »Joyce, ich bin wieder da!«

Sie antwortete nicht.

Grinsend trottete Harold die Treppe hinauf.

Der Geruch war nicht besonders angenehm. Er musste würgen. Tränen traten ihm in die Augen. Mit einem Taschentuch über Mund und Nase eilte er durch das Schlafzimmer ins Bad.

Er blieb wie angewurzelt stehen.

Ließ das Taschentuch fallen.

Starrte.

Die Fliesen rund um die Badewanne waren mit Körperteilen übersät.

Er sah einen blutigen Ball, den er als Kopf identifizierte. Oder zumindest als Teil eines Kopfes. Der Kiefer fehlte. Der ausgefranste Stumpf des Halses sah *zernagt* aus.

Dann erkannte er einen Arm. Dann einen zweiten. Große, muskulöse Dinger. Aber oben fehlte jeweils ein riesiges Stück. Die knubbeligen Enden der Oberarmknochen sahen aus, als hätte sie jemand sauber abgeschleckt.

Der Fußboden schien nur aus Körperteilen zu bestehen. Krumme Rippenknochen. Fleischklumpen. Sehnige Muskelfetzen. Schleimige Haufen, bei denen es sich möglicherweise um innere Organe handelte – Lungenteile vielleicht oder Nieren –, aber wer konnte das schon sagen?

Harold erkannte jedoch definitiv ein Herz zwischen den verstreuten Abfällen.

Über dem Badewannenrand hingen Schlangen aus Gedärmen.

Er musste sich übergeben.

Anschließend näherte er sich vorsichtig der Badewanne, passte jedoch auf, dass er dabei nicht auf die Sauerei trat.

Joyce lag nicht mehr darin.

Ihr Freund hingegen schon. Oder zumindest Teile von ihm. Vom Hintern abwärts schien er in bestem Zustand zu sein. In ausgezeichnetem Zustand.

Der Großteil seines Oberkörpers war jedoch ausgeweidet worden. Er war nur noch eine armlose, kopflose Hülle, die in einem Sumpf aus Blut, Erbrochenem und Gott weiß was noch lag.

»Willkommen zu Hause, Schatz.«

Harold wirbelte herum.

Joyce stand in der Badezimmertür. Sauber und frisch und lächelnd. Sie trug ihren roten, seidenen Morgenmantel.

»Mein Gott« war alles, was er hervorbrachte.

Sie grinste und ließ klappernd ihren Kiefer zuschnappen. Dann nahm sie die rechte Hand hinter dem Rücken hervor. Darin befand sich ein Kieferknochen. »Ken hat gute, scharfe Zähne. Er war mir eine große Hilfe.«

»Mein Gott«, stammelte Harold erneut.

Joyce warf den Knochen in die Luft, fing ihn mit dem Zeigefinger an den Vorderzähnen wieder auf und wirbelte ihn herum. »Dann wollen wir uns mal über die Scheidungsvereinbarung unterhalten«, begann sie. »Ich bekomme das Haus. Die Badewanne gehört dir.«

Originaltitel- und Copyrightangaben

Richard Laymon wurde am 14. Januar 1947 in Chicago geboren. Seinen Lebensunterhalt verdiente er sich zunächst als Lehrer, Bibliothekar und Gutachter für ein Anwaltsbüro.
Laymon schrieb etwa 50 Romane und sein Ruf als Horror- und Thrillerautor wuchs beständig, bis er am Valentinstag, dem 14. Februar 2001, völlig unerwartet an einem Herzanfall starb.

Richard Laymon bei FESTA:
Parasit
Vampirjäger
In den finsteren Wäldern
Licht aus!
Night Show
Kill for Fun
Unerbittliche Geschichten

Infos, Leseproben & eBooks:
www.Festa-Verlag.de

Zuletzt erschienen in der Reihe HORROR & THRILLER:

104 Shane McKenzie: *BabyDoll*
105 Wrath James White: *Purer Hass*
106 Patrick Senécal: *Das Grab in mir*
107 Wrath James White: *400 Tage der Erniedrigung*
108 Ryan C. Thomas: *Der Sommer, als ich starb*
109 N. Sansbury Smith: *The Extinction Cycle 1: Verpestet*
110 Edward Lee: *Gewürm*
111 N. Sansbury Smith: *The Extinction Cycle 2: Mutierte Bestien*
112 Kristopher Rufty: *Ein Hund namens Jagger*
113 N. Sansbury Smith: *The Extinction Cycle 3: Krieg gegen Monster*
114 Tim Curran: *Der Leichenkönig*
115 Wrath James White: *Schänderzorn*
116 Graham Masterton: *Die Schlaflosen*
117 Bryan Smith: *Verrottet*
118 Edward Lee & Elizabeth Steffen: *Dahmer ist nicht tot*
119 Graham Masterton: *Katie Maguire: Bleiche Knochen*
120 Bryan Smith: *Die Freakshow*
121 John Ringo: *Auf den Inseln des Zorns*
122 Jeffrey Thomas: *Dai-oo-ika*
123 F. Paul Wilson: *Panacea*
124 Graham Masterton: *Katie Maguire: Gequälte Engel*
125 A. J. Spedding & G. Brown (Hg.): *The Best of SNAFU*
126 Edward Lee: *Totenlust*
127 N. Sansbury Smith: *The Extinction Cycle 4: Entartung*
128 Brett McBean: *Angst war hier*
129 John Ringo: *An den Ufern der Verzweiflung*
130 Ania Ahlborn: *Bruder*
131 N. Sansbury Smith: *The Extinction Cycle 5: Von der Erde getilgt*
132 Richard Laymon: *Unerbittliche Geschichten*